安徽省高等学校“十三五”省级规划教材

21世纪高职高专规划教材

市场营销系列

营销策划

理论、案例与操作技巧

秦宗槐／编著

中国人民大学出版社
·北京·

前言

策划源于中国，起源于军事领域，现已渗透到社会的政治、经济、文化、外交、网络、科技、教育、生活等方方面面，无处不策划，无事不策划，无时不策划，策划已成为人们一切活动的先导。伴随其理论的不断完善和屡屡实战奇功，策划正以其独特的魅力影响着企业的生存和发展。我们正处在一个大策划时代，市场经济的激烈竞争和经济全球化等使得企业营销策划越来越成为时代的宠儿。

成功的企业需要成功的营销，成功的营销需要成功的策划，策划在现代企业市场竞争中扮演着越来越重要的角色，这已成为企业经营者的普遍共识。

二十大以来，在习近平新时代中国特色社会主义思想指导下，中国全面步入建设社会主义现代化强国之路。中国的高等职业教育也迎来新的机遇与挑战，为党育人、为国育才是我们始终秉持的教育理念。为实现职业教育高质量发展，在新时代新征程上，我们要全面贯彻落实党的二十大报告精神，深入贯彻习近平总书记关于职业教育的思想。为全面贯彻全国教育大会精神以及《国家职业教育改革实施方案》(国发〔2019〕4号)，满足经济管理类学生学习的需要，编者针对职业院校学生的特点，本着学生能力本位的宗旨，站在新时代营销策划发展的前沿，适应新形势下职业教育的应用型需求，对本书进行了修订，供学生学习和实际操作，旨在培养学生营销策划能力，也供社会营销与策划工作者学习之用。

本书以阐述营销策划基本理论为主线，以项目任务驱动方式讲解营销策划的原则、方法、技巧、策划力运作等，包括策划概述，营销策划概述，营销策划的原则、方法和技巧，营销策划分析工具与创意技法，营销策划运作的策划力，营销策划的准备工作，营销策划书的设计与撰写，营销策划方案的实施与控制八个项目。

本书编写突出以下特点：

(1) 以职业素养和能力为本位。理论知识以“必需”“够用”为度；以就业为导向，以产学研结合为途径，以培养实际操作能力为核心；理论、案例与操作技巧占比为3∶4∶3，注重学生的思想品德与职业素养的培养。

(2) 体系完整，内容创新。在体系架构上，依托市场营销理论体系的规律性和发展性，融入营销策划的新内容和最新理论研究成果，嵌入一些新方法和新知识，形成特色。

（3）理论紧扣实际应用，配备丰富的策划案例。在知识体系上，理论结合实际应用，概念清楚，符合高职高专教育层次的教学要求，并以古今中外策划实践案例来佐证，特别是近年来的校企战略合作企业——三只松鼠股份有限公司的实际案例，生动贴切，可读性强，给人启迪。

（4）形式新颖，不落俗套。本书形式力求新颖，以独特而有效的形式将中国本土化的营销与策划知识和操作技能教授于学生。编写上作如下安排：

◆ 学习目标：体现高职高专教育学生的素质目标、知识目标和能力目标。

◆ 教学重点和难点：交代项目的教学重点和难点，便于教与学关注。

◆ 思维导图：让学生在学习之前对本项目的学习内容框架知悉与感知。

◆ 案例导读：每个项目用一个精彩案例激发学生学习本项目的兴趣。

◆ 创意特色：在项目任务内容阐述中插入案例链接引发学生思考；各项目中以二维码形式提供一些专论和补充阅读材料，以反映对问题的见解，增扩学生视野，体现新时代教学形式的灵活性。

◆ 项目小结：简要概括项目内容，便于学生对本项目学习的知识点进一步回顾与掌握。

◆ 经典案例赏析：对接项目整体内容，拓展学生的知识面。

◆ 复习思考题：帮助学生回顾项目知识内容，启发学生思考，巩固所学知识。

◆ 模拟演练：促进学生学以致用，培养学生动手和实际操作能力。

本书可作为本科职业大学和高职高专院校管理类、经济类各专业的教材或参考用书，也可作为企业营销管理人员的培训教材用书。

本书由中国商务策划研究员、中国十大管理策划专家、安徽省人民政府第四届教育督导委员、安徽省十大营销策划专家、安徽省策划协会副会长、安徽省营销策划教育委员会会长、兼任安徽师范大学经济管理学院专业型硕导、安徽商贸职业技术学院经济贸易系教授、高级“双师型”教师、高级商务策划师、高级统计师、物流师秦宗槐编著。

本书在编写过程中，参阅了大量的文献，得到了有关单位的领导、专家、老师和实际工作者的大力支持和帮助，在此一并表示衷心的感谢。

策划是一门涉及面广、实践性强的综合性经济学科，编者深感才疏学浅，难以全面把握，书中疏漏在所难免，敬请同行专家和广大读者指教匡正。

秦宗槐

目录

项目一

策划概述

项目一
思维导图

学习目标

通过本项目的学习，你应该达到以下目标：

素质目标：对策划职业有初步认识。

知识目标：了解策划的起源、现状、原因和发展趋势，能够理解策划的含义与特征。

能力目标：熟悉策划在当代企业中的职能及职业技能，能针对策划人员素质进行正确评价。

教学重点和难点

重点：策划的方法。　　　**难点：**策划人员的素质。

案例导读

《隆中对》：一份成就刘备霸业的战略策划方案

自董卓以来，豪杰并起，跨州连郡者不可胜数。曹操比于袁绍，则名微而众寡。然操遂能克绍，以弱为强者，非惟天时，抑亦人谋也。今操已拥百万之众，挟天子而令诸侯，此诚不可与争锋。孙权据有江东，已历三世，国险而民附，贤能为之用，此可以为援而不可图也。荆州北据汉、沔，利尽南海，东连吴会，西通巴蜀，此用武之国，非其主不能守，此殆天所以资将军，将军岂有意乎？益州险塞，沃野千里，天府之土，高祖因之以成帝业。刘璋暗弱，张鲁在北，民殷国富而不知存恤，智能之士思得明君。将军既帝室之胄，信义著于四海，总揽英雄，思贤如渴，若跨有荆、益，保其岩阻，西和诸戎，南抚夷越，外结好孙权，内修政理；天下有变，则命一上将将荆州之军以向宛、洛，将军身率益州之众出于秦川，百姓孰敢不箪食壶浆以迎将军者乎？诚如是，则霸业可成，汉室可兴矣。

读后思考：《隆中对》的策划背景、策划目的、策划思路、策划收益各是什么？

任务一　认知策划的含义与特征

一、策划的含义

“策划”一词在现今社会已被广泛运用，它频频出现在我们的日常生活和工作中。“策”最主要的意思是指计谋、谋略；“划”指设计、筹划、谋划。如每年我国中央电视台的春节联欢晚会，导演精心策划，以赢得百姓芳心；每年“双 11”购物狂欢节，企业为更好地推销自己的产品而进行各种策划活动。凡此种种，不胜枚举。策划，这种古老而又充满生机的活动正得到越来越广泛的重视和运用。

国内外学者、专家对“策划”的解释

归纳起来，策划是充分利用所掌握的信息和资源，通过概念和理念创新，遵循客观规律，对策划目标全面构思和谋划，设计有效、新颖、可行的方案，以期实现未来预定目标的一种创造性的思维活动过程。

二、策划的特征

策划特征表现在以下几个方面：

（一）目标性

任何策划都必须依仗于某个目标，一旦偏离了既定的目标，就无法把握原则和方向，所得出的策划方案也将不切实际，流于形式，所采取的行动也将是盲目的，必然达不到最佳策划效果。

（二）可行性

策划是一种创造性的思维活动，但绝非是脱离客观现实的纸上谈兵。经过巧妙构思而产生的策划方案应具有可操作性，立足于现实，而脱离现有条件的策划只是“空中楼阁”，是无法实现策划目标的。

（三）新颖性

策划是一种创意行为，所制定的策划方案应该具有独创性，应突破陈旧观念和思路，表现为新、奇、特，具有强烈的吸引力和感染力，富有新意，是一种创造性思路。

※案例链接

“三只松鼠”品牌名创意

在章燎原早年担任壳壳果（COCO. NUT）网络公司 CEO 的时候，曾经萌生了对“小松鼠”名字的兴趣，这是由于“小松鼠”的活泼可爱形象对互联网品牌来说有较大的可塑性，如同天猫、雅虎、猫扑、搜狗等一样形象生动，影响力巨大，更重要的是“小松鼠”与坚果食品有着天然的亲和力，那时“小松鼠”这个品牌概念在章燎原心中初见端倪，遗憾的是章燎原未能及时申报和注册就离开了壳壳果。等到章燎原于2012年自己正式创业要注册“小松鼠”品牌的时候，发现“小松鼠”已被人注册。无奈，他只能另辟蹊径，从小松鼠与坚果食品的关联性，充分考虑中国博大精深的传统文化，联想到在“小松鼠”的数量上做文章，想到了一只松鼠、两只松鼠、三只松鼠……“三只松鼠”品牌名就这样诞生了。在一次接受媒体记者采访时，“松鼠老爹”章燎原说：“三只松鼠”这个品牌名称首先比较好记忆，其次“三只松鼠”用一个动物加上三只，能够形成一种互动性，易于互联网传播。从此，“三只松鼠”品牌名扬天下。

评析：“三只松鼠”品牌名创意充分将动物对互联网品牌的可塑性和松鼠对坚果食品的亲和力相融合，更重要的是在中国文化中，“三”寓意深远，有一生二，二生三，三生万物之说，且“三”数字好记，具有独创性，突破陈旧观念和思路，表现为新、奇、特，具有强烈的吸引力和感染力，富有新意，是一个非常好的创意行为。

（四）超前性

任何策划都是“创造未来”的活动，是对未来的活动或事件进行预先谋划，策划者必须根据目前或可预见的条件来设计方案，对可能产生的结果有明确预测，对策划方案实施过程中可能产生的问题及其变化状态进行事先客观评估，并做好应对措施和应变对策。

（五）系统性

策划是一个编导过程，是一个全方位、多谋略、多手段的整合系统。在策划过程中既要考虑局部利益和眼前利益，又要着眼全局利益和长远利益，策划者对整个策划过程要进行全面考虑和周密安排。

（六）可调适性

在策划活动中，对执行的策划方案不是机械的、固定的，而需要有一定的调适性和灵活性。策划者应根据策划目标环境的变化而适时做出反应，在原策划方案保持稳定性的同时，也应不断对策划方案进行调整和补充。可调适性与可行性是相互匹配的。

三、策划与其他相关名词的区别

策划是一个特定的名词，与计划、点子、决策、战略等既有联系又有区别，为更好地理解策划含义，上述定义间的比较如表 1－1 所示。

表 1－1 策划与其他名词的比较

	策划	计划	点子	决策	战略
研究问题	不限制	不限制	具体	不限制	不限制

续表

	策划	计划	点子	决策	战略
预谋性	必定有	不一定有	一般有	不一定有	必定有
创新性	必定有	不一定	一定有	不一定有	一定有
艺术性	高	低	高	一般	一般
操作性	高	较高	一般	高	较高
挑战性	大	小	较大	大	大
知识面	渊博	专业性强	较广泛	专业性强	较广泛

❈小思考

学习策划要注意的问题有哪些？

应注意：(1) 策划不是“包治百病”的良方；(2) 策划不是点子、创意；(3) 策划不是越复杂越好；(4) 策划不等于计划；(5) 策划不是决策、战略和咨询；(6) 策划不是天马行空。

四、策划的要素

策划由策划者、策划目标、策划资源、策划力和策划方案五大要素构成。

(一) 策划者

策划者是策划的主体，可以是某个自然人，也可以是某个“智囊团”或组织。策划者的素质高低直接影响策划成败及其效果。一般而言，就某一项目策划，策划者可以由该项目的专业特长人承担，而多项目的整体策划，策划者可由多方面的专家组成的“智囊团”来承担。

(二) 策划目标

无论何种策划，都有很强的目的性和针对性，策划所要达到预期结果就是策划目标。策划目标通过策划人的创新思维而分解成多个具体目标，这些具体目标是检测策划结果的标准。

(三) 策划资源

任何策划都需要有足够的资源作为支撑条件，策划资源就是策划者在策划时能充分调配的人、财、物资源，策划就是要将策划资源进行不断整合和应用。策划资源是客观存在的，策划者无法创造，必须充分合理运用，使资源价值达到最大化。

(四) 策划力

策划力是策划者在进行策划活动时所展现的各种综合能力，主要包括解析力、创意力、运筹力和执行力等。策划力是策划活动成败的关键，是策划价值高低的标尺。在策划力构成内容中，解析力是前提和基础，创意力是根本和灵魂，运筹力和执行力是完成策划的保证。

（五）策划方案

策划方案是策划者在一定的策划目标指导下，充分利用策划资源而实施策划的行动计划。倘若没有优良策划方案，所有策划行为活动都将无法执行和实施。

五、策划的分类

根据系统原理，我们可以把策划工作看成是一个大系统，按照不同的标准，可以得出不同类别体系的策划，这些不同类别的策划相互之间的界定又不是十分严格，存在着一定的交叉、重叠。为便于理解和认识，本书采用比较常见的分类方式，即按不同应用领域对策划进行分类，具体分为企业策划、社会策划、政治外交策划、军事策划和其他策划五大类，各类又可再细分，具体如图 1－1 所示。

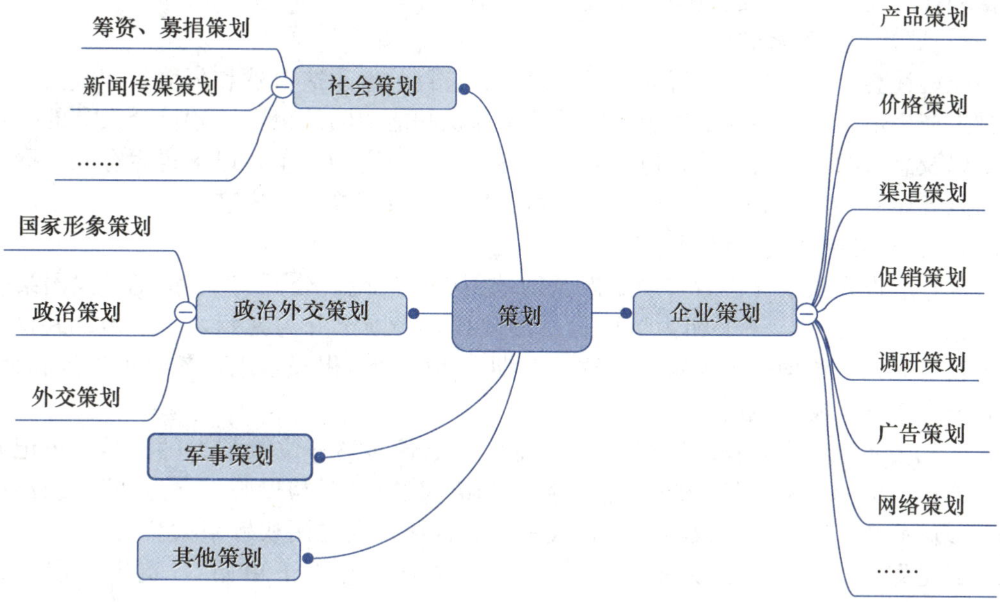

图 1－1　策划的分类

任务二　了解策划的起源、发展历程与现状

一、策划的起源

中国人习惯称“策划”为“出谋划策”。策划起源于中国，春秋战国时期已十分兴盛。中国的策划思想与文明历史一样悠久，迄今已有五千年的历史。我国劳动人民在长期的策划实践活动中，不断总结理论和方法，并撰写了许多经典策划论著，为世人留下了极其宝

中国古代策划应用盛况

贵的文化遗产。

在中国古代，策划主要用于军事、政治和水利工程等，伴随着历史的发展，涌现出一大批足智多谋、雄韬伟略、博学多才的思想家、政治家、军事家、水利专家等，他们在各自的领域都留下了众多策划活动的范例，并记载于历代典籍中，成为中国策划活动发展的雄厚理论根基。

二、中国策划的发展历程

古人云："凡事预则立，不预则废"，这说明人们做任何事情，都必须事先做好充分准备，精心策划，否则，要取得成功是困难或不可能的。纵观我国历史发展历程，不难看出策划活动在逐渐丰富，推进了历史变迁。

（一）原始社会时期的策划

在原始社会，人们的群体行为都是有意识、有目的地改造自然和环境的实践活动，在此基础上产生策划行为和策划思想。因受技术和认知能力的约束，原始社会人类的生存资源奇缺以及恶劣的自然条件等，迫使人们同各种自然灾害做斗争，以求得生存和发展，人类的策划开始萌芽，如群体狩猎分工就遗留着祖先有意识策划的痕迹。

（二）奴隶社会时期的策划

人类社会进入奴隶社会后，策划涉及的范围更为广阔。公元前 21 世纪，我国第一个奴隶制国家夏朝建立，夏王朝为巩固自己的政权，将国土分为九州，对土地、人口、税赋、劳役等系列事项均有重大策划。这一时期，诸侯之间相互争霸，各君王贵族和谋士、百姓都非常重视谋略的运用。

西周的姜尚应首推为我国历史上有明确文字记载的第一位策划大师。据《史记》记载，周西伯（即周文王）"遇太公于渭之阳，与语大说""载与俱归，立为师""与吕尚阴谋修德以倾商政，其事多兵权与奇计，故后世之言兵及周之阴权皆宗太公为本谋"。后文王崩，武王即位，太公又佐武王伐纣成功。"修周政，与天下更始"，奠定了周王朝的基业。

春秋战国时期，是中国古代策划的鼎盛时期。诸侯各国均有大批谋士、策士，因势而谋，穿梭奔走诸侯国之间，"巧言饰辩，诈伪权变，运筹策划，出谋定计，各领风骚"。典型代表有春秋后期的杰出策划大师范蠡。当越王勾践听说吴王夫差"日夜勤兵"欲伐越报仇，范蠡劝阻越王不要抢先伐吴，越王不听，大败而困于会稽山上。后范蠡与大夫文种谋计使勾践得救，并随勾践到吴国做人质三年。回国后，范蠡辅助勾践，最终灭吴，范蠡功不可没，被封为上将军。

※案例链接

二桃杀三士

春秋时期，齐国有三个有勇无谋的大力士，他们的名字叫田开疆、古冶子和公孙接，他们在齐国多次战争中功绩卓著，立下汗马功劳，但日常生活中居功自傲、狂妄自大，桀骜不驯，将一般大臣不放在眼里，也敢在大堂之上多次顶撞冒犯国君，朝中众臣敢怒不敢言。当时担任齐国宰相的晏婴，十分担心这三位大力士被坏人教唆利用而坏了国家大事，后果不堪设想。于是，晏婴与齐景公密谋除掉这三人，以免后患。

一日，鲁昭公到齐国访问，齐景公设宴接风洗尘，宴中宰相晏婴献上一盘刚刚从树上采摘的又大又甜的桃子。宴毕，盘中还剩两个桃，齐景公宣布将此二桃赏给功劳最大的臣子，众大臣议论纷纷，个个摩拳擦掌，跃跃欲试。此时田开疆、古冶子和公孙接三位大力士目空一切，对自己的功劳大肆宣扬，为自己能够得到这份荣誉而互不相让，横加指责，甚至大动干戈。后来田开疆和公孙接羞愧难当自刎而死，古冶子也痛悔不已自杀身亡。

齐景公没费吹灰之力，轻而易举地去掉了心头大患，保障了国泰民安。

评析：此案例说明人做任何事情，不仅要有勇，而且要有谋。人们常说谋事在人，成事在天。三个有勇无谋的大力士，居功自大，桀骜不驯，连国君也不放在眼里，十分危险。为消除后患，晏婴与齐景公策划了“二桃杀三士”，保障了国泰民安。

战国时期，各诸侯混战多年，最终出现“七雄”争霸，政治、军事、外交形势错综复杂。这一时期，有专门的说客和策士、谋士，后分成“合纵”和“连横”两派别，两派别主张有别，各执己见。合纵派主张六国联合抗秦，连横派主张六国分别事秦。“合纵”和“连横”两派被后人称为“纵横家”。“纵横家”足智多谋，见机行事，策划出许多令人拍案叫绝的奇谋妙计，凭借“游说”本领，左右局势发展，决定诸侯国的存亡，人们称他们是中国最早的职业策划人。

（三）封建社会时期的策划

封建社会从秦始皇统一中国到清朝末期，延续两千多年。统治者为维护自己的政权，使用愚民政策和文化禁锢等策略，使得策划发展走向衰弱。整个封建社会，策划活跃期应在汉朝末年的三国鼎立时期，因魏、蜀、吴三国争夺天下，各国均聘请高人谋事，一时间策划人才得到器重。

诸葛亮是这一时期著名的策划大师。诸葛亮辅佐势单力薄的蜀国逐渐强盛起来，与吴、魏分庭抗礼，形成三国鼎立之势。诸葛亮的“空城计”“七擒七纵”等就是策划之杰作。

在明清时期，一些以入幕他乡、出谋划策的师爷是策划行业的典型代表者，他们或以“文侠”著称于世，或辅弼边防吏臣拓宽疆域建立卓越功绩。

（四）新民主主义革命时期的策划

为挽救中华民族于水火之中，许多先烈为中华之崛起而奔走和策划。以孙中山为代表的先驱者经过无数次的策划，推动了中国新民主主义革命的前进。以毛泽东为代表的老一辈无产阶级革命家，群策群力，把中国人的谋略水平和高超智慧在策划中国革命胜利中发挥得淋漓尽致。特别是毛泽东的四次反围剿、抢渡大渡河、四渡赤水、三大战役、渡江战役等，展示了中国人民策划的高超水平，展示了毛泽东等老一辈无产阶级革命家的策划艺术。

（五）改革开放到党的十八大时期的策划

1978年，以安徽凤阳十八位农民按着血手印承包土地协议，拉开了中国改革开放的序幕。这一时期，策划繁荣昌盛，主体在于围绕振兴中华、繁荣市场，提高国民生活质量，保卫国土安全，提升中国国际地位和形象等。邓小平是中国改革开放的总策划师，策划适合于中国国情的方针和政策，使中国在世界经济舞台上迅速强盛，成为世界经济大国。邓小平策划的代表性思想有：“解放思想，实事求是”“实践是检验真理的唯一标准”“农村经济体制改革”“城市经济体制改革”“经济特区”“一国两制”“三个有利于”“科学技术是第一生产力”“发展是硬道理”等。江泽民同志继续沿着邓小平的改革开放思想路线，进一步推动中国全面改革开放前进，“三个代表”就是最好的策划代表作。以胡锦涛为代表的党中央，在新时期继续推进策划中国政治、经济、军事、外交等，“科学发展观”“八荣八耻”就是杰出的策划代表作。

（六）党的十八大以来的策划

“一带一路”取得的显著成效

党的十八大以来，党和国家事业之所以能取得历史性成就，发生历史性变革，最根本的原因，就在于以习近平同志为核心的党中央的坚强领导，就在于习近平新时代中国特色社会主义思想的科学指引。中国政治、经济、军事、外交、民生、生态文明、从严治党等各方面的策划在国际舞台大放光芒，“中国梦”、“一带一路”建设、“强军梦”、亚洲基础设施投资银行建立、脱贫攻坚战、反腐倡廉、从严治党、“不忘初心、牢记使命”主题教育等都是中国伟大的策划工程代表杰作。

总结人类文明史中策划思想和策划实践的发展历程，可以看出，策划主要集中于政治、军事、外交及一些宏伟工程建设，随着时代发展，策划领域逐渐渗透到商务、文化、体育、教育、演艺、影视、出版、人际关系、投资理财、个人家庭生活等诸多方面，可谓时时有策划，事事有策划。

（七）党的二十大中国式现代化宏伟蓝图策划

党的二十大顺利召开，党中央从我国实际出发，给我国各行各业描绘了宏伟蓝图，提出了一系列新目标、新任务、新要求。船到中流当奋楫，党的二十大擘画了全面建设社会主义现代化国家、以中国式现代化全面推进中华民族伟大复兴的宏伟蓝图，吹响了奋进新征程的时代号角。党的二十大报告指出：“全面建成社会主义现代化强国，总的战略安排是分两步走：从二〇二〇年到二〇三五年基本实现社会主义现代化；从二〇三五年到本世纪中叶把我国建成富强民主文明和谐美丽的社会主义现代化强国。”到二〇三五年，我国基本实现社会主义现代化，经济实力、科技实力、综合国力大幅跃升，人均国内生产总值迈上新的大台阶，达到中等发达国家水平；到二〇三五年，我国发展的总体目标包括建成现代化经济体系，形成新发展格局，基本实现新型工业化、信息化、城镇化、农业现代化；到二〇三五年，我国将建成教育强国、科技强国、人才强国、文化强国、体育强国、健康中国，国家文化软实力显著增强；等等。所有这些宏伟蓝图的策划，需要我们在各自的岗位上努力践行使命，坚持中国共产党的领导，坚持“两个维护”，不忘初心，牢记使命，撸起袖子加油干，相信我们党的中国式现代化宏伟蓝图策划目标一定能实现。

三、中国策划的现状

中国是一个策划大国，综观今日中国，策划正以其巨大的能量和独特的魅力，为国人所崇尚和青睐，策划得到了空前的发展，我们正处于一个策划的新时代。

❖小思考

当代策划“热”起来的原因有哪些？

当历史步入21世纪时，策划在中国再度被人们高度重视和广泛应用。探究策划“热”起来的原因，主要为：(1) 当今社会已进入信息化、智能化时代；(2) 人类追求高层次的物质和精神生活；(3) 市场经济体制的运行中，市场主体的自主性增强，自由度增加，国际竞争异常激烈；(4) 社会环境发生变化，政治民主推进，科技发展，为策划提供空间和条件；(5) 策划为决策提供创意思路和设计方案，使决策科学化、效能化；(6) 策划主体增多，向专业化、职业化方向发展；(7) 策划能实现人生价值；(8) 当代策划具有科学性、系统性、规范性和专业性特点。

当今社会策划现状表现在以下几个方面：

(一) 策划应用范围广泛化

市场经济的发展，使得策划不仅仅限于政治、军事策划领域，已逐渐辐射到社会各领域，如商务策划、新闻策划、房地产策划、会展策划、旅游策划、教育策划、投融资策划、体育策划、网络策划、自媒体策划、创新创业策划、就业策划等。

(二) 策划行业产业化

近年来，随着策划行业的升温，各类策划公司和机构纷纷亮相全国各地，世界著名的波士顿、科尔尼、埃森哲、普华永道、罗兰贝格、德勒、凯捷安永、毕马威、摩立特、兰德公司、麦克锡等管理咨询公司也先后登陆中国。据有关资料报道，在中国，截至2019年年初，在工商登记有信息的从事策划咨询的各类公司有13万家，但在所有从事策划咨询的各类公司中，外国公司占50%，成立时间在3年之内的中国公司仅仅占35%，成立时间5年以上的中国公司仅占15%。

2019年中国十大管理咨询公司排名

(三) 策划方法多角化

随着社会对策划需求的增加和策划业的自身发展，策划方法和技术越来越向多元化方向发展，如人文策划、创意策划、整合策划、体式策划、牵制策划、OK模式策划、四维策划等。这些策划方法和技术手段的出现，使策划更加理性化和科学化，策划成功率倍增。

中国十大营销咨询公司排名

(四) 策划工作走向职业化

随着人们对策划的认知提升，策划实践活动体现出越来越强的效益性，许多人纷纷选择将策划作为自己的职业，并成立公司，专门从事咨询和策划工作。一些具有一定规模的企业组织，也在社会策划实证感召下成立企划部或营销策划部，专门为企业谋划。

（五）策划理论形成学科化

改革开放以来，在我国策划实践活动中产生了许多经典案例，许多策划人或学者，从不同思维角度研究、分析策划理论，发表自己观点，出版策划类书籍，为策划理论学科的建设提供了深厚的基础。2006 年 3 月，教育部公布新增 25 个专业，商务策划管理专业位列其中，成为一个全新的本科新型专业，与此同时，全国部分高职高专院校也纷纷开设了营销与策划专业（后改为广告策划与营销专业）。策划理论与实践探索如雨后春笋般发展，为各行各业发展起到支撑作用。

中国策划业存在的问题

任务三　熟悉策划在当代企业中的职能与作用

人们常说：事事都要策划，时时都要策划。2010 年全球进入后金融危机时期，企业界普遍感受到一种莫名的巨大压力，这种压力不仅来自通货膨胀和资产泡沫，甚至连市场上普通得不能再普通的大蒜、生姜、绿豆等产品都能在一夜间将市场弄得天翻地覆，更不要说一直居高不下、一涨再涨的黄金、房地产和矿产资源。

当今世界正经历新一轮大发展、大变革、大调整，大国战略博弈全面加剧，国际体系和国际秩序深度调整，人类文明发展面临的新机遇和新挑战层出不穷，世界贸易单边主义、霸凌主义抬头，地区冲突不断上升，各种不确定和不稳定因素明显增多。基于对世界大势的敏锐洞察和深刻分析，以习近平同志为核心的党中央做出一个重大判断：当前中国正处于近代以来最好的发展时期，世界处于百年未有之大变局，两者同步交织、相互激荡。对广大新兴市场国家和发展中国家而言，这个世界既充满机遇，也存在挑战。可见，在全球化市场竞争激烈的今天，无论是大的企业还是小的企业，要想立足于市场，都得围绕生存、发展和竞争而策划。

一、策划在当代企业中的职能

策划部门（或企划部）是负责企业策划的职能机构，有明确的职责与权限范围、岗位人员配置，策划职能机构在现代企业运营过程中是必不可少的机构。虽然有的企业没有设置专门的策划职能机构，但策划的职能归属到了其他具有策划职能机构中了，如营销调研部、市场拓展部、招商部、公关部等。

策划部门的主要任务是研究企业市场状况，针对性地编制企业策划方案并将方案在企业经营活动中付诸实施，以确保企业在运营各环节如期实现目标，保持可持续发展。在不同的企业，策划机构的职能设置也不尽相同。世界商务策划师联合会（Word Business Strategist Association，WBSA）对策划机构的职能规定了如下七个方面的基本职能：

（一）编制企业年度工作计划

企业年度工作计划的主要内容包括年度策划项目课题、项目的实施步骤、实施时间进度、项目工作标准及各项目工作的负责人等。编制的基本依据是是否关系到企业的生存和实质性拓展，因企业处于不同市场环境和企业实力条件而确定，一般分特大课题与常规课题。

（二）围绕企业阶段目标进行策划并撰写策划方案

每个企业在一定时间内都有明确的经营目标，策划部门必须围绕企业经营目标进行资源整合，按照企业经营宗旨有效编制策划方案。策划方案主要包括企业战略策划、企业生态策划、企业融资策划、企业管理策划、企业营销策划、企业形象策划、企业公关策划、企业文化策划、企业重组策划、企业产品品牌策划等。策划方案主要包括策划课题的提出、现状与环境、SWOT 分析、目的与任务、策划路径、策划创意、策划方案执行与修正、目标预估、风险控制与防范等。

（三）编制策划项目实施可行性报告

确定策划项目课题后，策划部门需对项目的可行性提供可行性研究分析报告。可行性报告一般包括项目实施过程中的概述、市场预测、项目法律依据、技术支撑条件、风险掌控度、营销指标参数、财务预算、市场操作可行性等，并提供市场调查报告等有说服力的文件资料。

（四）编制策划项目执行计划

策划项目执行计划是在可行性报告得到论证通过后，策划部门为策划项目实施而编制的一份执行计划。执行计划是依据策划方案和可行性报告来编制的，主要内容包括项目背景说明、总目标及目标分解、总任务及任务分解、具体分工及责任人、方法与步骤、接口与程序、指导与监督、奖惩具体措施及项目执行过程中动态监控与管理等。

（五）探索策划项目的可能危机及预防措施

项目执行过程中，市场环境是不断变化的，任何可能情况都会发生，甚至发生突发事件，这就需要做好预防措施，解决问题，化解危机，并对问题解决过程和危机处理方法、结果做好记录，加以保存，以供项目执行完毕后总结。

（六）建立企业制度和培育企业创新机制

在企业运营过程中，策划部门为保障策划项目能够顺利实施，一方面，有必要在企业建立执行策划项目的有关制度，以制度来规范员工行为活动，提高策划项目效果。另一方面，企业创新机制的培育和发展也可激励企业内部职工奋发向上，提高员工创新意识，对策划项目顺利完成起到驱动和积极作用。

危机管理的六大原则

（七）建立和维护策划专家库

为保证策划项目方案完善，并在方案执行中对出现的问题及时解决，企业必须根据实际需要建立策划专家库。企业可将多方面专业高水平人员纳入策划专家库，也可聘请专业咨询人员担任策划顾问，共同构建策划专家资源库，以对企业策划项目进行诊断、指导、评判和考核。企业需定期组织专家进行策划项目信息交流和执行过程动态信息分析研究，确保策划项目保质保量完成。

二、策划在当代企业中的作用

随着中国加入世界贸易组织（World Trade Organization，WTO）和全球经济一体化，我国企业正处于从执行型向决策型转变过程中，企业竞争成为企业综合竞争力的竞争，企业成长涉及战略、生态、融资、管理、营销等多领域的全过程策划。可见，策划在当代企业中举足轻重，占有重要席位。

策划部门本质上是企业中的参谋部，其主要功能是为企业高层筹划和建议运营项目方案，供领导决策，并将决策方案付诸实施，在实施过程中根据环境变化而修正方案，保障运营项目利益最大化。一般而言，策划部门的作用主要体现为职能权，表现在以下几个方面：

（一）建议权

策划机构人员对策划项目提供建议、提案或协助，所有建议可能得到有关人员肯定与采纳，也可以被否定与拒绝。建议权的肯定与否定取决于建议对策划项目的可行性、新颖性、效益性、操作性等。

（二）强制磋商权

磋商权表明企业高层在对策划项目做出决策之前必须听取策划人员关于策划项目的意见和相关问题的咨询，权衡轻重和利弊，保证策划项目效益最大化。

（三）共同决定权

此时策划机构的权限提高到了直接影响高层决策的权限，也就是说，高层领导在对策划项目决策之前，必须认真听取策划人员的建议，而且在对策划项目采取行动时还需得到策划人员等参谋人员的认可，方可付诸实施。

（四）直接指挥权

这种情况是指在企业高层领导授权下，策划人员就授权事项对策划项目执行的有关人员直接下达指令，且指令与来自企业高层主管领导的命令同等重要。但参谋的作用发挥必须正常，一旦失误，出现破坏企业统一指挥权，则此种直接指挥权将被撤销。

❖小思考

企业高层领导与策划人员之间应注意哪些事项？

要合理利用和正确发挥策划人员在企业中的参谋作用，企业高层领导与策划人员应该注意以下几方面事项：(1) 策划人员应该明确策划部门的职能，理清高层领导和策划部门的权限与关系；(2) 企业高层领导对专业性较强的策划项目可授予策划部门在一定专业领域内的职能权限，以提升策划人员较高的参与决策权；(3) 企业高层领导必须为策划机构和人员提供必要的人、财、物保障条件，使从事策划的工作人员更好地开展工作，为企业获取更多有价值的信息。

任务四　知晓策划人员的素质

一份优秀的策划方案需要优良的团队来执行，更需要高素质的策划人员来承担策划方案的编制。

一、策划人类型

在现实企业的策划实践活动中，同样是策划，但因所处身份、地位和性质不同，其作用、目的和影响也不一样。一般来说，策划人可以分为三种类型：职务策划人、专业策划人和职业策划人，现列表1-2说明三者间的区别。

表1-2　不同策划人的区别

	人员构成	策划目的	策划特征	策划周期
职务策划人	企业经营管理者	对自己的经营管理事项进行谋划	策划人思维、决策、实施等一体化	取决于职务的变化
专业策划人	企业策划部门工作者或大专院校、科研机构等专家	针对企业策划项目有组织、有目的、有序策划或咨询	策划人思维间接影响决策和实施，策划是职责赋予的工作	始于企业策划部门成立，终于策划部门撤销，或始于委托策划项目而终于策划项目结束
职业策划人	以各种策划成果为生的职业人	视策划为自己的事业，为事业而奋斗毕生	策划思维影响决策，但一般与实施关联小或无关	策划人的职业生涯

二、策划人员的素质结构

素质原本是指事物的本来性质、内在的特征。素质的含义有狭义和广义之分。狭义的素质概念是生理学和心理学意义上的素质概念，即“遗传素质”。字典中写道：素质是指人或事物在某些方面的本来特点和原有基础。在心理学上，指人的先天的解剖生理特点，主要是感觉器官和神经系统方面的特点，是人的心理发展的生理条件，但不能决定人的心理内容和发展水平。这是关于狭义素质的典型解释。广义的素质指人在先天生理的基础上后天通过环境影响和教育训练所获得的、内在的、相对稳定的、长期发挥作用的身心特征及基本品质结构，通常又称为素养。素质主要包括人的道德素质、智力素质、身体素质、审美素质、劳动技能素质等。

从现实应用的角度出发，能力素质取决于知识、智力、劳动技能和身体四方面综合素质，也就是说，知识、智力、技能和身体四方面素质的不同组合，从而构成了策划人员多种多样的具体能力。

三、策划人员的能力素质

从策划实践活动角度来看，策划人员的能力素质主要包括知识素质、智力素质、技能素质和身体素质四方面，本书主要侧重营销策划方面的知识讲解，故策划人员的能力素质倾向于市场营销方面。

（一）策划人员的知识素质

策划学是一门思维学科，有多角度思辨性的概念和理论，同时具有实践性、操作性、挑战性和应用性的特点。要想做好一名策划人，不仅要具备良好的职业素养、道德修养，还要有渊博的理论知识和丰富的阅历。从实践应用角度出发，策划人应该掌握策划的基础知识、与策划相关的知识、专业知识和实践操作知识等。

1．策划的基础知识

基础知识是指策划人应该具备从事职业工作的常规性基础知识，主要是指从小学到高中阶段所学习的各种文化基础知识，还有在大学阶段所学习的公共基础知识，以及在工作以前具备的生活实践知识和经验能力等。

2．与策划相关的知识

策划学是一门综合性极强的学科，它因涉及领域、策划项目不同而需策划人掌握多学科知识，甚至水平很高的专业性知识，例如，会展策划人就需要了解会展经济知识；婚庆策划人不仅要掌握婚庆流程常识，还要了解新婚夫妇的民族、信仰、文化习俗、年龄特征、职业特征等；房地产策划人不仅需要掌握房地产专业知识，还需要了解房地产专业法律政策和法规等。归纳起来，与策划人相关的知识包括：

（1）市场经营管理知识。企业是社会的一个经济组织，在市场经济背景下因其经济性要求任何经济组织必须遵守市场法则和游戏规则，作为策划人一定要懂得市场经营理念和市场经济知识，对动态市场规律能够随时诊断，按照市场发展趋势做出正确判断，将企业人、财、物资源有机整合，把握市场时机，撰写优良策划方案，使企业如期实现经营管理目标。因此，策划人需熟悉企业发展历史、经营范围、经营宗旨、规章制度、产品策略、价格策略、渠道路径、促销方法以及经营管理知识、消费心理学知识、价值理论等。

（2）法律政策知识。市场经济是法制经济，任何具有市场经营行为的经济组织，都必须在法律框架内对自己的行为活动负法律责任，一切按法行事。为此，策划人要做好策划工作，必须懂得相关法律、法规、政策、条例以及有关暂行规定，以避免因法律问题而使企业产生经济纠纷，影响企业经济效益和企业形象。由此可知，策划人需了解商标法、广告法、合同法、反不争当竞争法等知识。

（3）市场经济知识。企业经营行为离不开市场活动，策划人对市场活动中反映的各种市场经济活动的基本知识必须掌握和理解，这样才能驾驭市场、把握市场脉搏、接受市场考验。例如，掌握和了解市场基本变化趋势、市场背景、市场供求规律、市场竞争态势、市场结构情况、本区域市场消费者的偏好、居民收入状况、居民购买能力、恩格尔系数、基尼系数，以及各方面情况的大数据挖掘与分析等。

（4）现代投资理财知识。任何企业都希望自己的企业通过市场行为而使企业资本增量、价值增值，故策划人员需具备现代企业投资理财知识，懂得资本运作规律和方法，同时也要知道国际金融与贸易知识，例如，掌握相关的金融保险、信托与租赁财经、国际贸易等知识，这样才有可能为策划企业或项目创造更多效益。

（5）IT 网络知识。现代网络知识是随着 Internet 的迅速发展而给人类带来的不可或缺的知识，网络的发展使得信息传播与信息共享发生了前所未有的变革，也是企业市场经济行为活动中信息摄取的必要工具。对于应时代经济发展而越来越需要掌握市场瞬间万变的企业，信息就是价值，快速拥有市场系统信息，对策划人员编制策划方案和修正方案至关重要。策划人员在网络时代必须掌握和充分应用 IT 网络信息，利用网络信息有效监控市场变化，以达到对市场发展趋势的准确判断与预测，为企业谋取市场利润最大化。

（6）现代传媒知识。企业策划的成果必须得到社会的认可并被社会所接受，所以将企业策划结果通过媒介向社会传播是必不可少的环节，这就要求策划人员对新闻学、广告学、传媒学、公关关系学等知识有所掌握，必要时及时传播策划成果，以赢得社会支持和赞誉，树立企业最佳社会形象。

（7）其他相关知识。策划是一门综合性艺术，策划人除了具备以上相关知识外，还需要掌握一些综合性知识。例如，策划人应具备文学、音乐、舞蹈、美术等欣赏水平，了解古今中外历史，知晓天文和地理知识等，当然，这里指的是最大限度地了解和掌握，而不是精通。

3. 专业知识

专业知识是策划人必备的武器。策划人不是“百事通”。通常会因策划领域、策划项目等而使得策划人拥有的专业知识局限在某些领域，这就出现了多个不同领域或擅长于某一方面项目策划的专家。但概括起来讲，策划人的专业知识除不同领域专长外，共性的专业知识包括如下：

（1）市场营销知识。营销策划是对营销活动的各个环节的策划，所以策划人必须有深厚的市场营销学的理论功底，需树立现代营销观念，掌握现代营销基本原理，熟悉并研究消费者消费行为，发现市场营销机会，科学细分市场，确立目标市场，准确进行市场定位，制定完善的营销策略，有效实施营销计划并加以监控与调整，把握市场运行规律，力争获取最大营销利益。

（2）策划学科知识。策划是一门系统工程的学科，策划工作是一项操作性极强的实务性工作，策划过程是创造性的思维过程，为此，策划人必须掌握纵横交错的策划专业知识体系。从纵向看，策划人应该掌握策划学本身的各种专业知识，主要包括策划的要素知识、策划思维与模式知识、策划心理知识、策划设计知识、策划创意知识、策划技巧与方法知识、策划咨询知识、策划人才素养知识等；从横向看，应该熟悉策划应用的专业知识，如项目策划知识、战略策划知识、生态策划知识、融资策划知识、管理策划知识、调研策划知识、营销策划知识、品牌策划知识、公关策划知识、企业形象策划知识、企业文化策划知识、企业重组策划知识、创新策划知识、教育策划知识、创业策划知识等。

❖案例链接

策划人的知识结构

我国台湾地区的戴国良博士在有关策划人所具备的知识结构方面做了比较系统的、具体的论述，如表1-3所示。

表1-3　策划人应掌握的六大跨领域知识

理论知识领域	重点内容	对策划工作的意义
策略领域	1. 一般性竞争策略 2. SWOT分析 3. 波特产业五力架构分析 4. 核心能力理论 5. 资源基础理论 6. 竞争优势理论 7. 创新理论 8. 成长理论 9. 并购理论 10. 全球布局策划 11. 群聚策略	对制定公司策划方向、目标、竞争策略与计划内容会有助益

续表

理论知识领域	重点内容	对策划工作的意义
行销领域	1. 行销导向（顾客导向） 2. 产品定位 3. 市场区隔 4. 目标行销 5. 行销 4P 策略 6. 行销研究 7. 消费者行为 8. CRM（顾客关系管理） 9. 其他	对如何创造公司营收成长的原因、方向、步骤、计划内容会有助益
经济学领域	1. 产业结构分析 2. 产业竞争 3. 规范模式 4. 范围经济 5. 交易成本理论 6. 内部化理论 7. 价格策略	对产业结构、产业竞争、规模经济分析与规划会有助益
财会分析领域	1. 获利力分析 2. 营运力分析 3. 财务结构分析 4. 现金流量分析	对财务分析、会计报表分析、数据及来源的前提假设与运营效益等分析会有助益
企业经营与管理理论概念领域	1. 企业功能循环理论 2. 管理功能循环理论	对企业功能循环理论与管理功能循环之内容与计划分析、规划会有助益
海内外各种环境层面知识领域	海内外产业、竞争者、经贸、社会、人口结构、科技、法令、运输、资金、政治与市场发展影响分析	对掌握及分析海内外政治、经济、法令、社会、文化、人口结构、科技、竞争动态等环境变化，扩大策划方案的思考框架及背景分析会有助益

资料来源：戴国良．策划文案完全指南．汕头：汕头大学出版社，2005（内容有增删）．

评析：从表 1-3 中可以看出，策划人所具备的知识是丰富和广泛的，具有多领域、多层面的知识结构。

4．实践操作知识

实践操作知识是指策划人在策划过程中所要掌握的各项操作技能，这些知识是在前人策划过程中长期积累的指导策划业务操作的传承经验与知识，前人向新人传授的操作知识主要有“操作的经典智慧”“制作的学问”“策划路径规律”“运作步骤”等，还有策划思维路径、调查问卷的设计、平面设计、计算机操作技术等知识。操作知识与操作技能密不可分。

（二）策划人员的智力素质

策划是一项系统的繁重智力性劳动，策划人员要做好策划工作，出色地完成策划项目，必须有超人的智能、智力和智慧。策划人的智力素质主要表现在以下几个方面：

1. 敏锐的洞察力

洞察力是一个心理学概念，指心灵对事物本质的穿透力、感受力、洞察事物的能力，简单地说，洞察力是人们对个人认知、情感、行为的动机与相互关系的透彻分析。策划工作要求策划人能洞察事物之细微、把握事物之实质，做到“察人之所未察，见人之所未见”。

❖小思考

怎样培养策划人的洞察力?

策划人可以参考以下几个方面：

第一，多动脑。在日常生活中看见某种现象，不妨问问自己为什么会是这样的，而不是那样的？喜欢推究现象的前因后果是一种爱好，也是提高和检验生活洞察力的好方法，用不间断的思考来丰富自己的生活阅历。

第二，多读书。尤其要多读文学作品和人际交往方面的、哲学思想方面的作品。文学作品是生活的反映，读书就是在增加自己的生活阅历。而读哲学著作能让人的思想变得深刻，富于辩证。

第三，多培养兴趣爱好。积极投身于生活实际，有意识地增加实践的机会也是一条途径。还有，要多反思生活，反思自己的生活经历。哪些做得好，哪些做得不好？成功在何处，失败又是为什么？今后该如何努力，怎样做得更好？这些都能让人提高洞察力。也不妨多上网，多看新闻，多读历史，多写一些东西，都很有帮助。

2. 良好的记忆力

记忆力是人们在记忆活动中表现出来的一种特殊的能力，即人们记住事物的形象或事情经过的能力，实际上包括了对各种信息材料的识别、分析、加工、抽象、比较、概括、储存、再现等各种综合能力。记忆力是智力的重要组成部分，它在记忆活动中的作用和地位是不可取代的。作为策划人，在其他如观察、想象、思维、创造等各种智力活动中，要充分发挥记忆力的重要作用。平时要在培养自己良好记忆力方面做努力，如勤奋学习，掌握科学记忆特点，要多看、多听、多问，讲究学习方法，将学习的重要内容记录下来，再多回忆、多总结等。

3. 丰富的想象力

人能在过去认识的基础上，去构成没有经过的事物和形象的能力就叫想象力。例如嫦娥奔月、龙宫探宝，以及《西游记》中西天取经、大闹天宫的故事，都是想象力的产物。想象力是一切思想的原动力和一切创意的源泉。

有的心理学家认为，人的大脑有四个功能部位，即感受区、贮存区、判断区、想象区。很显然，前三者指的是观察、记忆和思维。一般人在日常生活中，经常动用的是前三个区，而想象区一般只被动用了15%。大部分科学家都具有丰富的想象力，就是因为他们大脑中的想象区经常处在一种积极的兴奋状态，善于想象构思，创造新形象。而一般人对想象区的潜力挖掘不够。为此，策划人尽最大努力开发自己想象区，在日常生活中要拓展知识面，增加表象存储量，再对已有存储表象进一步加工和改组，从而启迪思维迸发新的表象。想象力是人类创新的源泉。

4. 准确的评判力

评判力是指人们对发生在身边的事物的性质、状况以及对发展趋势的一种评定判别能力。评判力是一个人诸多能力的综合体，包括感知、记忆、思想、警觉、演绎、预知、推理和判断。

策划人员面对策划项目有多种方案和措施，必须按照客观事物的现实性，全面衡量策划项目的利弊、优劣，比较分析和判断策划项目在各种可能出现情况下的适应性、稳定性和效益性。只有这样，策划人员才能在众多策划构思和创意中实现“由此及彼，由表及里”和“去粗取精，去伪存真”的效果。

❖小思考

怎样培养策划人的评判力？

要求策划人具备以下几方面条件：(1) 认清局势的本领；(2) 专注的能力；(3) 敏锐的感知能力；(4) 推理能力的练习；(5) 估测能力；(6) 冷静的头脑；(7) 自制力等。

5. 灵活的权变力

“权变”一词有随具体情境而变或依具体情况而定的意思。策划人的权变力是指策划者要随企业所处的内外环境条件和形势的变化而随机应变，没有“放之四海而皆准”的成功方法。善于权变的策划者会分析情景变量，在不同的情况下制定不同的实施方案。在企业的任何情况下，策划者都必须依据各种有关的变动因素来选择不同的领导方法，在动态中解决问题。策划者的权变力即策划者运用权变的能力。一般而言，权变力可以分为以下四个部分：随机应变的能力、争取先机的能力、抓住机会的能力、培养自我更新的能力。

6. 强劲的创造力

创造力是一系列连续的复杂的高水平的心理活动。创造力通常被定义为被人称赞的新异反应的能力。创造力要求策划人员根据一定的策划目的和任务，开展能动的策划思维活动，产生新认识，创造新事物。人类的文明史实质是创造力的实现结果。

❖小思考

怎样培养策划人的创造力？

要培养策划人的创造力，可参考以下几方面：(1) 激发求知欲和好奇心，培养敏锐的观察力和丰富的想象力，特别是创造性想象，以及培养善于进行变革和发现新问题或新关系的能力；(2) 重视思维的流畅性、变通性和独创性；(3) 培养求异思维和求同思维；(4) 培养急骤性联想能力。

（三）策划人员的技能素质

创造力的解释

作为一名合格的策划人员，应该具备一般技能、概念技能、人际技能和技术技能。

1. 一般技能

策划人员除了进行日常的理论学习之外，应该掌握一些最简单的基本技能，例如，计算机操作技能、网络应用基本技能、驾驶汽车技能、日常社会交往中英语口头表达技能、一般数码产品识别与使用技能等。这些看上去与策划专业关联性不强的基本技能也是策划人员要掌握的技能，这些技能对策划人员在从事策划事业过程中有着积极意义。

2. 概念技能

概念技能是指综观全局，认清为什么要做某事的能力。具体包括：(1) 理解技能，即理解事物的相互关联性从而找出关键影响因素的能力；(2) 协调技能，即确定和协调各方面关系的能力；(3) 决策技能，即权衡不同方案优劣和内在风险的能力。概念技能要求策划人员依据客观事实，洞察企业与环境相互影响之间的复杂性，对策划事项进行全面、有效判断和决策。

3. 人际技能

人际技能指与处理人事关系有关的技能，主要指人们彼此交流各种思想、观点、情感，反映态度和表达意见的能力。人际技能要求策划人员在实际策划过程中，不仅要有优良的策划方案，还要将策划方案内容向主管领导或委托人进行表达，说服主管领导或委托人接受自己的创意，如果没有良好的口头表达技能，再好的方案也不一定能获得主管领导或委托人同意。此外，在从事策划工作过程中，策划人员要与形形色色的人员打交道，如果策划人员不能赢得与策划相关人员的信任、不能与其良好沟通、交流，周到处理各种各样矛盾，就不能获得策划成功。

4. 技术技能

技术技能是指对某专项活动涉及的方法、流程、程序或者技巧的理解程度和熟练应用程度能力。简单地说，就是处理某职业事项的技能，也称职业技术技能。策划人员应具备的技术技能应该包括经营技能、管理技能、调查技能、谈判技能、公关技能、创新技能和策划技能等。

◈案例链接

高效管理者三大技能之间的关系

专家认为高效管理者应当具备三种基本技能：技术技能、人际技能和概念技能。前提是假定管理者为这样一类人：他指挥其他人的行动，并担负着通过指挥达成目标实现的职责。根据这个定义，成功的管理者需要具备以上三种技能。

在较低层级：技术技能促成了现代工业的许多重大进步，对于提高运营效率也是不可或缺的，不过在较低的管理层级上，技术技能是最重要的。随着管理者职位的逐步上升，离实际的运营越来越远，技术技能逐渐变得不那么重要了（前提是他拥有技术熟练的下属，并且能够帮助下属解决问题），在最高层，几乎不需要什么技术技能，只要拥有高超的人际技能和概念技能就能高效地开展工作。

在各个层级：人际技能也就是与人共事的能力，对于各个层级的有效管理都是必不可少的，它似乎在较低的层级上最为重要，因为这个层级的管理者和下属的直接接触最多。随着职位的上升，这种直接接触的次数和频率会逐渐减少，所需的人际技能也相应减少——尽管不是那么绝对，同时由于重大决策和大规模行动的需要，概念技能变得越来越重要。到了最高层，人际技能就让位于概念技能——把集体的利益和活动整合在一起的能力。

在较高层次：概念技能的影响力达到了最大化，一些研究得出的结论是，概念技能是高层经理人最重要的一项技能。

显然，各个层级的管理人员都需要在一定程度上掌握这三种技能。但是，这三种技能的重要性是相对的，随着管理层级的不同而发生变化。对于低层管理，技术性技能和人际性技能最重要；对于中层管理，管理成效在很大程度上取决于人际技能和概念技能；而到了高层管理，概念技能就成为管理取得成功的首要技能。

评析：高效管理者三大技能之间的关系揭示了在企业经营管理的实践运作中，在不同的层面，对这三种技能的要求不一样。

（四）策划人员的身体素质

策划工作任务繁重，经常日夜操劳、南征北战、东征西讨，没有强健的身体是难以胜任的，故策划人员的身体素质好坏也是影响策划工作的重要因素。策划人员必须精力充沛、体魄强健，以保障策划工作顺利进行。

四、策划人员的心理素养与道德素养

（一）策划人员的心理素养

21 世纪是充满竞争的策划世纪，敢于冒险、敢于探索、善于竞争、善于合作、富于创造是 21 世纪对策划人才的基本要求。这些品质与良好的心理素质密切相关。良好的心理素养，是策划人应对竞争、成就事业的重要保证，也是策划人的全面素质中的基础素养。策划人良好的心理素养可从以下几方面培养：

1. 坚定的自信心

在日常学习、生活中，要有乐观主义态度，积极向上的精神，饱满情绪；策划工作中，要排除外界干扰，立场坚定，果断决策，不受他人观点左右。

2. 广泛的兴趣面

兴趣是指人们积极探究某种事物的认识倾向。策划人要接触各种各样的社会人，而社会的复杂性决定策划人需有广泛的兴趣爱好，策划思维的迸发往往源于广泛的兴趣爱好。策划人只有爱好兴趣广泛、知识面宽广，才能在多领域激发出创意的动力。

❖案例链接

兴趣与创意

杨振宁教授说：兴趣是人们的向导，成功的真正秘诀是兴趣。广泛的兴趣是激发创意的重要动力之一。

评析：从杨振宁教授对兴趣与创意关系的论证中，我们学习策划的学生（或学员）应该多培养自己的兴趣，只有兴趣广泛，才能在策划领域中有更多的策划创意。

3. 强烈的创意欲

“运筹帷幄之内，决胜千里之外”就是对策划人的创意要求。策划是对未来不确定事项进行谋划和打算，而未来充满了不可知性，故策划人要根据策划动机和掌握的策划信息，充分利用企业、社会资源，应用形象思维对策划事项进行框架描绘，用简洁语言描述策划概念。创意不是为所欲为、凭空臆造，而是在一定的可操作性前提下的创意。创意是否科学合理，直接关系企业的存亡。培养创意欲望是策划人成就策划事项必需的心理素养。

4. 高度的抗压力

策划工作是一项艰苦的创造性活动，策划人往往因策划强度大、工作压力大而出现抗压能力脆弱，情绪反差大，甚至茶饭不思；或费尽心机形成一个创意，欣喜若狂之后而发现此创意脱离实际，于是乎情绪一落千丈等。抗压力差和不良的忧虑情绪是造成策划负面的影响的因素之一。策划人应有百折不挠的进取心和坚忍不拔的毅力，做到“胜不骄，败不馁”，只有这样，策划人才能胜任策划职业工作。

5. 独立的思维方式

策划是一项系统工程，构成系统要素的方方面面和各个要素之间密不可分，而又千差万别。这就要求策划人站在全方位的视觉，拥有独立思考、独立发现、独立解决问题的能力，既要有逻辑思维、辩证思维，又要有超常规的多角创造性思维。只有这样，才能把握策划系统工程的命脉，发挥策划人的聪明才智。

（二）策划人员的道德素养

道德是社会意识形态之一，是人们行为的准则和规范。素养即修养，道德素养是指一个人在道德上的自我锻炼，以及由此达到的较高的道德水平和道德境界。在不同的社会和阶级中，人们的道德素养有不同的目的、内容和途径。良好的职业道德素养是事业成功的基础，策划人更是如此。策划人道德素养是策划人在从事策划职业过程中所表现的一种内在的、非强制性的约束机制。良好的社会公德和高尚的职业道德以及由此决定的价值取向，是展现当代策划人的基本道德修养。策划人应该做到：对国家要遵纪守法；对社会要守规弘德；对客户要诚实守信；对企业要敬业感恩；对消费者要互利双赢；对竞争对手要公平竞争；等等。

❖案例链接

远卓品牌策划机构倡导的策划人员的品德素质

策划人要有“德”，即策划人要有较高的道德水平，凡事能够遵守道德准则，肩负一定的社会责任，不做“助纣为虐”的事，不做有损害消费者利益的事，更不做有伤社会风化的事。策划是个良心活，可以说，“有德”是策划人的第一素质，“缺德”的策划人必定不是合格的策划人，更不能成为优秀的策划人。换句话说，策划人的职业生涯应该从书写“德”字开始，至实现“德”字结束，其间的任何策划案都必须能够经得起阳光的暴晒，都必须能够经得起“时间、利润和社会”的三重考验。

资料来源：张丁卫东. 营销策划：理论与技巧. 北京：电子工业出版社，2007.

评析：远卓品牌策划机构倡导的策划人员的品德素质告诉我们，策划人在策划职业生涯中，要有良好的社会公德和高尚的职业道德，具体表现在职业工作中要严格遵守法纪法规、爱国爱民、公平竞争、爱岗敬业、博爱乐群、诚信商务。

项目小结

本项目主要介绍了策划的含义与特征，策划的起源、发展历程与现状，策划在当代企业中的职能与作用，策划人员的素质有道德素质、智力素质、身体素质、审美素质、劳动技能素质等。

经典案例赏析

“双 11”三只松鼠营销策划方案

复习思考题

1. 何为策划的含义及特征？
2. 简述策划的起源。
3. 策划在当代企业中有哪些职能？
4. 策划人员要具备哪些素质？
5. 策划人员的知识素质有哪些？
6. 策划人员的良好心理素养需从哪些方面培养？
7. 简述何为良好的社会公德和高尚的职业道德。
8. 当代大学生如何学好策划课程？
9. 列举国内外一些知名的策划人员。
10. 列举一项策划案例。

模拟演练

讨论当代大学生学习策划课程的重要性

[实训目的]

对照项目一的内容，让学生自己讨论学习本课程的意义，使学生们认识策划职业在市场经济中的作用，培养学生热爱策划职业。

[实训内容]

围绕本项目的学习内容讨论学习策划课程的重要性。

[实训组织]

班级干部进行组织，将班级分成5～8人一组，每组选一名负责人，组织该小组讨论和记录。

[实训考核]

每位学生谈谈学习课程的重要性，每个小组交一份总结报告，供全班交流。

[实训指导]

由实训专业指导教师或授课教师负责指导工作，并负责对讨论过程进行指导和评价分析。

项目二

营销策划概述

项目二
思维导图

学习目标

通过本项目的学习，你应该达到以下目标：

素质目标：初步具有营销策划意识、营销策划专业感情和职业情感。

知识目标：了解营销策划的含义，掌握营销策划的内容、特征和研究对象，掌握营销策划的基本程序。

能力目标：能够运用营销策划知识分析营销策划活动，能针对某一活动进行营销策划程序设计。

教学重点和难点

重点：营销策划的研究对象和特征。　　　　**难点**：营销策划的流程。

案例导读

阿那亚从 4 000 万元到 30 亿元的操盘

2013 年，田海成所在团队接盘阿那亚，第一个动作是将目标客群缩圈为 25～35 岁的城市新中产群体。2018 年是田海成所在团队接手的第六年，阿那亚被成功运作为“旅游＋地产”网红小镇。

有业界人士评论说，阿那亚是靠 48 个社群建立起来的中国文旅神盘。不论其评价正确与否，研究阿那亚操盘手法，俨然已经成为业界热门事件。而且，已经有超过千家企业到阿那亚参观学习。

阿那亚如今的风光背后隐藏着一段低落往事。据了解，阿那亚原属于亿城集团，2012 年销售额仅 4 000 多万元，被视为不良资产。一年后，亿城作价 2.6 亿元抛售阿那亚。

随后，马寅接盘，成为项目创始人；田海成随之进驻，担任阿那亚首席品牌官。

现在阿那亚开始了“第二种人生”，产品非常抢手，同比秦皇岛其他产品单价高出一倍以上，2017年销售额达30亿元。

高策顾问董事长李国平发表精彩演讲，深度解读了阿那亚项目，以及“全中国最孤独图书馆”爆红的底层逻辑。有一个小细节必须要提一下，李国平讲完以后，一位酒店的服务员（大爷）跑过来问我们：你们知道不知道阿那亚项目是怎么卖的，我想买一套养老。可见，李国平真的是用心在讲一个能打动人的实实在在的故事。在这个过程中有许多的“金句”，读来让人拍案叫绝，又耐人寻味，明源君第一时间将其整理出来，分享给大家……

(1) 按照传统开发模式，旅游地产已经无路可走。客户为什么会为了喝牛奶去买一头牛呢？我们要反思一下。旅游度假地产作为一个传统模式，低投入、快增长，全部销完了以后走人，这种方式是走不下去的。

(2) 不是大家的需求变了，而是客户成熟了。客户会突然发现，他真的需要一处房子来实现他未来所有人生在休闲、度假各种方面的梦想。而现实是开发商曾经给你勾画了美好的途径，除了给你房子以外，还有所有一切美好的生活。但是后来大家发现，大多数的旅游地产除了一个经营不善的会所之外，一切还只是那个房子。

(3) 创新才能带来一个国家和行业新的发展动力和活力，创新来自行业内部对其客户不断变化需求的把握，创新是一个行业对于做什么和怎么做的经济知识的确立。创新之路的核心就是发掘客户的多重需求，扩展传统业务的边界。

(4) 旅游地产不能只是提供给业主一处房子，还必须要做场所和内容，要让业主除了能在那里住、吃、喝、玩外，还能看到未来在这里的生活。

(5) 阿那亚转型成功的背后，真正的模式是什么？本质就是对位客户多层次需求响应的复合模式，从居住要素变成一个度假休闲的要素，从道具思维到玩具思维，从提供一个房子到提供一揽子生活方式和内容，从产品价值到事业平台价值等，满足客户更多精神需求，超越房子本身。

(6) 如何从一处房子变成一揽子生活方式？有一个南方的业主在网上看到了阿那亚的孤独图书馆，成了阿那亚的粉丝，但当他来到阿那亚的时候很失望，可以说见光死。但是他待了两天，通过接触业主，通过了解阿那亚实实在在的——除了房子和硬件之外的真实内容，临走的时候，他就想买房了。所以，房子其实不是阿那亚最重要的东西，房子之外的需求才是。

(7) 为什么传统的度假地产很难活？主要的原因是业主的入住率很低，大家都不去住，因为配套不够，没有东西可以玩。生态不匹配，客户不去，项目配套经营不下去，这样就会陷入恶性循环。

(8) 阿那亚图书馆一天有两三千人慕名而去，为什么？图书馆并不是最吸引人的，但是“孤独”这个词击中了所有人的内心。在这个喧嚣的社会中，每个人都想有一片宁静的、孤独的感觉，孤独才是全世界最不孤独的一种情绪，因而引起了大家的共鸣。

(9) 当你发现服务到位的时候，客户不是怕你收费贵，而是害怕这种好日子别哪天就不存在了。所以他会很自觉地去维护已经形成的服务和内容，要求你收费。比如阿那亚说要开班车，业主就在群里面说，这个必须得收费啊，因为赔本的买卖干不长。

（10）旅游度假地产面临的一个很大的问题是现金流，但是如果把业主变成股东或合伙人就能很好地解决这个问题。阿那亚投资一个酒店，要投入五六个亿，因为有业主喜欢这个社区，业主主动要求跟投成为股东，这样业主就会更好地把自己和整个的项目联结在一起。

（11）社群已经成为整个房地产模式里的重要组成部分，40%的阿那亚客户都进了业主群，从时尚、投资到美食团购，包括业主的互助群，虽然大家没有见过面，但是已经形成非常亲密的关系。社群的价值对于业主来说，就是找回儿时的邻里关系，弥补城市里人与人之间冷漠和被割裂的关系，这是它的价值。

（12）对于开发商来说，社群的价值在于可以了解客户的真实需求，解决客户投诉；增加客户资源，加强客户黏性；降低开发成本，包装服务品质；提供管理效率，降低管理成本。通过社群，每个业主都成了“托”，销售都是老业主带新业主，这是社群的价值。

（13）旅游地产服务的意识可能是所有形态中最重要的东西。如果今天我们还停留在控制成本、管理设计的思维层面，那你根本无法做到我刚才说的那些事，你必须要从建筑业转变为服务业。

（14）微信群从线上把整个阿那亚业主联系起来，并让很多人对这个群形成依恋。在这里面，人跟人之间有分享的意识，有互动的意识。无组织的时候如何形成一个组织的力量，如何能有影响力、互助与协助等；我们不能把眼光仅仅停在互联网的技术表面，而应更多地去研究人类社会的网络社会里，连接关系到底有哪些最基本的原理。

（15）企业架构属性的根本转型主要有几个转变：1）单纯的建造业——服务业已成为主要属性；2）房地产开发业——文化创意产业；3）员工雇佣关系——事业合伙关系；4）资本密集型——人力/智力密集型；5）卖方与买方关系——合作伙伴；6）短周期快速投资——长期永续投资。

（16）房企转型的方向：中小企业要项目深耕，纵向发展；大型企业要变“中央集权制度”为“诸侯制和联邦制”。这些都面临巨大的挑战，没那么容易，不可能华丽转身。所有的转型和创新，也许开始很难看，并且会有漫长的过程，但转型应该从现在就开始。

（17）创新是一件很复杂的事情，最重要的是跟我们以前的住宅地产模式相比，旅游度假地产是低标准化，每一个项目都不一样，很难标准化地复制。

（18）中小企业必须要转型，到了一个地方就要进行深耕，在一个项目当中深耕，一直从建房子、卖房子到提供服务赚钱，一直到在整个社群上赚钱……必须要纵深发展，这对中小企业来讲是很容易走的路，关键是愿意不愿意这样做。

（19）以前企业属于资本密集型，现在变成了人力和智力密集型，跟客户的关系也变成了合伙人关系，当客户追随这个行业的时候，就是他成为粉丝的时候，这种合作关系和这种共同体的关系就超越了。但是一定要搞清楚前期到底要投入多少，包括信托和基金的回报率的要求……因此你必须发生改变——从企业的架构到属性，包括资本属性，都要发生根本性的改变。

（20）今天的旅游地产一定要为“70 后”“80 后”做产品。原来阿那亚项目定位的客群是“50 后”和“60 后”，最后发现错了，因为这些人已经对人生舞台萌生退意了，他们不会有太多激情。最后，“70 后”“80 后”才是目标客群，我们要敢于为“70 后”“80 后”做项目，“70 后”“80 后”未来一定是我们整个经济、政治、社会需求的最强大群体。

资料来源：中国房地产商会．阿那亚从 4 000 万到 30 亿的操盘“小镇复活计”！（2018-09-13）[2020-06-15]．https://www.sohu.com/a/253822071_756397.

读后思考： 阿那亚是如何进行营销策划诉求的？哪些市场热点的创造对你有启发？

任务一 认知营销策划

20 世纪 80 年代末，美国的赫尔伯特（Hulbert）、莱尔曼（Lehmann）和霍尼格（Hoenig）曾对企业做过一项调查，调查结果表明，有 90%担任营销重任的高层领导者，都非常重视营销策划工作，他们都参加企业的具体策划工作，如果扣除他们每年必休的假日外，用在营销策划工作的时间要占全年工作总时间的 20%左右。可见，营销策划工作在西方企业高级领导层的重要程度。

一、营销策划的定义

关于营销策划的称呼较多，在日本，营销策划称作企划或企画，在我国港台地区称作营销企划。通常认为营销策划有广义和狭义之说。

广义的营销策划是从企业本身立场出发，扩大到社会各组织和团体，就是指现代营销要素的有机组合，也就是 6P（Product，Price，Place，Promotion，Power，Public Relation）+1S（Service）+1C（Customer）的组合。

狭义的营销策划仅仅是传统的策划思想，就是传统的 4P（Product，Price，Place，Promotion）组合。

综合以上广义和狭义观点，我们给出营销策划的定义：企业为实现某一特定营销目标，在充分占有相关信息资料和做出客观而全面剖析的基础上，有效地利用经营资源，围绕营销目标而系统设计，构思创意，借助科学方法与创新思维，规划出能够实现此种目标的最优营销策划方案的系列活动过程。

❖案例链接

空投“西铁城”手表

20 世纪 80 年代，日本西铁城手表为进军澳大利亚，某日在一家发行量颇大的报纸上刊出新闻广告，意思说：某月某日某广场空投包装精美、质地优良的西铁城手表，谁拾到手表归谁所有。这一广告引起澳大利亚人的极大关注。空投那天，直升机如约而至，数以千计的手表纷纷抛向广场，广场上等候多时的人们顿时沸腾了，幸运拾到从几百米高空中投下手表的人发现手表居然完好无损，运转依然如常，人们兴奋不已，奔走相告。这一事件引起澳方媒体高度关注，一时成为人们茶余饭后议论的焦点。从此，西铁城手表以“质优，物美”而赢得澳洲人的芳心，一举占领澳洲市场。

评析：西铁城手表为进军澳大利亚市场，以手表“质优，物美”优势，再利用“空投”巧妙策划创意，赢得澳洲人的芳心，一举占领澳洲市场。

二、营销策划的目的

（一）使企业经营活动步调一致

企业营销策划方案是企业营销活动的行动指南，一切活动都必须围绕实现营销目标而行动，整个企业各部门必须协调一致、相互配合，下一盘棋，统一口径。

（二）使企业产品科学定位于市场

在现代市场激烈竞争中，企业产品要想占领市场，必须进行营销策划。首先要充分细分市场，找准企业产品市场坐标，科学定位于市场，然后进行系列营销活动，挖掘市场潜能，开发新市场。

❖案例链接

美特斯邦威服装再定位策划

美特斯邦威集团作为国内服装行业的知名企业，在提升产品竞争力的道路上一直保持“不走寻常路”的变革态度，顺应当下消费者购物理念的转变。自2017年开始，美特斯邦威集团摒弃过去较为单一的商品线，精准捕捉多元生活方式体验，将旗下“Metersbonwe”主品牌由单一休闲风格蜕变为五大风格，即休闲风的NEWear、潮流范的HYSTYL、都市轻商务的Nōvachic、街头潮趣的MTEE和简约森系的ASELF，完善了现有的品牌矩阵，实现品牌的成功转型，满足了新形势下消费者的多元化需求。

爱奇艺的《奇葩说》节目是一档制作给年轻人看的节目，目标受众也是年轻人群，这与美特斯邦威的受众人群在很大程度上重合。在互联网自制节目当道的今天，绝大多数互联网节目凭借它们的活跃度和自由度，立志于做非常好的节目或者特别适应市场的节目。对于一个强调不走寻常路的服装品牌而言，美特斯邦威看中的就是《奇葩说》的理念与内容。在《奇葩说》的第三季发布会上，美特斯邦威在其看重的App“有范”以总冠名的身份亮相。在业界看来，面对市场的颓势，美特斯邦威想再次通过冠名《奇葩说》获得新的生机。

资料来源：佚名. 知名服装品牌策划案例欣赏. (2018-11-23)[2020-05-22]. http://www.losking.com/nshow.php? id=1081. 节选.

评析：美特斯邦威服装的再定位满足了新形势下消费者的多元化需求，吻合了年轻人个性独特、时代感强的特点。企业完善了现有的品牌矩阵，实现了品牌的成功转型，服装科学定位，再次占领年青族市场。

（三）使企业营销活动有序开展

许多企业由于没有进行良好的营销策划，使得许多营销活动开展计划性不强甚至无序进行，造成资源浪费、效益低下。而科学营销策划能使企业营销活动按计划方案实施，所有活动有章可循，井然有序开展，整个营销活动有条不紊。

（四）使企业竞争力增强

在市场经济建设中，企业要战胜竞争对手，取得生存和发展，必须对市场全局进行周密且仔细的战略谋划，充分利用市场所有机会和条件，最大限度地维持企业市场主动性，提升企业市场竞争能力，以获取市场最大利润。

（五）使企业资源综合利用效率得到提高

任何企业的资源都是有限的，因此，如何合理有效地配置各种资源将成为企业重头戏。按市场法则，企业经过营销策划应达到两点：其一是把有限资源配置到最需要的地方；其二是把有限资源配置到经济效益最大的地方。

（六）使企业降低营销费用，提高效益

企业进行市场经营活动必将支付一定的营销费用，而科学的营销策划能使经营活动费用支出达到最优化组合，避免或减少经费开支，从而提高企业收益。据美国布朗市场调查事务所统计，企业有系统营销策划比无系统营销策划能节省营销费用40%～50%。

（七）为企业提供新观念、新思路和新方法

任何营销策划都重在企业经营模式和经营方法的创新，深挖企业产品的经济价值。因此，在营销策划过程中，策划者能给企业经营活动提供许多新观念、新思路和新方法，使企业在市场营销领域有新的发展和突破。

❖案例链接

感冒新药“白加黑”的策划

正当市场上治感冒的药百花齐放、百家争鸣之时，江苏启东盖天力制药公司对市场进行了广泛而深入调查，重点剖析了康泰克、三九感冒灵、尔克、感冒通等著名品牌药品的功效，精心设计出新概念药品：“白加黑”，首创国内感冒药日夜分开的给药方法。白天服用白色片剂，药效功能为使感冒症状迅速消退，且患者无嗜睡现象，能正常工作和学习；夜晚服用黑色片剂，药效功能为抗过敏，进一步巩固和加强日制剂功效，使患者更好休息。“白加黑”昼夜交替使用，功效有别，作用不同，

使患者病症迅速消除，不影响日常工作、学习和生活。其打破其他感冒药的思维概念，凭借一句“消除感冒，黑白分明”广告语而一举占领市场，赢得了可观的经济效益。

评析：此案例说明江苏启东盖天力制药公司独树一帜，首创国内日夜分开的“白加黑”，昼夜交替使用，功效有别，打破其他同类药的思维概念，赢得了可观的经济效益。

任务二 知晓营销策划的研究对象、特点和内容

一、营销策划的研究对象

营销策划是一项系统工程，虽然各市场营销方案千差万别，各有其创新特色和策划技巧，但其策划过程、策划方法、策划技巧都必须围绕一定的规律进行，仅仅是策划时间、地点、行为和产品的差异各有千秋。研究市场营销策划，不仅是学习和掌握市场营销活动的策划方法和技巧，更重要的是要认清和领会营销活动的规律性，把握其创新灵魂，依据市场客观规律开展营销策划活动。

营销策划是一门涉及多种学科知识的应用性极强的综合科学，其研究对象是策划的规律性。

❖案例链接

三只松鼠快速崛起的秘密

一个成功的企业离不开成功的营销策划，三只松鼠就是这样一家企业，从2012年2月创立，在不到一年的时间，便在同年的“双11”拿下了零食特产类销售第一名，其增长速度令人叹为观止。而三只松鼠为何能用不到一年的时间就取得如此骄人的战绩？其快速崛起的秘密是什么呢？美御品牌策划为大家揭秘了其背后的营销策划精髓。

1. 品牌市场定位

三只松鼠的定位是一家真实、有温度的企业，公司全体员工扮演的都是一只萌萌的小松鼠，必须以松鼠的口吻来与顾客交流，并称对方为“主人”。这种定位方式以前从未有过，所以三只松鼠能从休闲零食品类中脱颖而出，成为品类中的唯一和第一。

2. 品牌人群定位

从百度指数可以看出，三只松鼠的消费主力人群的年龄主要集中于30～39岁。30～39岁的人基本已经结婚生子，孩子爱吃零食，所以他们购买三只松鼠大多都是

为了给孩子吃，再加上三只松鼠推出同名动画片所针对的人群也是幼龄儿童，也更印证了这个解释。

3. **产品形象**

三只松鼠把产品塑造成三只可爱的小松鼠，让人一眼就记住，一眼就识得，节约了传播成本。在文案方面，总能让人看了会心一笑，原本郁闷的心情瞬间全无。再加上每次附送的赠品总能给人惊喜和意外，消费者自然会主动分享传播，为产品做宣传。

4. **IP 形象**

三只松鼠在自身形象受到广泛追捧后，便顺势将其打造成 IP，推出各种周边产品，包含公仔、口罩、抱枕等各种带有三只松鼠形象的产品。更推出同名 3D 动画片《三只松鼠》，进一步巩固 IP 的形象，让 IP 的传播变得更为广泛。

为什么三只松鼠要花大量时间、金钱来打造 IP 形象？

因为形象 IP 化本身就十分具有传播价值，能使产品得到更广泛的传播，让人们处处都能见到三只松鼠的影子。人们逐渐产生好感，如此复购的概率也就更大。

5. **创始人形象**

三只松鼠创始人章燎原是个有趣的人，在企业做起来之后，他对内宣布卸任 CEO，专职做起了“首席洗脑师兼创始人”。在淘宝推出付费广告的初期，他就瞄准时机，在广告上大手笔地投放，使三只松鼠能在最短的时间内快速崛起。在企业出现危机后，他又站了出来，主动砸店，砸最好的店，使品牌再一次得到广泛的关注，使人们更加信赖品牌，做了一次成功的事件营销。

资料来源：佚名. 三只松鼠快速崛起的秘密. http://www.mroyal.cn/News_729.html.

评析：此案例说明在互联网时代，营销策划的关键是要做好以下事情：一定要按照市场的规律，抓住消费者的心理需求，针对消费群体进行准确产品定位，树立产品品牌，同时要维护好与产品关联性的形象，这样才能赢得消费者芳心，立于市场不败之地。

二、营销策划的特点

营销策划是一门实用性很强的学科，营销策划工作是创意构思，是充分发挥“人脑工程”的系统工程，因此，营销策划有别于其他学科，其特点表现在以下几方面：

（一）营销策划是一门创新思维学科

创新思维是一个复杂辩证的逻辑思维过程，是一项需投入大量智力资本的高难度系统工程，创造性思维是营销策划的生命源泉，贯穿于营销策划的整个活动过程。

企业为实现既定的营销活动目标，必须从企业所处的内外环境实际出发，用系统的、辩证的、发散的、动态的思维来观察分析客观事物，挖掘事物之间的必然联系，发现新问题，做出新发明，产生新视角，创造营销活动的“先发效应”和“裂变效应”，实现企业市场效益和效率双提升。

创新思维主要包括四个方面的内容：创新思维路线的筛选、企业经营理念的设计、企业资源的优化配置和市场营销操作实践过程的监护。

（二）营销策划是一门系统工程设计学科

企业进行营销策划时，必须根据企业的内外部因素全盘考虑和统筹安排，并对各种影响策划目标实现因素进行优化组合和有机衔接。营销策划系统设计具体表现在时间上前后照应；环节上环环相扣，脉脉相依；空间上营销要素立体组合，构成策划综合推进器，推动营销活动有序科学进行，产生巨大的“核裂变”效应。

❖案例链接

企业形象策划是一个系统工程

CIS（企业形象识别系统）是企业理念、企业行为和视觉标志三者的有机统一体。其三个子系统之间相互联系、层层递进，形成一个完整的形象识别系统。

MI（理念识别系统）是CIS的核心和原动力，是其他子系统建立的基础和依据。然而，MI又是一个较为抽象的系统，其内涵和实质必须通过企业行为和视觉标志体现出来。

BI（行为识别系统）是CIS的动态识别形式，它以MI作为核心和依据。由于社会公众对于企业的行为规范不可能轻而易举地全面掌握，所以必须通过视觉识别系统的设计与运作，以便传达给社会公众。

VI（视觉识别系统）是CIS的静态识别系统，是企业理念精神和行为规范的具体反映，它是最直观、最具体、最富传播力的子系统。

因此，CIS（企业形象识别系统）是三个子系统的有机统一体，只有通过对三个子系统的策划和设计，制定系统化的CI战略，才能有效地塑造企业的良好现象。

如果只偏重于某一方面，而忽视了其他方面，必然带来策划和设计的失误。

资料来源：佚名．为什么说企业形象策划是一个系统工程．(2018-01-04)[2020-06-05]. https://wenwen.sogou.com/z/q29016577.htm.

评析：此案例说明营销策划是一项复杂的系统工程，方方面面都需要精心设计。

（三）营销策划是一门可操作的实践学科

营销策划是辩证的逻辑思维过程，但不能是一种空想和假设，必须在企业现有条件下，具有很强的可操作性，也就是说是一种经过预定的努力可以实现策划目标的设计。所以营销策划的任务是为企业营销活动制定具有现实的、可操作性的营销策划方案，提供创意、思路，系统而有效地落实企业人、财、物的优化配置，而且还必须具有在特定资源约束条件下的高度可行性。

❖案例链接

堤坝上修坟墓

广东省经常遭水灾，政府连年出资修水坝，但效果不佳。有人请教“点子大王”

何阳，怎样才能解决困扰政府的“心病”，使水坝抵住洪水灾害。何阳略思片刻，脱口而出：“修坟墓!”众人皆惊，何阳解释说，广东人对自家祖坟修建非常重视，且土地又少，已出现活人与死人争夺土地的现象。若政府下文，将死者坟墓建在大坝上，既解决了坟墓占土地现象，又解决了水坝修建牢固问题，岂不一举两得。果然，每年四月清明节前后，无须动员，人们主动修建整理堤坝，到了五六月汛期，堤坝安然无恙。

评析：此案例说明策划是可操作性的项目，不是一种空想和假设，策划可将创意变成现实。

（四）营销策划是一门艺术学科

营销策划是一门复合型学科，它涉及多门类学科知识，综合、交叉、碰撞而构成新的实用性知识体系。它传承市场营销学的特点，将综合思维的科学与精湛的经济艺术相结合。所有营销策划成功方案都具有鲜明特色，讲究艺术性，都有出奇制胜的方法技巧。因此，营销策划既是一门科学，也是一门艺术。

❖案例链接

让美国总统帮忙卖书

美国某出版商有一种书滞销而卖不出去，他忽然想出一条妙计：给总统送去一本书，并多次上门征求意见。总统因忙于政务而不愿与出版商多纠缠，便回答说：这本书不错。出版商便大张旗鼓宣传，“现有总统喜爱的书出售，欲购从速”。因此，滞销书很快销售一空。不久，这位出版商又有一种书卖不出去，他又送给总统一本，请总统提建议，总统吸取了上次经验，想借此教训一下出版商，就说：“这本书糟糕极了。”出版商闻之，喜出望外，到处宣传广告：“现有总统最讨厌的书出售，欲购从速”，此书又销售一空。第三次，出版商又将一书送给总统，去请总统审阅，总统吸取了前两次教训，对书不做任何答复，出版商看出总统心思，脑子一转，又大做广告说：“现有总统难以下结论的书，欲购从速”，很快书又被抢购一空。总统哭笑不得，出版商大发横财。

评析：此案例说明策划既要讲方法，又要有艺术技巧，出版商正是巧借总统东风，将滞销书变成畅销书，让美国总统帮他卖书，不能不说是利用了高超的艺术创意。

三、营销策划的内容

营销策划的内容十分广泛，可以从不同的角度，分为多种类型。但其主要包括三类：营销战略策划，具体又分为企业形象策划、市场定位策划、市场竞争策划等；营销战术策划，具体又可分为产品策划、价格策划、渠道策划、促销策划等；营销创新策划，具体又可分为网络营销策划、关系营销策划等。它们相互联系，构成完整的营销策划体系，如图2-1所示。

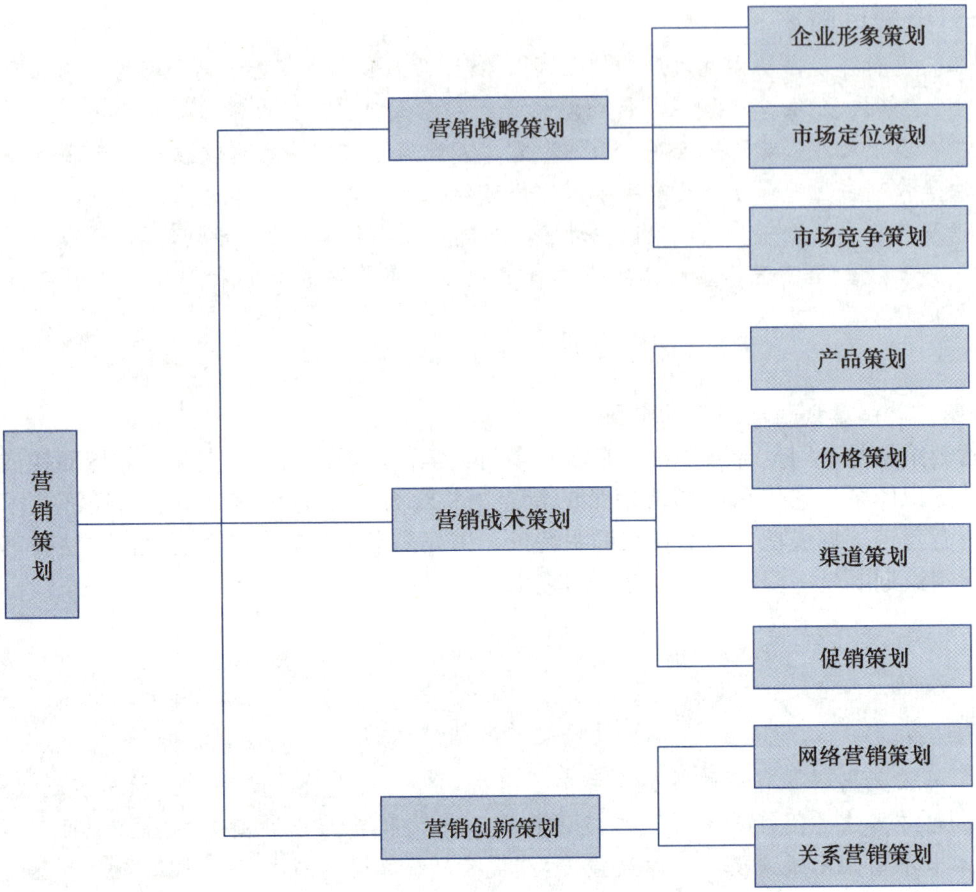

图 2-1　营销策划体系

2019 年全球品牌价值 100 强排名

（一）企业形象策划

在新时期市场经济条件下，企业形象策划在营销活动中的地位和影响力日益显示出来。企业形象又被习惯称为企业识别系统（Corporate Identity Systen，CIS）。国外企业在 20 世纪 50 年代已纷纷自塑崭新的企业形象来增加市场竞争砝码，到 20 世纪 70 年代已风靡全球。我国企业从 20 世纪 90 年代初导入 CIS 行动，实施企业形象策划，既迎合世界潮流，又符合市场竞争的需要。树立企业形象既是市场竞争的需要，也是企业发展的需要，更是创造名牌的需要。

我国企业在导入 CIS 过程中存在的问题

（二）市场定位策划

企业在经过市场环境分析，做出市场细分后，会选定目标市场，此时，企业要研究自身状况和市场竞争态势、消费群体特征等，以便确定企业产品、名牌和形象等在目标市场上的坐标，这便产生市场定位策划。市场定位策划是市场营销战略体系中的重要组成部分，与市场细分、市场目标化共同组建目标市场营销，亦称 STP 营销，被当代企业界公认为取得营销成功的三部曲。

❖小思考

市场定位的实质是什么?

市场定位的实质是企业取得目标市场竞争优势，塑造产品、品牌和形象等在消费者心目中的鲜明特色或个性，以便吸引更多的消费者，提高企业市场竞争实力。

❖案例链接

时尚男女与QQ轿车

在汽车市场激烈角逐中，安徽芜湖奇瑞汽车公司对市场进行认真调研，科学细分市场，将时尚男女一族作为企业的汽车目标市场，因此，一款精巧别致的微型轿车——QQ轿车呈现于市场。这一款产品新奇、时尚，富有时代个性，且魅力四射。很快，许多时尚男女因QQ轿车个性独特、时代感强和高性价比而购置。QQ精灵轿车于2003年5月推出，到2003年年底，已销售近30 000台，市场异常火爆，因科学定位而一举占领青年族市场。

评析：此案例将时尚男女与QQ轿车个性独特、时代感强和高性价比相融合，产品定位科学，一举占领青年族市场。

（三）市场竞争策划

交换产生“商务”，竞争产生“策划”。市场竞争是商品经济的基本特征，只要有商品生产和商品交换的存在，就必然存在市场竞争现象。正如达尔文《物种起源》所言，“物竞天择，适者生存”，人类要生存和发展，自远古社会到当今发达文明的世界，从未停止过与自然界的抗争，所以策划的思想和策划的行为留存于任何一个社会时期。企业面对市场竞争激烈状况，必须正确识别市场竞争对手，做到“知彼知己，百战不殆”。一般而言，市场竞争越激烈，策划活动就越频繁，策划思想就越丰富和精彩。

❖小思考

竞争会导致什么现象产生?

竞争会导致强者越强，弱者越弱。发达国家变得发达的过程，往往是贫穷国家变得衰落的过程；而富人变得富裕的过程，恰恰也正是穷人变得贫穷的过程。因为实力和谋略都倾向策划强者。

（四）产品策划

产品策划对企业生存和发展起决定性作用，也是决定价格策划、渠道策划和促销策划的基础。它的主要任务是生产出解决满足消费者和用户需要的产品。

产品策划包括产品需求调研、可行性评价、产品开发、设计、包装、品牌、商标、管理和控制等系列策划。成功的产品策划往往能使一个企业起死回生。

❖案例链接

最暖心跨界：顺丰×耐克

2018 年 3 月，一款快递小哥的工作服在社交网络引起巨大关注，原来这是顺丰花 1 亿元为员工定制的耐克 SHIELD 系列，包括一件上衣和一条裤子。上衣左侧印有顺丰的 Logo，右侧印有经典的耐克“对勾”，二者搭配起来竟毫无违和感，反倒有一种时尚范儿。

这件看似简单的工服其实藏着不少黑科技，不仅防风、防水、透气，肩部还配置了类似 3M 的反光贴条，以增强送货的安全性。当然，价格也不便宜，白色款式为 2 099 元。不仅如此，顺丰还联合耐克研制夏季工服，9 月更有耐克工作鞋上线。

虽然是内部定制，并不对外销售，但是这场品牌联名所带来的广告效应可谓是双赢。顺丰不仅登上了微博热搜榜，更是提升了品牌形象，可以说是最暖心的跨界了。

资料来源：金属材料新零售. 2018 跨界营销成功案例分析.（2018-09-24）[2020-06-15]. https://mp.weixin.qq.com/s?__biz=MzIxNzQ0NzU5NQ%3D%3D&idx=1&mid=2247485756&sn=78df1d273c38dc0ecaa88a4becc60fee. 节选.

评析：此案例说明一次好的跨界，不但能共享两个品牌的流量，还能在提升品牌形象的同时，给顾客带来新的体验。

（五）价格策划

价格是市场营销手段中唯一产生收入的因素，是企业完成营销目标的有效工具。在复杂的市场竞争环境中，企业将如何正确运用价格杠杆策划与实施有效价格策略，将对整个市场营销活动的经济效益产生重大影响，但价格策划又是一项重要、复杂多变和风险性工作，它直接涉及生产者、中间商和消费者三者利益，关系企业声誉和形象，影响企业市场竞争力等，必须慎重而策之。

诺贝尔经济学奖获得者、美国著名价格理论家乔治·斯蒂格勒曾对价格做出精辟论断：“价格已成为营销战的一把利器，可以克敌，也可能伤己。”

价格策划主要包括产品在市场进入阶段、渗透阶段、占领阶段和退出阶段所采用的不同价格策略等。

❖小思考

为什么说价格策划过程必然包含定价过程？

因为价格策划过程必然要运用有关定价方法、定价策略等，如成本定价法、竞争定价法等。但对一个具体企业来说，究竟采用哪种方法或策略是复杂和动态变化的事情，这就需要策划者根据企业客观实际环境来综合谋划，这便产生价格策划。

（六）渠道策划

营销大师菲利普·科特勒曾感叹说："营销渠道决策是公司所面临的最复杂和最有挑战性的决策之一。"由此可见，企业产品只有经过一定的方式、方法和路径才能到达终端用户手中，因此就需要对这一系列的营销活动过程进行周密策划，这便产生了渠道策划。

企业渠道策划要依据自身实力以及所处市场环境的客观现实来决定。渠道策划主要包括产品在市场上的进入阶段、渗透阶段、占领阶段和退出阶段等不同时期而采用的不同策略。

营销渠道的发展新趋势

（七）促销策划

促销策划是市场营销战术策划中不可或缺的重要组成部分，是实现企业营销目标的必备工具。促销策划对促销组合中诸要素运筹谋划，形成有效的策划思维方法，设计优秀的策划方案，指导营销活动有序和有效开展。

促销的实质是卖方与买方之间的信息沟通。促销策划包括人员促销策划、广告策划、公关策划、营业推广策划等。针对不同策划项目应采用不同策划方法，有时将各种策划方法有机结合，策划效果会更佳。

（八）网络营销策划

今天的社会处于信息大爆炸的时代，信息发布处于一个前所未有的重要时期，网络与经济的关系越来越紧密，所有经济学包含的策划学研究都摆脱不了对网络的研究。现在国际上流行的"先建营销网络，再建生产企业"的逆向经营法就深刻地说明了营销网络策划的重要地位。

2019 年网络营销的发展趋势

网络营销的实质是以计算机互联网技术为基础，通过与顾客在网上直接接触，向顾客提供物品和服务的营销活动。网络营销策划主要包括战略营销层策划（即企业营销组织、营销计划和营销理念等决策）和战术营销层策划（即网络营销调研策略策划、网上产品策略策划、网上分销策略策划、网上促销策略策划和网络服务策划等）以及网络安全策略策划等。

网络营销方案策划书的制作方法

（九）关系营销策划

20 世纪 90 年代，随着市场竞争的加剧和大量营销策略被应用，一些市场营销创新者突破传统的市场营销组合框架，把服务融入组合要素中，使得营销转向关系导向型。关系营销的目的是培养客户对企业和产品的忠诚度，从而提高企业经济效益。

关系营销策划的核心在于赢得客户，并长期拥有客户。关系营销策划的目的在于发展客户与产品及服务的永续性关系，建立企业与客户及其他市场主体（如竞争者、供应商、政府机构、社区和公众等）的联系，从而确保长期互惠的关系得以巩固，实现多赢策略。

网络营销策略活动计划及误区

❖小思考

关系营销策划包括哪些策划？

关系营销策划主要包括战略策划和运作策划。战略策划是为策划确定一个总体性目标；运作策划是把企业的信息传达给大众，与社会各行各业搞好关系。

任务三　掌握营销策划的程序

中国有句古话：没有规矩，不成方圆。也就是说，做任何事，都要按一定的程序来执行，以减少麻烦和损失，营销策划也是如此，它是一个复杂的创新思维过程，必须有一定的程序作保障，使营销活动整个过程有章可循、有据可依。一般而言，营销策划包括以下八个步骤。

一、界定策划课题

所谓策划课题界定，是指确定营销策划活动的服务对象是什么，策划的意图是什么，策划要达到何种理想效果等。策划课题界定时必须与策划委托方全面沟通和洽谈，仔细挖掘策划意图，找准营销策划切入重点，从而准确界定策划主题。界定策划课题是整个营销策划中最关键、最根本的首要问题。

❖小思考

为什么说策划课题界定是整个营销策划中最关键、最根本的首要问题？

营销策划课题不界定，策划就成了无的放矢，就如没有目的地的航行，策划就不可能取得成功，所以营销策划课题界定是首要问题。

界定营销策划课题时，重点要了解企业以下几方面内容：

（一）企业经营时期

企业经营时期很重要，不同时期的营销活动策略也不一样。例如处于转轨时期就需要进行企业战略策划等。

（二）企业形象

为打造或提升企业形象，企业有必要进行企业形象策划，树立企业较高的知名度和美誉度。

（三）企业危机

当企业遇到困境时，为化解危机，消除影响，提高声誉，有必要进行化解企业危机的策划。

（四）企业扩大规模

随着企业的发展壮大，市场规模的扩大，企业有必要进行投融资策划等。

（五）企业管理

企业资源丰富，若各部门之间没有相互协调好，则容易造成浪费和损失，为适应企业发展有必要进行企业管理营销策划。

（六）企业人力资源

伴随着企业的发展，市场进一步扩大，有必要对企业人力资源进行整合，提升员工素质，充分发挥人力资源优势，这便需要人力资源策划。

（七）企业营销策划

为使企业产品在激烈竞争的市场中提高销售量，有必要根据营销组合中各要素发生的变化情况，适时进行营销组合各要素的单独或组合策划。

（八）社会公益

企业的发展离不开社会各界和政府的支持和帮助，为树立企业在公众中的良好印象，企业应积极参与社会公益活动，融入社会大家庭之中，这便需要进行社会公益策划。

（九）企业文化

企业文化是企业生命的内在表现，是企业进行市场竞争的法宝，虽然企业文化伴随企业发展而自发形成，但也离不开企业领导者所进行的刻意策划。

（十）市场竞争

企业作为市场主体应积极参与市场竞争，打造企业品牌。同时还要树立国际市场竞争意识，进军世界百强，为此，必须进行市场竞争策划。

二、策划课题市场调研

策划课题一经确定，策划者必须围绕策划主题进行全方位的市场调研工作，需将所有调研资料进行有机整理，并进行 SWOT 分析，推测策划目标的未来发展趋势，为企业经营、营销决策的制定和调整提供素材和科学依据。

❖小思考

围绕策划课题进行市场调研要做好哪些事项？

一般来说，进行调查前要拟定策划调查方案，具体包括以下内容：(1) 确定调查目的；(2) 确定调查对象和调查单位；(3) 拟定调查项目；(4) 确定调查方法；(5) 制定调查时间和期限；(6) 组织和实施调查；(7) 处理调查信息；(8) 反馈调查信息等。

三、策划课题创意构思

所谓创意，就是具有创新见解和设想。创意是策划中不可缺少的要素，也是策划区别于计划、决策等关键之所在。创意本身并无定律，源于生活却又高于生活，好的创意是从平凡中感受到不平凡，并把它付诸现实而让世人理解和认可。因此，创意既是科学又是艺术。

❈小思考

为什么说创意既是科学又是艺术？

因为创意题材源于实践生活，不是空想，而是人类大脑对客观事物创造性思维的产物，是人类智慧火花的结晶。创意集科学的感性、艺术的气质、美学的内涵于一体，是一门系统而周密的、理论性、实践性、时代性极强的科学和艺术。

营销策划创意过程实际是集逻辑思维、形象思维、逆向思维、发散思维、系统思维、模糊思维等多元思维于一体，以策划背景为主线，从策划现实环境出发，凭借策划者的综合知识体系、经验、直觉和灵感为基础，经过多种认知方式综合运用现代科技手段和方法的创造性思维过程。这一过程分为营销策划课题的灵感启迪、产生灵感和产生创意构想三个阶段。

总之，营销策划创意将“现实状态”转向“理想状态”。从“界定课题”出发，充分利用企业现有资源、条件和机会，发挥策划者策划能力，创造性地解决实际问题，以达到策划应有效益。

四、选择可行性营销策划方案

有了营销策划创意之后，有必要对创意方案进行有效性评估，从创意的各种方案中选定一个可行性的营销策划方案。

可行性营销策划方案的选择可从以下几方面着手考虑：

（一）企业现有资源、条件

应结合企业现有资源和条件，充分比较各种创意方案的优劣，最终挑选出最优方案。

（二）营销策划方案高层决策者的信任和支持

任何策划方案在付诸实施之前，都需要企业高层决策层的最终决策，因此，营销策划方案能否让决策者信任和支持是一项重要任务。任何优秀的策划方案，如果得不到高层决策者的肯定和支持，必将导致“流产”而以失败告终。

（三）企业其他职能部门全力配合

要使营销策划方案在企业如期顺利执行，除需要得到企业高层决策者的全力支持之外，还需得到企业其他所有职能部门的认可和配合。最好的做法是召集企业各职能部门主管参政议事，了解策划全过程事项，讨论和制定方案，从各职能部门角度对方案进行评价，提出建议，再反复修正，最终形成所有部门皆认同的优秀方案，使营销策划方案在未来执行过程中得以顺利实施。

（四）国家政策、法规和国际惯例

在选择方案时，必须考虑行动方案是否受国家政策、法规等制约和影响，是否违背国际惯例以及宗教、民族等要求。

五、预测营销策划效益

预测营销策划效益是指对市场营销活动因策划而产生的效益进行预测和推断。因策划目的不同，预测的效益也不相同。一般来说，企业营销策划效益主要包括直接经济效益和间接经济效益。

（一）直接经济效益

直接经济效益是指企业在实施营销策划方案后，在未来给企业产生的直接经济效益，也就是指策划方案执行开始至结束这一期间的所有策划收入与所有策划支出相抵后的差额，即预计的收益。这种收益更能增强企业对策划方案的认可和执行，同时也是最终评价营销策划方案效果的重要标志。

（二）间接经济效益

间接经济效益是指企业执行营销策划方案后的附加收益，主要指因策划而提升的企业知名度和美誉度以及社会印象度等，这些附加经济效益给企业未来发展提供了基础。

六、撰写营销策划报告书

富有创意的策划方案，经过评估优劣、效益测算后形成营销策划行动方案，需要撰写成营销策划报告书，以便企业遵照执行。

营销策划报告书，简称营销策划书，也称企划案。其主体部分包括企业策划宗旨、企业现状或背景介绍、策划人员、策划目标、策划内容、策划进程路线、策划项目分配表、策划费用匡算、策划控制和措施、策划物品及场所和策划相关资料等，因各企业策划目标不同，营销策划书的内容详略程度不一，具体内容见项目七。

七、营销策划书的实施

日本策划专家江川郎曾说："杰出的策划是指：杰出的创意×实现的可能性＝最大的期待结果。"由此可见，营销策划书的初衷不是仅仅停留在口头或纸面上，必须在营销活动中得到有效贯彻和执行，获得预期效果。

营销策划书的执行是一项艰巨而复杂的工程，为使策划方案有序有效地顺利执行，作为策划者要做好以下几项工作：

（一）宣传工作

策划者要想方案付诸实施，必须广泛动员企业员工，充分听取群众意见，宣传策划目的，使策划活动深入人心，取得所有员工的理解和支持。

（二）培训工作

策划者对策划项目具体执行者要进行专门培训，讲解策划方案真实意图，使执行者充分理解和掌握，以便顺利地完成任务。

（三）任务分解

一个策划项目往往是一个庞大的系统工程，只有所有参与人员步调一致才能完成。因此，策划者要根据策划项目难易程度，运用目标管理方法，把策划项目逐层分解，层层落实到具体承办人，形成"金字塔"式管理。

（四）制定实施保障措施

策划者为保证营销策划方案有效实施，必须说服企业高层主管制定周密的奖罚保障机制，以确保策划活动如期顺利执行。

（五）检查与修正

营销策划方案一旦执行，策划者必须不间断地跟踪检查，听取汇报，获取策划活动一线最新信息，以便对策划方案修正、补充，臻于完善。

❖小思考

策划人员要不要参加策划方案实施？

一般来说，策划人员不直接参与营销策划方案实施。但任何策划项目都随客观事物变化而变化，所以，策划人员在策划方案实施过程中，要不断地与方案执行者沟通，协调和说服各职能部门，掌握策划活动的最新动态，及时修正和完善策划方案。

八、营销策划效果测评

营销策划效果测评是指对营销策划方案的执行过程进行效果的检测和评价。策划人不一定是策划方案执行人，这就使得方案在执行过程中容易被执行人误解而“走样”，造成方案与实际结果不一致。另外，营销策划方案设计是在一定的条件下而产生的，而方案执行时是随客观环境、制约条件等变化而变化的，必须得到实际活动的验证。因此，效果测评贯彻营销策划方案执行的整个过程。

实践中，营销策划方案效果测评分阶段性测评、中期性测评和终结性测评。

（一）阶段性测评

阶段性测评是指在营销策划方案实施过程中对前一阶段实施的效果进行测评，了解执行度和效果，为下一阶段方案的执行提供参考指导。

（二）中期性测评

中期性测评是指在营销策划方案实施过程时间达到一半而进行的效果测评。中期性测评是半总结性评估，是对营销策划方案执行效果的好坏进行客观评价，为后一半方案执行计划提供决策指导。

（三）终结性测评

终结性测评是指在营销策划方案实施完毕后所进行的总结性测评，是对整个方案过程效果进行综合评价。

在理论上，人们习惯用比例统计法进行测评。该方法适用于企业产品销售额的营销策划，其公式如下：

$$R=\frac{b_1}{a_1}\cdot K\quad\left(K=\frac{b_0}{a_0}\right)$$

式中：R 表示策划效果参数值；

a_1 表示策划方案实施前的月平均销售利润；

b_1表示策划方案实施后的月平均销售利润；
a_0表示历史年份与 a_1 对应月份的月平均销售利润；
b_0表示历史年份与 b_1 对应月份的月平均销售利润；
K 表示历史年份对应方案设施前后月平均销售利润的比值；
当 $R<1$ 时，表明方案产生负效应，且越接近零，效应越差；
当 $R=1$ 时，表明方案无效应或效应不明显；
当 $R>1$ 时，表明方案产生正效应，且越大越好。
综上所述，营销策划流程如图 2-2 所示。

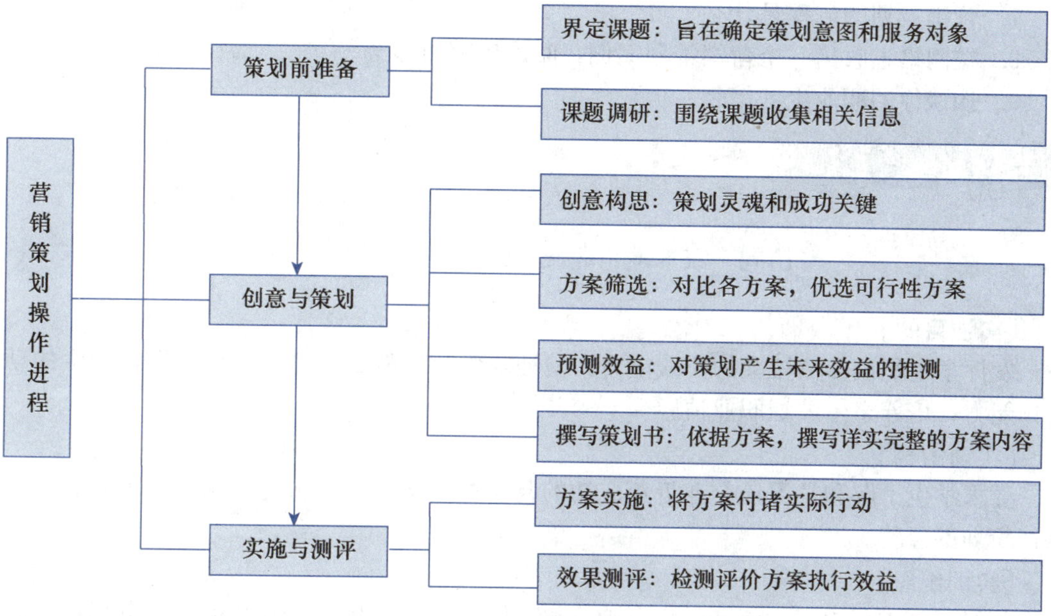

图 2-2　营销策划流程

项目小结

本项目主要介绍了营销策划的相关概念，营销策划的研究对象、特点和内容体系以及营销策划的流程。

经典案例赏析

古北水镇，营业 3 年收入 7 亿元的运营秘诀

复习思考题

1. 谈谈你对营销策划对象的理解。
2. 有人说："只要顾客需要的，企业都应努力予以满足。"这句话正确吗？为什么？
3. 现代企业为什么需要营销策划？
4. 你认为一名合格的营销策划人员应该具备哪些知识？
5. 你是如何理解"市场调研是营销策划的基石"这句话的？
6. 联系实际谈谈你对市场营销策划的认识。
7. 营销策划的流程是什么？
8. 在网络上收集一个营销策划案例，阅读后写出体会。
9. 谈谈你的职业生涯策划。

模拟演练

访问一家本地企业或一位有影响力的策划者

[实训目的]

发挥学生积极参加社会的实践能力，验证学生学习策划的理论知识，强化学生的动手操作能力，培养学生策划职业情感。

[实训内容]

要求学生了解和学习该企业近年成功的营销策划案例或拜访有影响力的策划者，让其谈谈策划的经验。

[实训组织]

班级干部进行组织，将同学们分成5～8人一组，每组选一名负责人，组织该小组进行策划实践活动。

[实训考核]

每位学生写一篇实训总结，每个小组交一份实训报告，供全班讨论。

[实训指导]

由实训专业指导教师或授课教师负责指导工作，并负责批改学生实训作业，评析优秀作业。

项目三

营销策划的原则、方法与技巧

项目三
思维导图

学习目标

通过本项目的学习，你应该达到以下目标：

素质目标：对营销策划活动有原则性意识，讲究一定方法和策划技巧，显示策划人的基本专业素质。

知识目标：理解营销策划的原则，掌握并会运用营销策划的各种方法，学习策划技巧。

能力目标：能科学运用营销策划方法和技巧，能基本胜任某一具体营销活动的策划创意设计。

教学重点和难点

重点：营销策划的方法。　　**难点**：营销策划的技巧。

案例导读

拼多多砍价0元购的目的是什么？

平时我们都说“天上不可能掉馅饼”。但是，在电商平台拼多多上就出现了，在这里你可以0元购买到一些商品。这到底是怎么回事呢？拼多多推出砍价0元购活动的目的又是什么呢？针对这些疑惑的问题，下面我们探究一下。

拼多多成立于2015年9月。时至今日，这家国内的电商平台已经在美国的纳斯达克上市了，而且市值达到了近300亿美元，着实让人惊叹。在这三年里，我们发现拼多多推出了许多的活动，而砍价0元购就是其中之一。

砍价0元购是怎样的一个活动？

对于这个活动，我们不可否认它的真实性。许多的用户也是通过这个活动，0元就拿到了自己的商品。那么，这到底是怎样的一个活动呢？

整个砍价活动的大体流程为：首先，用户选择参加砍价的商品；然后邀请自己的亲戚、朋友、同学帮忙进行砍价；最后，如果商品的价格砍到0元，商家就会发货。

那么，砍价活动容易实现吗？

如果参加过这个活动的朋友，肯定会对这个问题给予否定的回答。那么，是活动太难？还是朋友圈不够强大呢？曾经有一个人做过统计，一件300元的商品，你需要邀请600多人进行砍价，而且在砍价的过程中价格是逐步递减的，越到后面越难。

除了上面的砍价难问题外，还有一个就是时间问题。这个活动的期限规定在24小时之内，许多的朋友发现，价格还没砍下来，时间期限却过了。这个活动到底难不难？大家还是先翻翻自己的朋友圈有多少人吧？

砍价0元购活动的目的是什么呢？

在我们邀请朋友帮忙砍价的时候，就已经对拼多多这个平台和这件商品起到了一定的宣传作用。这个过程中，将会有大量的新用户进入，也就是平台和商品营销的过程，而这一切都是由消费者帮忙去做的，属于一种“以物找人”的方式。

根据相关的消息，拼多多的获客成本大约为11元/人，而同样作为电商平台的京东却为200元/人，两者的差别一目了然。采用这种活动的方式，或许就是拼多多在仅仅三年里就拥有了3亿多活跃用户的原因之一吧。

总结：我们不得不佩服拼多多的营销模式，当然，砍价0元购对于消费者来说是一件好事，但是这些商品也避免不了出现标价虚高、砍价难度大的问题，消费者需要理性看待。

资料来源：佚名. 拼多多砍价0元购的目的是什么？消费者需要理性看待. (2018-08-01)[2020-05-22]. http://www.zhimeng.com.cn/news/2018/0801/023821.html.

读后思考：拼多多的营销方式在中国是一种新模式，存在哪些问题？应怎样改善？

任务一　掌握营销策划原则

营销策划的原则是指企业在进行营销活动策划过程中所必须遵循的客观规律，它是策划实践经验的理论根据和总结，是营销策划活动的行动指南。

古人言：“运筹帷幄之中，决胜千里之外。”企业在策划过程中，虽然策划的内容和形式千差万别，使用的方法策略各有千秋，但万变不离其宗，都要遵照客观事实，依据规律办事。为提高企业营销策划的准确性和科学性，策划者在策划活动时一般要遵循以下基本原则：

一、战略性原则

营销策划是一种战略决策，是一项系统推出企业产品、企业形象和营销网络等的全方位决策，关系到企业前途和命运，事关重大，一旦营销策划方案完成，将作为企业未来相当长时间内的营销活动指南。因此，企业在进行营销活动策划时，必须为企业发展战略谋划决策，立足当前，放眼未来，从战略高度审时度势，务求科学、周密、细致和完善，设计制定出的优秀营销策划方案应具有较稳定的战略框架和一个久远的企业营销战略目标。日本松下电器公司的经营战略就是一个成功的例证。

※案例链接

松下公司的经营战略

1918 年，在一家自行车商店当学徒工的松下幸之助获悉爱迪生的许多伟大发明和创造已引进日本，他预感到这是自己一个难得的创业契机。十年后，松下电器公司诞生了。很快松下制定出“不发明，只改进”的经营战略，也就是广泛地选用国内外发明，购买专利，再努力进行改制、改良和改进，形成松下电器公司自己的特色产品。

人们难以想象，松下为什么很少发明新产品，却总是低价生产且产品广为行销呢？因为松下建立了 23 个生产技术研究中心，专门分析竞争对手新产品的缺点和不足，然后设计出比竞争对手更优良的新产品，以此参与市场竞争。这就是松下的秘密武器。例如，松下把索尼公司发明创造的录像机，经过改良而设计出符合人们需要的体积小、容量大的精巧型录像机，不仅性能更稳定可靠，而且价格也比索尼便宜 15%。结果，松下电器公司以 RCA 和“乐声”两个产品获取录像机 2/3 的市场占有率。

评析：松下电器公司的“不发明，只改进”经营战略的好处：其一，避免新产品开发成功后经济寿命短暂的风险；其二，躲避新产品研制失败而导致企业困难重重；其三，改良、改制产品比创造发明成本要低得多，利润空间更大。

如何推动乡村振兴战略的实施

二、信息性原则

当今世界是一个信息大爆炸的时代，离开信息办任何事情都是困难的，对信息的收集、整理、分析、储存和应用已成为世界各国政治、军事、外交、经济、商贸、文化竞争中克敌制胜的法宝，而作为以市场信息加工为基石的营销策划，更离不开市场信息的支撑。充分占有准确的市场信息，是营销策划成功实施的保证。

※案例链接

啤酒与尿布

在一家超市里，有一个有趣的现象：尿布和啤酒赫然摆在一起出售。但是这个奇怪的举措却使尿布和啤酒的销量双双增加了。这不是一个笑话，而是发生在美国沃尔玛连锁店超市的真实案例，并一直为商家所津津乐道。

沃尔玛拥有世界上最大的数据仓库系统，为了能够准确了解顾客在其门店的购买习惯，沃尔玛对顾客的购物行为进行购物篮分析，以便知道顾客经常一起购买的商品有哪些。沃尔玛数据仓库里集中了其各门店的详细原始交易数据，在这些原始交易数据的基础上，沃尔玛利用数据挖掘方法对这些数据进行分析和挖掘。

一个意外的发现是：跟尿布一起购买最多的商品竟是啤酒！经过大量实际调查和分析，揭示了一个隐藏在“尿布与啤酒”背后的美国人的一种行为模式：在美国，一些年轻的父亲下班后经常要到超市去买婴儿尿布，而他们中有30%～40%的人同时也为自己买一些啤酒。产生这一现象的原因是：美国的太太们常叮嘱她们的丈夫下班后为小孩买尿布，而丈夫们在买尿布后又随手带回了他们喜欢的啤酒。

评析：此案例告诉我们在市场经济竞争中，作为企业的经营者要时刻关注顾客的消费行为，按消费者需求安排市场营销活动，并注意收集市场消费者的各种信息。

❖小思考

获取市场竞争对手信息的途径有哪些？

获取市场竞争对手信息的主要途径有：公开发表的报告、营销人员、经济新闻、本企业与竞争对手共同的客户与中间商以及雇请专业调研人员调查等。

三、系统性原则

任何企业进行营销策划时都不可能孤立地去思考策划事项，必须站在企业全局的高度整体地把握，系统地设计与实施。古人曾言：“善谋者，谋势，不善谋者，谋子。”“谋势重于谋子”，这个“势”就是全局和整体，而“子”是指局部和部分。

系统性原则要求营销策划活动整个过程围绕策划主题主线展开，使策划运作程序的每一环节环环相扣、紧密相连，构成一个复杂而又相关联的系统链。

❖小思考

企业营销策划系统性原则具体表现在哪些方面？

企业营销策划是一项系统工程，其系统性具体表现在两个方面：一方面是企业内部系统性，营销策划是企业经营活动的一根必不可少的链条，营销策划方案的执行需企业横向各组织部门（如生产部门、研制部门、物流部门、财务部门等）全力以赴，形成整体合力，推动各项活动顺利实施；另一方面是企业营销环境系统性，具体策划时要针对影响诸多因素进行系统分析，主要有营销一般环境（如政治、经济、社会文化、法律等）和企业个体环境（如竞争对手、顾客、营销组合、主管部门等）。

四、时机性原则

时机性是指企业营销策划时要注意“时间”和“空间”在营销策划中的正确运用。以注重“适时”，也讲究“重机”，正所谓机不可失，时不再来，抓住时机的关键点策划，可起到事半功倍的效果。

五粮液借粮价提高价格

❖案例链接

轰炸东京

1941 年 12 月 7 日，日本策划偷袭珍珠港成功后，使美国海军太平洋舰队完全瘫痪。作为“回报”，美国很快对日本广岛和长崎分别投下了两枚原子弹，彻底毁灭了日本帝国主义侵略的梦想。轰炸日本东京的消息在新闻见报后，重庆某川菜馆的总经理立即灵机一动，在门口贴上醒目广告招牌：“本店供应时尚名菜‘轰炸东京’。”广告一出，立即有许多好奇消费者闻风而来，一时间顾客盈门。然而人们品尝这道时尚名菜时却发现还是原来的“锅巴肉片”，好奇者不解，菜馆总经理解释说，“鲜肉汤浇入油炸锅巴中沸沸腾腾的景象有声有色，难道不像炸弹落地的绝妙写照吗?”消费者闻言皆表示赞叹，拍案叫绝。

评析：此案例中菜馆总经理利用“轰炸东京”作为菜名，选择时机恰当，同时又表达了对日本侵略者的痛恨，与消费者产生共鸣，真可谓奇思妙想。

五、权变性原则

古人言：时移则势异，势异则情变，情变则法不同。也就是说，世界上万物都在不断运动变化之中，做任何事情都得要随机应变，营销策划也不例外。必须对各种市场变量因素综合分析后，依据客观规律，对策划活动方案不断修正和完善，以适应时变、势变和地变等。实践证明，一个真正优秀的营销策划方案，往往善于在决定性的时间、决定性的地点上，投入自己决定性的人力、物力和财力，这正是权变性原则的精华所在。

❖案例链接

大众调整营销战略　全新方式助销量提升

据国外媒体报道，大众集团目前正在与欧洲经销商签订新的合作合同，希望能够与经销商一起通过新的营销方式来提升市场占有率。

大众集团在 2017 年 10 月曾表示将减少线下经销商的数量，通过网络销售的方式为销售者服务。这被视为大众集团营销方式改变的一个标识。但是由于大众集团运营模式存在惯性等原因，大众集团到现在仍十分依赖线下经销商。与大众集团营销模式形成鲜明对比的是有科技公司背景的汽车企业，它们将自己的科技领域、数字消费领域等的成功营销方法移植到汽车销售中，极大地改变了消费者的消费习惯。电动汽车厂商特斯拉甚至违背美国汽车市场销售法规，建立了独特的直接销售模式。

在感受到了来自科技公司的竞争之后，大众集团也开始做出改变。大众集团的销售主管托马斯·泽恩表示将与经销商一同改善营销体系，建立起与消费者更紧密的关系。大众集团最近开始将数字化技术纳入车辆销售中，借助多种新的车辆销售模式来销售车辆。目前大众集团开始发展车辆共享租赁业务、公共移动服务业务、公共运输服务等。

此外，大众集团还与经销商一起针对消费者的消费习惯变化做出相应的调整。大众集团旗下的销售网点正从城市周边向城市中心迁移。大众集团将采用线上线下结合的车辆销售模式，既能让消费者通过线上虚拟平台快速了解车辆，又能让消费者在了解车辆基本信息的基础上在线下进行直接的体验。此外在车辆销售方面，大众集团决定为消费者提供全面的金融服务，消费者可以通过直接购买、租赁、共享等方式获得车辆的驾驶权。大众集团希望能够与经销商一起建立起销售生态体系，并结合消费者大数据来更好地为消费者服务。

资料来源：Leo. 大众调整营销战略 全新方式助销售提升.（2018-07-06）[2020-05-22]. http://auto.ifeng.com/pinglun/20180706/1201472.shtml.

评析：此案例反映，作为企业高层决策者，对市场变量因素要随时综合分析，因时、因势、因地而随机应变，调整营销策略，以便让企业在市场竞争中立于不败之地，获取良好的经济效益。

六、可操作性原则

用于指导企业营销活动指南的营销策划方案，是企业在市场调研基础上经过科学整理、分析，为实现企业策划目标而制定的系统计划书，在实际营销活动中必须具有可操作性。创意再好而不具有可操作性的营销策划方案是无任何价值的，也必然耗费大量的人力、物力和财力。

❖小思考

为什么我国“西气东送”策划顺利成功?

我国20世纪末至21世纪初策划的新疆天然气采用管道形式从西部地区直至上海的输送宣告成功，说明策划项目依据客观规律，加之策划者精心操作，使“西气东送”这一伟大工程梦想成真。

七、创新性原则

创新标志着人类社会文明的进步与发展，而营销策划创新也体现其精髓之所在，是策划的核心内容、永恒话题。营销策划如果没有创新便缺乏生机和活力，策划者必须运用创新思维，标新立异，独辟蹊径，而又不脱离实际地提出解决策划项目的新创意、新方法。在当今知识经济和智力经济伴随着经济全球化发展的浪潮下，企业要想在竞争激烈的市场求得生存和发展，必然对新时代生产力构成的基本要素——知识和智力的依赖性越来越强，所以营销策划的创新要求越来越高。

※案例链接

“日本 GOOD”服装店销售创意策划

1973 年 7 月，使日本东京人大为惊讶的 1 折商店悄然在东京银座的绅士西装店——“日本 GOOD”店开张营业，这是东京人闻所未闻的新鲜事，因为当时人们把打 6 折、7 折的抛售方式冠以“跳楼价、吐血大甩卖”，更何况是 1 折呢？能赚钱吗？一系列谜团困扰着消费者。他们哪里知道，这是最精明的商家打出的一张“放长线钓大鱼”的王牌，醉翁之意不在酒，意在未来获利的营销策划创意。

销售方法是这样策划设计的：先定出打折销售的时限；第 1 天打 9 折，第 2 天打 8 折，第 3、4 天打 7 折，第 5、6 天打 6 折，第 7、8 天打 5 折，第 9、10 天打 4 折，第 11、12 天打 3 折，第 13、14 天打 2 折，第 15 天打 1 折。商家广告是这么宣传的：如果你想获得价廉物美的服装，请你在最后 2 天去买就行了，但是你想买的东西到时是否有就很难说了。果然，据监控此项营销策划活动的负责人讲：第 1、2 天前来光顾的客人并不多，即使前来也是只看不买，从第 3 天开始，光顾商店的群体客人逐渐多起来，第 5 天打 6 折时，客人如潮，开始抢购，以后连日顾客爆满，直到商品全部销售一空。

评析：此案例的销售方法确实属于创新，充分利用消费者的购买心理，实现商家销售策划目标，不能不称之为高超的思维，不落俗套，追求新奇，体现了策划创新性原则。

八、效益性原则

营销策划的效益性是策划的直接目的，为了追求利益而产生竞争，这种利益竞争是推动社会发展的动力，而策划无疑是利益竞争的有效手段。营销策划效益性原则体现无利不谋。无利违背策划初衷，是失败的策划。可以以利益高低作为检验营销策划成功的直观标准，即使企业参与社会公益和慈善活动，也是为了提升企业形象，增加品牌资产，提高知名度和美誉度。因此，营销策划实施之后必须产生直接的经济效果和传播效果，“不战而屈人之兵”是策划施略用谋的最高境界。

❖案例链接

时间就是金钱，效率就是生命

在中华人民共和国成立35周年的首都盛大庆典上，全国人民都看到了一辆写着“时间就是金钱，效率就是生命”口号的彩车缓缓经过天安门广场，这就是蛇口工业区的彩车。此口号在改革开放之初的中国，极大地反映全国人民进行经济建设的时间观念和效率观念，鼓舞人心。

“时间就是金钱，效率就是生命”口号是由时任蛇口管委会主任袁庚与另一位蛇口工业区开拓者熊秉权为鼓励蛇口人创业激情而策划设计的。口号创意源于花甲之年的袁庚，他于1978年被派往香港招商局担任副董事长，他到香港后以6 180万港元买了一座大楼，经过商定，第一次交订金2 000万港元支票。那天正好是星期五下午2点，袁庚在上楼时发现卖方有几辆开着发动机的汽车停在楼下，且在办理交易手续后，卖方留下一位老板与袁庚继续交谈外，其他人拿着支票急匆匆离开，快马加鞭地赶往停在楼下的汽车，以最快速度将那张支票款项存往企业账户银行。那位老板跟袁庚解释说，因为香港银行双休日关门停业，如果下午3点之前不能前往办理支票业务的话，那么他要在3天内损失2 000万港元的利息。袁庚这才明白缘由，第一次面对面在香港老板这里上了一堂“时间就是金钱”的课。回到蛇口后，袁庚用红纸将“时间就是金钱，效率就是生命”写出来，贴在蛇口码头旁，昭示蛇口人鼓足干劲加油干。

评析：此案例反映策划者应依据时代特色突破常规思维模式，采用非广告或准广告形式，其在效益与投入上较“狂轰滥炸式”广告宣传获益可能更大。

任务二　通晓营销策划方法

营销策划是一个创造的过程，营销策划能否成功，其策划方法事关重大。营销策划方法就是指利用企业现有的可利用资源，选择最佳手段而完成策划目标的过程。营销策划应以现代市场营销理论为指导，以唯物辩证法的基本原理为根本方法，以点子、创意、谋略、运筹和头脑风暴等方法为基本方法。

一、唯物辩证法

唯物辩证法要求人们认识事物必须依据客观事实，从实际出发，一切随条件、时间和空间变化而变化。营销策划就是运用动态观念和辩证逻辑方法，从客观存在的市场环境、策划目标、策划对象、消费者等具体情况出发，因时、因地、因人、因事制宜地进行系统设计和方案制定。

唯物辩证法的实质和核心是对立统一规律，营销策划方案在实施过程中，必须依据对立统一规律，对策划活动中所涉及的相关事项进行认真分析并加以理解。用对立统一观点来看待问题，求同舍异，互惠互利，只有紧紧抓住对立统一规律的主题，才能真正把握住营销策划的精髓和灵魂。

❖小思考

为什么说唯物辩证法是营销策划的根本方法？

营销策划不是空洞的学说，策划者在策划过程中围绕策划目标，从客观现实出发，贯彻唯物辩证法基本原理，以实事求是的态度设计营销策划方案，并将方案运用于实际、检验、修正、再检验、再修正，臻于完善，从而使策划活动目标顺利实现。因此，我们说唯辩证法是营销策划的根本方法。

二、点子方法

专家论点子

点子方法是指策划人员凭借丰富的市场经验，为营销策划方案的具体实施所设计的主意和方法。点子是人们实践经验的总结和升华，突破了原有逻辑思维方式，是一种创造性的智慧结晶，在很大程度上是依赖直观、猜测和想象为基础而得出的。点子，需要的是创新的欲望，超人的胆识和勇气、个性等。一滴水可以反映太阳的无限光彩，一个集智慧精华而生成的金点子，可以表达整个营销策划的精华。

三、创意方法

策划创意
效益集锦

创意起源于人类的创造力、技能和才华，创意来源于社会又指导着社会发展。人类是在创意、创新中诞生的，也要在创意、创新中发展。营销策划创意是指在市场调研基础上，依据市场营销策略，策划者集独具匠心的心智训练后，有意识地运用新的方法组合旧的要素的创造性思维过程。创意过程，其实就是不断探寻客观事物之间的相互关联性要素，并将这些要素重新组合、匹配，使其产生新的意念的高级形式的思维过程。创新思维就是打破旧有模式、跳出原有框架来思考问题。创意方法是营销策划的起点、前提、核心、灵魂和精髓。新创意方法的运用，必将引爆社会各项策划活动产生亿万倍效益。

❖案例链接

全球首个火车站内的微型葡萄园

下面的案例来自伦敦火车站，活动由一个葡萄酒品牌商发起，它们充分利用火车站，呈现了一个微型葡萄园，这也是世界上第一个火车站里的微型葡萄园。

在一个人流密集的地方呈现一场趣味盎然的活动，还原一个微缩的生长环境，让潜在消费者现场体验采摘、互动，从而深化葡萄酒品牌最核心的卖点：优渥的生长环境、醇香的口感。让原本闷热潮湿的火车站环境里呈现了一个绿意盎然、清凉解暑的绿洲。

评析：一个好的营销创意能引发新的商机，能救活一个商品，救活一家企业。

四、谋略策划

谋略是指对某项客观事件所做出的综合实际的科学决策以及正确领导组织的实施方案。谋略源于古代战争，历史悠久，对当今营销活动有借鉴作用，它蕴藏着丰富的知识、高超的心智、深邃的谋划以及科学的决策思想。谋略贵在战术、权术、手段和方法在策划活动中的灵活运用。现代的谋略涉及组织、管理、规划、运筹、目标、行为、形象等诸多方面内容，既有全方位、高视角性、根本性，又有艺术性和目标指向性。

五、运筹学方法

运筹学方法是指在进行营销策划时，运用运筹学中的系列方法对策划对象统筹规则，做出科学决策的方法。现代运筹学中使用许多数学工具（包括概率统计、数理分析、线性代数等）和逻辑判断方法，来研究系统中人、财、物的组织管理、筹划调度等问题，以发挥最大效益。

线性代数例证法

运筹学方法强调在现有条件下，经过筹划、安排，选择一个好的方案，取得最佳效果。可见，营销策划需应用运筹学方法。

六、头脑风暴法

头脑风暴法是美国创造工程学家亚历克斯·奥斯本在 1939 年为一家广告公司制定创造性策划方案时提出来的，后被引进策划领域，成为重要策划方法之一。

头脑风暴法是指运用群体经验和群体知识来论证和优选决策方案的方法，又称智力激励法、群体思考法和集体思考法。

头脑风暴法运用于营销策划，要求与会策划专家在一种非常融洽的气氛下表述自己对策划事项的态度和看法，以达到创造性知识互补，思维共振，相互激励，开阔视野，最终产生共同智慧结晶——营销策划方案。此方法非常适用于研究战略性决策问题，由此可产生新理念、新思想、新方法和新成果等，但这种方法受参与策划者主观素质条件限制，有时会延续决策。

头脑风暴法实施程序如下：

第一步：会前准备。确定议题，选择主持人，选聘专家（一般以 8～15 人为宜），拟订会议时间（一般为 20～60 分钟）。

第二步：召开会议。主持人宣布议题，声明讨论遵循原则，即互不批评、自由奔放和借题发挥等；与会者自由讨论（主持人随时抛砖引玉）；记录员随时公布方案。

第三步：加工整理。会议主持人和记录员及时整理归纳讨论课题内容，并进行技术性分析、可行性讨论和评估。

第四步：优化选择方案。将加工处理结果发送给策划者优化选择。

❖小思考

运用头脑风暴法时应注意的问题

（1）议题会前不公布；（2）议题必须针对性强；（3）会议召开前必须充分准备；（4）允许会议上互相交流，但反对私下交谈；（5）对未参加过类似会议的专家应给予相关指导。

任务三　领略营销策划技巧

营销策划既是一门科学又是一门艺术，讲究策划技巧是营销策划的精华、生命力。纵观营销策划实践工作，营销策划技巧主要体现在“时”“空”“ 势”“术”四个字上。灵活把握这四个字，选择得当，机智运用，营销策划将能达到出奇制胜的效果。

一、选“时”

选“时”就是选择策划时机。机会的捕捉是指营销策划者能在最佳时点上推行策划方案，以期获得策划活动的成功。策划时机的把握要求策划者要慎重寻时、等时、用时。

（一）寻时

寻时是指寻找策划的最佳切入时间。一般而言，当社会发生重大事件（如战争、世界博览会、奥运会、大选、地震、海啸、抗洪抢险、食物中毒等）或热点新闻报道（如教育乱收费、医疗药品价格、房地产升温、股票涨跌等）时，公众、媒体等都会把目光聚焦在这些事件上，此时的人气效应十分可观，如能针对性地衔接策划活动，必将能起到巧借东风的作用，甚至起到意想不到的效果。人们称这种机会为“策划时机”。

❖小思考

日常策划活动中如何寻找策划商机？

日常生活中，我们可从以下几方面寻找策划商机：(1) 倾听顾客对产品的抱怨；(2) 根据顾客购买行为，制造“异想天开”的产品；(3) 满足特殊顾客的产品策划；(4) 与畅销产品嫁接；(5) 关注新闻热点评论；(6) 请重要领导人评论产品。

（二）等时

策划需要抓住时机，但时机有时需要等待。时间可不断行走，而策划时机可储存，需等到时机成熟时再蓄势迸发，以创造策划奇迹。例如，在我国人们利用黄金周长假营造假日经济，利用中国传统节日春节大力促销产品等都是很好的证明。

❖小思考

策划者怎样知晓策划时机的到来？

策划时机是可以储存的，这种储存意味着要等待策划最佳时机。这种时机的捕捉，要求策划者能在时机发生前加以预测、精心运筹，有意识地设计策划方案，巧妙地抓住策划时机。

（三）用时

用时是指策划活动所用的时间期限，用时长短直接关系到策划成本高低，一般来说，时间越少，策划效率就越高，收益越大。

❖小思考

策划时间越短越好吗？

不对。策划用时必须根据策划活动仔细计算，以各项活动产生策划效果为准。如不产生效果，即使时间再短，也无效益可言。

❖案例链接

萨达姆头像手表热销战火中的巴格达策划

2003 年 3 月 21 日，美、英等多国部队在伊拉克发生战争，首都巴格达陷入战争火海。在战争的间隙，许多西方军人都想在巴格达买点纪念品带回家，可怎么也寻找不到，因为战争使伊拉克各行各业处于瘫痪。而聪明的巴格达商人感觉到商机已来，及时抓住了此商机，他们在中国台湾制造的手表上印上萨达姆头像，以每只50美元高价出售，即使是仿制品手表也卖到12～45美元，要知道，当时巴格达人一个月的平均工资仅仅是5～6美元。钟表商将身穿军装的萨达姆头像印在男式手表盖上，而将身着猎装或阿拉伯传统服装的萨达姆头像印在女士手表盖上，可谓花样百出，手表式样极多，满足了美、英等国部队军人的需求。萨达姆头像手表一下子成了巴格达的热销商品，钟表商大发战争财。

评析：巴格达钟表商抓住了商机，满足了美、英等多国部队战士的需求，因此获得收益。

二、选“空”

很多企业在进行营销策划时过分注重时、势、术，常常忽略或根本不考虑“空”的变量因素。所谓营销策划选“空”，就是策划项目所在的活动场所的选择。很多优秀产品，因为选择销售场所不得当，造成失败而告终。例如，有人想把自行车拿到重庆去销售，有人想在喜马拉雅山珠峰插上巨幅广告牌等，都得不偿失，这些皆因选择场所不当而损失较大。

百龙矿泉壶市场扩展点的选择

营销策划选“空”，必须考虑下列因素：

(1) 策划项目本身的特性；

(2) 营销活动场所的消费者购买行为特征、购买力、消费欲望等；

(3) 营销活动场所的消费者种族、宗教、文化、信仰等；

(4) 营销活动场所的相关法律制度等；

(5) 其他事项。

❖小思考

营销策划如何选“点”设计路线？

在没有硝烟的商战中，企业营销策划“点”的选择不容忽视，选“点”是为了抢占市场制高点，是维持已有战果或巩固、扩展企业竞争实力的必由之路。选“点”设计路线一般应考虑：(1) 建立市场大本营：第一空间点（条件：有影响力最大的市场制高点；本地区的市场点；最易占领的市场薄弱点等）；(2) 链接市场扩展线：第二空间点（方法：制高点延伸；本地区外延伸；薄弱点延伸等）；(3) 构建市场覆盖面：第三空间点（思路：垂直发展；环状发展；猛攻一点；多点撒网等）。

三、选“势”

“势”，词义丰富，可解释为态势、权力、威力、发展趋势以及时机等。营销策划中的造势，就是指企业在进行营销活动时，根据营销策划方案设计的具有企业特色和鲜明个性的组织活动，制造声势，显赫名声，给消费者留下深刻印象或强烈意识，以努力实现企业策划目标。

专家论市场第三个“点”的选择

营销策划造“势”的关键在于及时捕捉和充分利用市场机会。造“势”具体又表现在运“势”和“势”的演绎上。

（一）运“势”

运“势”是指策划者采用多种手段和形式能动地用“势”、造“势”、借“势”、导“势”，使营销策划的企业组织在激烈竞争的市场环境中占据优势、市场制高点或抢夺先机，顺应营销活动发展，使策划活动魅力四射。

1. 用“势”

用“势”是指在营销策划过程中，充分发挥企业自身优势和特色，以少有鲜见、独特新颖的优势取悦于消费者，获得消费者认可、感染，直至做出购买行动。例如，我们经常见到的广告词中有“首创”“首推”“效用最大”“价格最低”“无效退款”“独家经营”“独家代理”等词语，如符合广告法的规定，这无疑是一种优势因素。

2. 造“势”

造“势”是指策划者凭借智慧和灵感、依据企业环境资源优势而在一定的时空条件下所做出的一种有利于自己的态势、格局和优势的刻意创造活动。

企业进行造势的方式各有千秋，但对于实力雄厚的企业，可采用品牌策略造势，如海尔、格力、TCL 等著名企业可用之。而对于一般企业而言，普遍采用的造势方式主要有人员促销、广告、公共关系、营业推广等，通过企业和社会公众的良好沟通，营造气氛，制造新闻，不断提升企业实力和形象，增进社会公众对企业的好感，形成自身独特优势。

如美国一家生产“超级三号胶”强效黏液的厂商，策划了一则广告：把“超级三号胶”强效黏液涂在鞋底上，然后由一个人穿上，倒行在天花板上，居然保持了 10 秒钟。这些动作被摄像机拍录后，在电视台连续播出 6 个月，结果引起社会轰动，使得“超级三号胶”强效黏液产品的销量增加了 12 倍。另一家竞争对手公司的行为更轰动大众，它是英国的阿拉迪特公司。该公司将一辆小汽车涂上胶，粘在一块直竖的广告牌上，数月没有掉下来。这一招，使得该公司的粘胶畅销不衰。

企业在造势过程中，一定要遵从民意，顺应时代潮流，不得违背民心，否则会适得其反，自食其果。

❖案例链接

美国网红拍自杀者遗体被谴责

“自杀不该是一个解决方案。”拍摄完一名上吊自杀者后，罗根·保罗在视频中这样说道。然而这则网红拍自杀者遗体的视频却成为大家讨论的焦点，为罗根·保罗惹来了大麻烦。

据《今日美国报》报道，Youtube网红保罗和他的团队前往日本富士山下有着“自杀森林”之称的树海。在进入树海之后，他们看到了一具挂在树上的自杀者遗体。保罗与他的伙伴们决定靠近遗体，并记录自己的反应。画面中紧接着出现了遗体的各个角度的特写，尽管对自杀者面部进行了模糊处理，视频依然让观看者感到不适。

保罗在视频中说：“自杀不是玩笑，抑郁和精神疾病不是玩笑。我们来到这里就是要关注这个地方闹鬼的传说。”一名团队成员对着正在拍摄的保罗说：“怎么，你从来没见过尸体吗?”而保罗则又笑着说了一遍“自杀并不是答案”。

作为一名在YouTube与推特分别拥有1 500万“粉丝”与390万“粉丝”的网红，保罗的视频在上传后仅24小时内便产生了超过600万次的点击量。虽然在受到争议后保罗将这段视频撤了下来，但其他的用户依然在不断地重新上传这段视频。这让保罗成为话题中心，YouTube的很多用户甚至很多名人批评他的视频对自杀者不敬，对自杀这件事持玩笑态度。

这可以视为最近一连串事件的缩影——Youtube的推送机制让儿童看到许多不合适的东西，同时许多视频制作者因为发布耸人听闻吸引眼球的内容而赚到钱。

22岁的保罗是Youtube上的明星，根据福布斯的统计，他通过制作视频在2017年挣到了1 250万美元。保罗的视频内容往往是各种新奇而吸引人眼球的冒险，这些视频往往能够获得数百万次的观看。

在保罗最新的道歉视频中，保罗说道他“从未遇到过这样的批评，发布这个视频也并非为了让人观看”。根据保罗的说法，他发布这个视频是为了“提高人们对自杀的认识以及预防自杀问题”。

资料来源：黑目. 美国网红拍自杀者遗体被谴责！这网红却表示没想让人看. (2018-01-03) [2020-05-22]. https://news.pconline.com.cn/1062/10629744.html.

评析：该案例说明策划者策划时必须尊重民意，不能侵犯死者的隐私权，不要因策划带来的负面影响而得不偿失。虽然视频转发带来大量收益，但不管怎样，这种消费死者、消费他人的自我营销方式不可取。

3. 借“势”

借“势”是指在营销策划过程中，合法、巧妙地借助他人的优势来宣传自己，提升企业在公众中的形象，提高企业知晓度和美誉度。

借“势”的关键在于对“势”的选择。策划者在借“势”时必须慎重考虑以下问题：(1) 所借之“势”与本企业策划项目有无关联性，能否带来有利；(2) 所借之“势”发展趋势如何，有无发展潜力；(3) 所借之“势”的影响指数如何，能否产生较强的影响力，价值意义怎样；(4) 所借之“势”是否合法、合理。

❖案例链接

真猫真狗喝涂料

2000年10月8日，《北京晚报》上刊登出一则通栏广告：10月10日上午，在北京市建筑展览馆门前开展“真猫真狗喝涂料”活动，以证明该公司生产的涂料无毒无害。刊登广告的是北京一家名不见经传的装饰材料开发公司——××涂料公司。由于这一活动的新奇性，加上近年来“动物保护”意识已深入人心，因此广告一经刊出，就在社会上引起轩然大波。

10月10日上午，北京市建筑展览馆门前挂起了“真猫真狗喝涂料，××涂料安全大检验”的横幅，一猫三狗准备就绪，××涂料公司请来的崇文区公证处公证员也已到位。展台前则站满了观众，其中几位愤怒的动物保护协会成员发誓要阻挠此事，另外还有不少跑来“抢新闻”的媒体记者。

上午9时，××涂料公司总经理蒋某开始向围观者宣传：1998年，中国预防医学科学院就用小白鼠为富亚牌涂料做过无毒实验，结论是实际无毒级。开展这次活动，就是请大家亲眼见识。

现场秩序很乱，围观者越聚越多，眼见“真猫真狗喝涂料”活动就要泡汤。这时蒋某摆出一副豁出去的架势，大义凛然地宣布：考虑到群众情绪，决定不让猫狗喝，改为人喝涂料，他亲自喝。

话音刚落，场内顿时鸦雀无声。在两名公证员的监督下，蒋某打开一桶涂料，倒了半杯，又兑了点矿泉水，举在眼前顿了顿。在四周观众直勾勾的注视下，蒋某咕咚咕咚将杯中的涂料一饮而尽。

蒋某这一行为赢得了极大的新闻效应。很快，新华社一篇700字的通稿《为做无毒广告，经理竟喝涂料》随即发出，此后媒体纷纷跟进，“老板喝涂料”的离奇新闻开始像野火一样蔓延。据事后统计，全国共有200余家媒体报道或转载了这则消息，××涂料由此知名度大增。

注：根据网络资料整理。

评析：该案例说明了策划者巧借了“真猫真狗喝涂料”来“造势”，进而改为真人喝涂料，经理亲自喝，这一行为赢得了极大的新闻效应。

古人论“巧于乘势”

4. 导“势”

导“势”是指企业营销活动处于逆境或面临危机时，策划者果断采用相关的策划方法，变不利为有利，变被动为主动，消除隐患，以利于企业朝着美好方向发展。

企业在开展营销活动时，往往会遇到意想不到的事情，对企业营销活动非常不利，若不消除不良影响，企业将遭到巨大损失，甚至毁灭等，此时，企业将面临导“势”策划。

导“势”策划首先要理清头绪，找到问题症结，不能盲目行事，要针对问题，客观实际地分析，不隐瞒，不虚构，将真相披露，给公众树立良好坦诚现象，然后再寻找利于逆境转变的有利因素，进行造势，最终达到挽回声誉，将损失减低到最小。在导“势”方面，我国也有许多成功策划事例值得我们学习和借鉴。例如处理“霞飞”危机事件等，皆因其因势利导，才获得“山重水复疑无路，柳暗花明又一村”的良好社会效果。

❖案例链接

海底捞：锅我背，错我改，员工我养

海底捞是一家在各地拥有百余家直营餐厅的大型跨省餐饮品牌火锅店，生意一直很火爆。2017 年 8 月 25 日，一则关于海底捞两家门店后厨脏乱情况的报道闹得沸沸扬扬，报道中涉及的两家北京门店分别为海底捞劲松店和太阳宫店。报道中的照片显示，在海底捞厨房内老鼠钻食品柜，火锅漏勺掏下水道，员工将扫帚、簸箕、抹布与餐具一池清洗，洗碗机内部积累一层厚厚的油污……

这一爆炸新闻报道一时间将被视为餐饮界标杆的海底捞推上了舆论的风口浪尖。因为海底捞一直被奉为餐饮界的“神话”，如今却被曝光食品安全卫生隐患问题，让很多人难以置信并愤怒。

然而，在新闻报道爆出食品安全卫生问题的三个小时后，海底捞反应迅速，及时通报了事件处理结果，并将处理方案公之于众：

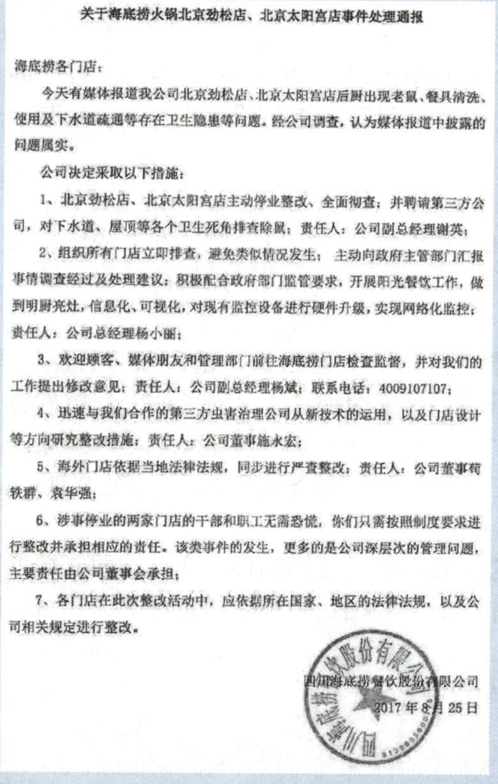

关于海底捞火锅北京劲松店、北京太阳宫店事件处理通报

海底捞各门店：

今天有媒体报道我公司北京劲松店、北京太阳宫店后厨出现老鼠、餐具清洗、使用及下水道疏通等存在卫生隐患等问题。经公司调查，认为媒体报道中披露的问题属实。

公司决定采取以下措施：

1、北京劲松店、北京太阳宫店主动停业整改、全面彻查；并聘请第三方公司，对下水道、屋顶等各个卫生死角排查除鼠；责任人：公司副总经理谢英；

2、组织所有门店立即排查，避免类似情况发生；主动向政府主管部门汇报事情调查经过及处理建议；积极配合政府部门监管要求，开展阳光餐饮工作，做到明厨亮灶，信息化、可视化，对现有监控设备进行硬件升级，实现网络化监控；责任人：公司总经理杨小丽；

3、欢迎顾客、媒体朋友和管理部门前往海底捞门店检查监督，并对我们的工作提出修改意见；责任人：公司副总经理杨斌；联系电话：4009107107；

4、迅速与我们合作的第三方虫害治理公司从新技术的运用，以及门店设计等方向研究整改措施；责任人：公司董事施永宏；

5、海外门店依据当地法律法规，同步进行严查整改；责任人：公司董事苟轶群、袁华强；

6、涉事停业的两家门店的干部和职工无需恐慌，你们只需按照制度要求进行整改并承担相应的责任。该类事件的发生，更多的是公司深层次的管理问题，主要责任由公司董事会承担；

7、各门店在此次整改活动中，应依据所在国家、地区的法律法规，以及公司相关规定进行整改。

四川海底捞餐饮股份有限公司
2017 年 8 月 25 日

以上通报的速度使公众万万没想到，仔细阅读后不难发现，整个通报内容诚恳认错，认为媒体反映真实，并且告知，“涉及的两个门店不必惊慌，食品安全卫生问

题的发生主要是公司深层次的管理问题”，“主要责任由公司董事会承担”。处理方案概括为：锅我背，错我改，员工我养。处理通报发布后，公众相互转发，由此又引发了一轮舆论高潮，原本的民怨沸腾迅速降温，纷纷选择了谅解，舆论导向偏向正面，海底捞又慢慢恢复了往日盛况。

评析：此案例说明企业营销活动处于逆境或面临危机时，策划者应该果断采用导“势”策划方法，变不利为有利，变被动为主动，积极寻找问题症结，针对问题，客观实际地分析，不隐瞒和虚构，将真相披露给公众，以树立良好坦诚现象，继而进行造势，努力挽回声誉，消除隐患，以利于企业朝着美好的方向发展。

海底捞的完美公关充分利用了同理心的心理作用，从管理维度、客户维度、员工维度等出发，既解决问题又打感情牌。

(二)“势”的演绎

营销策划的“势”是一个不断运行的演绎过程，构成“势”的增长循环链：寻觅优势—运作优势—维系和提升优势—再寻觅新的优势……在“势”的演绎过程中，不是平面水平前进，而是立体螺旋式上升、波浪式前进，每循环一次，“势”的层次会更高，并不断更新和递升。

1. 寻觅优势

寻觅优势是指探究企业营销策划活动的优势，弄清“势”的多少和表现，用“势”能研究可能达到的目标等。这是“势”增长循环链的第一个环节，是策划的起点和前提，无“势”就不能谈策划。

2. 运作优势

运作优势是指对策划优势进行有机组合，使之发挥必然效应，体现寻觅优势结果。这是“势”增长循环链的第二个环节，以实现寻觅优势的目的。

3. 维系和提升优势

维系和提升优势是指对“势”加强维护，创造新势补给，不断提升“势”的影响效力。这是“势”增长循环链的第三个环节，是对前两个环节的进一步补充和必然要求。

4. 再寻觅新的优势

再寻觅新的优势是指“势”的循环增长链的第二次循规蹈矩环开始。这是对第一次“势”循环的肯定和质的升华。

营销策划中的“势”运行，就是这样循环不断、周而复始的。每一次循环是对前一次的否定和肯定，在循环中增长，在增长中不断递进和上升，符合唯物辩证法。

❈案例链接

蒙牛市场营销的整合原理

1999 年开始起步的蒙牛完全是白手起家，典型的“三无企业”——无工厂、无奶源、无市场。短短 6 年时间，蒙牛的销售收入从 1999 年的 0.37 亿元飙升至 2005 年的 108.28 亿元，年平均发展速度高达 323%。在中国乳制品企业中的排名由第1 116 位上升为第 2 位，创造了在诞生之初 1 000 余天里平均一天超越一个乳品企业的发展奇迹。

蒙牛从无到有，从小到大，从大到强，凭什么能够屹立于奶制品的华山之巅，并成为中国企业发展的一面旗帜？除了产品品质优良、企业管理有方、政府支持等因素之外，蒙牛的飞速发展还得益于其极为成功的营销策划。可以说，牛根生和他的蒙牛是中国企业中运用整合原理最为杰出的典范。

巧妙的整合可以实现“1+1”远大于 2 的系统功能。蒙牛深谙此道，自 2003 年以来，通过两次营销大整合和事件营销手段，实现了企业发展的飞跃和爆炸式的增长。

一次是在 2003 年获得“央视标王”后，经过大胆、精心的策划，蒙牛决定参与“神五飞天”这一重大事件。“神舟五号”载人航天，在中华民族史上是一件开天辟地的大事。在此之前，世界上发射过载人飞船的国家只有两个：苏联和美国。两个超级大国在冷战时期，用载人飞船震撼了世人。今天，一个第三世界的国家——中国，也要涉足载人航天，这是全世界最大的新闻，各种宣传机器开足马力，自然吸引了全球的眼光。有什么事件能调动这么多的媒体？有什么信息能牵动这么多人的心？用营销的眼光来看，拿广告的尺度来量，这是花几个亿、几十个亿甚至上百亿都无法达到的宣传规模和效力。如果企业能够搭上这趟飞船，必将加速企业腾飞的步伐。

这样史无前例的机会牛根生和他的蒙牛居然敢抓，并且通过整合各种关系最终抓住了。蒙牛当然首先要考虑自己能为国家做点什么，从什么地方切入。经过公关，他们了解到，首批航天员候选者共 4 人，全部是万里挑一的空军精英。航天员的身体比金子还贵，他们的食谱规定就达 8 页之多，其保健之严格，不亚于一国总统。对，就从这里入手。于是蒙牛人开始接受多次极为严格、仔细的筛选，接受一系列物理的、化学的检验，最终蒙牛牛奶从众多品牌的牛奶中脱颖而出，并于 2003 年 4 月被确定为“中国航天员专用牛奶”。

2003 年 10 月 16 日 6 时 46 分，随着北京指挥控制中心宣布“中国首次载人航天飞行取得圆满成功”，蒙牛的“为中国喝彩”的电视、报纸广告立即如雪花似地飞向全中国，一个重大的谜底揭开了：蒙牛，“中国航天员专用牛奶”。从此，蒙牛品牌一夜成名，销售额迅速大增，一举扭转了与同行“拼价格”“拼渠道”“拼促销”的被动局面。据 AC 尼尔森发布的统计数据，蒙牛液态奶销量自 2003 年 10 月至 2004 年 7 月，连续 10 个月居全国之冠。也就是说，从“神舟五号”飞天当月起，蒙牛牛奶便开始荣登榜首，踏上了领跑中国液态奶行业的轨道。

蒙牛的另一次营销大整合是在 2005 年 2 月，与湖南卫视宣布共同启动“2005 超级女声”节目。“超级女声”是湖南卫视推出的一档娱乐节目，受众面广，影响力大。2004 年，湖南卫视的“超级女声”节目首战告捷。据湖南卫视公布的《2004 超级女声影响力分析》显示，2004 年湖南卫视的平均收视率位列同时段全国所有卫星频道第二，仅次于央视一套。蒙牛从中嗅到了商机，它敏锐地看到，“超级女声”节目对其酸酸乳产品而言是个很好的整合营销良机，于是便从这年的 9 月开始筹划介入“超级女声”。

在此次营销活动中，蒙牛展开了强大的宣传攻势。继双方宣布共同启动“2005超级女声”新闻发布会之后，蒙牛的电视广告、路牌广告等一系列广告宣传会便暴雨骤风似地全面铺开。蒙牛将酸酸乳的目标消费群体定位在12～24岁的女孩，并选择首届“超女”季军张含韵为形象代言人，发布以“酸酸甜甜就是我”为号召的广告，充分表达了个性、前卫的广告诉求，彰显了消费者的个人魅力与自信。另外，每件蒙牛酸酸乳产品包装上都印有“超级女声”的宣传信息，它们本身就是一个很好的宣传，在提升“超级女声”知名度的同时，也为自己造了势。

借助“超级女声”之势，蒙牛还设立了“超级女声”夏令营：凡购买酸酸乳夏令营六连包即有机会参加抽奖活动，中奖者可以免费去长沙观看“超级女声”总决赛，还有机会享受“长沙游”。此活动进一步与终端销售进行结合，将活动影响力转化为产品销售力。

“超级女声”整合营销的成效是惊人的：仅酸酸乳一个产品半年销售达20多亿元，实现净利润2.5亿元。2005年，蒙牛总收入跨过百亿大关，实现利润4.56亿元。可以说，“超级女声”整合营销起了决定性的作用，而蒙牛为“超级女声”的广告宣传投入只有1 800万元。

蒙牛整合营销不但使自己名利双收，而且为“超级女声”活动推波助澜，使之商业价值大增。如今“超级女声”正在不断推陈出新，向多个领域进军，谁能说后面的跟进者没有受到蒙牛整合大策划的启发和影响呢？

资料来源：周培玉. 商务策划原理. 北京：中国经济出版社，2007：144-146.

评析：蒙牛从无到有，从小到大，从大到强，得益于其极为成功的营销策划“势”的演绎：在2003年获得“央视标王”后，大胆精心策划，决定参与“神五飞天”这一重大事件。“神五飞天”成功后，蒙牛的“为中国喝彩”的电视、报纸广告立即如雪片般飞向全中国，蒙牛牛奶开始荣登榜首，踏上了领跑中国液态奶行业的轨道。紧接着，与湖南卫视宣布共同启动“2005超级女声”节目，借提升“超级女声”知名度为自己造势；另借助“超级女声”之势，蒙牛还策划了“超级女声”夏令营等活动。总之，蒙牛在“势”的演绎过程中，不断前进和上升，使“势”的层次得到逐渐更新和递升。

四、谋“术”

商海搏击智者胜，没有一流的策划就没有一流的营销，没有奇特的营销策划战术，就无法诞生璀璨的营销策划方案，更无法成就一个企业在现代商海中呼风唤雨的凌云壮志。

所谓营销策划的“术”，是指营销策划战术，也就是营销活动中所采用的奇招异术。奇招异术是指方法策略不同寻常，或标新立异，或新奇百怪，不为常人所预料运用；或反其道而行之；或功效奇特，给人意想不到的结局。总而言之，“术”是不落俗套，超出常规，非同寻常，不可等闲视之。

无论是古代策划还是现代策划，无论是外国人策划还是中国人策划，成功策划都反映出策划者自觉或不自觉地把握和运用策划战术，创造出一个个惊天动地的辉煌战绩，令人拍案叫绝。

营销策划奇思妙想的战术来自科学的思维方法。营销策划中常用的思维方法很多，但主要有灵感思维法、逆向思维法、立体思维法、侧向思维法等。

（一）灵感思维法

灵感指策划者为寻求策划战术瞬间在头脑中产生的思想火花闪现。灵感来自策划者自身工作实践的累积，不是虚无缥缈的东西，它是策划者为解决策划活动方案而苦思冥想不得结果，但在不经意或思考其他问题时，突然间的豁然开朗，即顿悟。

值得一提的是，强调灵感在策划中的运用，不能将它神秘化或盲目崇拜。策划者获得的灵感要进行科学加工、论证，不能拿来就用，否则，形成的策划思路可能是没有功效的。

❖案例链接

米老鼠的诞生

美国的迪士尼曾一度从事美术设计，后来他失业了。原来他和妻子住在一间老鼠横行的公寓里，失业后，因付不起房租，夫妇俩被迫搬出了公寓。这真是连遭不测，他们不知该去哪里。一天，两人呆坐在公园的长椅上，正当他们一筹莫展时，突然从迪士尼的行李包中钻出一只小老鼠。望着老鼠机灵滑稽的面孔，夫妻俩感到非常有趣，心情一下子就变得愉快了，忘记了烦恼和苦闷。这时，迪士尼头脑中突然闪过一个念头，惊喜地对妻子大声说道："好了！我想到好主意了！世界上有很多人像我们一样穷困潦倒，他们肯定都很苦闷，我要把小老鼠可爱的面孔画成漫画，让千千万万的人从小老鼠的形象中得到安慰和愉快。"风行世界数十年之久的"米老鼠"就这样诞生了。在失业前，迪士尼一直住在公寓里，每天从早到晚都同老鼠生活在一起，却没有产生这样的想法。而在穷途末路、面临绝境的时候出现了这样的灵感，原因何在？"米老鼠"就是触发了灵感的产物。他说："米老鼠带给我的最大礼物，并非金钱和名誉，而是启示我陷入穷途末路时的构想是多么伟大！还有，它告诉我倒霉到极点时，正是捕捉灵感的绝好机会。"

发现灵感思考法指在对问题已进行较长时间思考的执着探索过程中，需随时留心和警觉，在同某些相关与不相关的事物接触时，有可能在头脑中突然闪现所思考问题的某种答案或启示。就像迪士尼由小老鼠触发灵感一样，许多意想不到的东西都可以成为触发灵感的媒介物。这一点常常使思考者喜出望外、兴奋异常。

资料来源：若木．灵感思维例子．(2017-08-28)［2020-05-22］．https://m.baidu.com/mip/c/mip.xuexila.com/naoli/linggan/64550.html．节选．

评析：该案例说明灵感是人们在头脑中产生的思想火花闪现，来自策划者自身工作实践的累积，在不经意或思考其他问题时，突然间豁然开朗。只要策划者对灵感进行科学加工、论证，必能对策划产生良好影响。

（二）逆向思维法

逆向思维法指策划从正常思维的反向路线来探求解决问题的一种逆向思考方式。逆向思维法说到底就是反其道而行之，在策划中人们广泛采用此方法，有很多成功案例。

❖案例链接

茅台酒扬名

1915年2月20日，在美国旧金山举办了巴拿马万国博览会，这是20世纪初期世界范围内最大的一次国际博览会，有20万家参展单位，产品琳琅满目、济济一堂。中国茅台酒也在参展之列，用土陶罐盛装的茅台酒无人问津。而且当时外国人把身着长袍、梳着长辫的中国人视为“东亚病夫”，所有参展环境对茅台酒十分不利。一个个参展品金奖各有得主，茅台酒受到冷落。展会即将结束，情急之下，一位中国代表心生一计，佯装失手将一瓶茅台酒打落在地，顿时芳香四溢，一下子把所有评委吸引过来，经评委反复品尝验证，一致认定“茅台酒”是世界上当之无愧的最好白酒之一，特向中国代表补发了金奖，并与之前所评两个金奖产品并列为世界三大金奖蒸馏白酒，从此“茅台酒”誉满全球，扬名世界。

评析：茅台酒扬名世界得益于中国参展代表的筹划，他使用了超常规思维方法——逆向思维法，一下子吸引了评委们的眼球，以高品质征服了评委，使茅台酒流芳百世。

❖小思考

是否所有逆向思维法均能获得满意效果？

不是的。逆向思维是建立在客观现实基础上的，任何超出客观现实的幻想都是徒劳无益、适得其反的。逆向思维法必须讲究科学依据，具有可操作性。

（三）立体思维法

立体思维法是指策划者根据系统原理，采用多角度思考，全面而综合思考问题的一种方法。立体思维法要求人们思考问题由点到线，再到面，将点、线、面融为一体，形成有机界面，对问题进行深度远景考虑和打算，摒弃点、线、面独立解决问题。

❖案例链接

借款1美元，用50万美元的珠宝担保

一天，犹太富翁哈德走进纽约花旗银行的贷款部。看到这位绅士很神气，打扮得又很华贵，贷款部的经理不敢怠慢，赶紧招呼：“先生，您有什么事情需要我帮忙的吗？”

“哦，我想借些钱。”

“好啊，您要借多少？”

“1 美元。”

“只需要 1 美元？”

“不错，只借 1 美元，可以吗？”

“当然可以，像您这样的绅士，只要有担保，多借点也可以。”

“那这些担保可以吗？”哈德说着，从豪华的皮包里取出一大堆珠宝放在写字台上。

“喏，这是价值 50 万美元的珠宝，够吗？”

“当然，当然！不过，你只要借 1 美元？”

“是的。”哈德接过了 1 美元，就准备离开银行。

在旁边站着的分行行长此时有点傻了，他怎么也弄不明白这个犹太人为何抵押 50 万美元就借 1 美元。他急忙追上前去，对他说：“这位先生，请等一下，您有价值 50 万美元的珠宝，为什么只借 1 美元呢？假如您想借 30 万、40 万美元的话，我们也会考虑的。”“啊，是这样的：我来贵行之前，问过好几家金库，他们保险箱的租金都很昂贵。而您这里的租金很便宜，一年才花 6 美分。”

注：根据网络资料整理。

评析：该案例说明策划者策划项目时必须从立体思维角度思考问题，将点、线、面融为一体，构成有机界面，切勿摒弃点、线、面独立解决问题。

（四）侧向思维法

侧向思维是指策划者充分借用与策划目标无直接而间接关联的信息来寻找破译问题方法的一种思维方式。如历史上孙膑策划的“围魏救赵”就是典型的侧向思维法运用案例。侧向思维摆脱正向思考，利用侧向、非逻辑性思维来达成或实现策划目的，因此广泛用于社会策划实践。

“反复印机”诞生

❖案例链接

妙龄女郎当吃客

20 世纪 90 年代初，在吉林长春各大酒楼饭店，经常能碰到如此场景，3～5 位身着华丽的妙龄女郎，落落大方地坐在餐厅雅座上，点上一桌丰盛的美味佳肴，少说也得千儿八百，可够服务员忙乎一阵子。当服务员惬意地问她们喝点什么啤酒或饮料时，她们忙询问店里有哪些，当服务员告知她们店里有“健力宝”“亚洲”等时，她们面面相觑，急问，有“野力”吗？当被告知没有时，她们失望地走出餐厅，因为她们只爱喝“野力”，服务员木然……一时间，整个长春市各大酒店类似场景一幕接一幕，人们议论纷纷，这些妙龄女郎是一些什么样的高贵人物？为何如此出手大方？并且非“野力”不喝？

原来，这是长春“野力”饮料厂在产品上市前做的营销策划。“野力”生产出来后，虽然质量上乘，但就是打不开市场，情急之下，聪明的厂长精心策划和导演了这一“绝招”。他雇请二十几位女郎，经专业培训后让她们去各大饭店酒楼充当吃客，只要有“野力”饮料，山珍海味任她们挑，真可谓挖空心思出奇招。再配上媒体宣传，“野力”很快开始畅销了。

经过“几番折腾”，“野力”被长春市酒楼饭店抢购。

评析：“野力”的市场不是由消费者认可产生的，而是“野力”自己“点”出来的，这种以“富贵”吃客来寻找市场，其实是在推销“野力”，恰到好处地以“妙龄女郎”的形象来宣传，真可谓是策划之绝招。

（五）组合思维法

组合思维是指依据不同的需求将不同性质的事物或功能组合在一起，从而产生创意的一种思维方式。组合思维法告诉人们，组合本身也是一种创造。无论在政治上、军事上，还是营销策划方面都得到了充分体现。例如，日本是个资源匮乏国家，但日本充斥国际市场的产品，很少是它们自己专项研究和发明的，它们经常设法从发明者手中得到授权，再消化，吸收创新，形成自己的新产品后打入国际市场。因而形成“发明、开发在西欧美国，赚钱在日本”的现象。日本正是运用这些巧妙组合思维方法，将众家之长集于一身，形成独特的市场竞争优势，获得神奇的市场功效。

❖案例链接

全渠道 6.82 亿元！2018 年“双 11”，三只松鼠稳居行业第一

2018 年的“双 11”，三只松鼠仅用 9 分 29 秒便突破了亿元大关，成为天猫平台“双 11”前 30 分钟破亿榜单中唯一上榜的食品企业；11 日晚 24 时，三只松鼠全渠道销售额高达 6.82 亿元，再一次刷新了中国食品行业的销售记录，连续 7 年稳居行业第一。并在当天成为天猫平台上首个“粉丝”数突破 2 000 万人的品牌店铺，是目前天猫所有品牌店铺中“粉丝”数最多的一家。

数据背后产生了三个不可忽视的新局面：(1) 三只松鼠旗舰店“双 11”访客量达 2 200 万人，是天猫“双 11”流量第一品牌，超过耐克、小米、优衣库等国际或国内大品牌；(2) 在天猫食品热销 Top 10 以内，8 个品种都是三只松鼠的；(3) 三只松鼠“双 11”推出的部分极致单品成为名副其实“断货王”。

三只松鼠“双 11”的亮眼表现，离不开新松鼠模式的确立与践行。

2018 年，三只松鼠内部进行了深度改革，重新确立了新的松鼠模式。“松鼠老爹”章燎原将其总结为“五位一体”发展新模式，即深耕产品、玩转全网、立足线上、赢在全国、沉淀能力。

一、深耕产品

11月7日，三只松鼠在南京高调举行了一场名为“造零食”的新品发布会，首次以综艺秀的方式推出11款极致新品，得到行业内外的极大瞩目。

这11款新品，一上线即爆卖1 012 679件。在发布会结束仅仅四天之后的“双11”，新品销售额更是突破5 000万件。其中，适用于细分场景的“小瓶果”爆卖18万份，产品包装双升级的“每日坚果”则爆卖40万份，成为当之无愧的“超级断货王”。

“风味、鲜味、趣味”是三只松鼠进入新时代创始元年后对于产品的新定位。在三只松鼠看来，一款产品只有做到了“风味、鲜味、趣味”的三者统一，做到有趣、创意、无可挑剔，那么这款产品才有上线的机会。如今其内部实行的产品“淘汰制”充分说明了三只松鼠对于产品质量、产品创新的坚定决心。

二、玩转全网

“通过社交传播平台、人与人的传播使得产品建立起用户认知”是五位一体模式里关于“玩转全网”的阐释。

以社交作为传播阵地，通过产品自身，让消费者认知到产品不再是基于传统路径的传播，而是立足于全网平台，形成用户口碑，最终建立起消费者对于产品的全面认知。

成为“超级断货王”的每日坚果，充分证明了社交传播和用户口碑的力量。升级后的每日坚果，实行“6+3”的9种产品混合搭配，每颗坚果果粒完整、形态饱满、色泽均匀，同一种坚果的大小基本一致，散发着浓郁的果香味。一款好的产品自带传播属性，三只松鼠每日坚果销量通过消费者与消费者之间的口口相传直线上升，成为同行业同品类的最大赢家。

三、立足线上

“线上”在相当长的一段时间里，不仅仅是作为一个销售主阵地出现，更是作为一个造货主阵地呈现在大家面前。

“线上”的核心优势就在于：测试产品。

所以三只松鼠将天猫作为线上立足造货的平台，根据消费者的反馈及时进行产品调整，而这是线下做不到的事。

实行新模式之后，三只松鼠的每一款产品都会进行“线上”测试。消费者评价好的可以上线，消费者评价不好的则立刻下线进行调整，调整之后消费者仍不满意的话，则将产品下架。以此逼着产品进行创新，提升消费者的消费体验。

在“线上”测试点爆产品，形成收割，是产品走到线下的第一关。

四、赢在全国

“赢在全国”是以柔性定制分销产品，在每一款新品线上测试成功后，迅速通过线下分销模块推向全国市场。

2018 年“双 11”，三只松鼠 42 家线下店销售额达 1 247 万元。新生渠道的产生，燃爆了线下零售，让更多的消费者感受到了三只松鼠带来的快乐和美味。

立足线上+全国分销，就构建了三只松鼠立足新时代的模式，当这一套体系深度运转起来，三只松鼠的未来更加值得期待。

五、沉淀能力

三只松鼠认为，任何一个闭环的形成都需要不断修缮、不断升级，才能将能力沉淀出来。数字化服务的是三只松鼠的核心定位：风味鲜味趣味、“五位一体”的模式以及运行机制。

在企业发展中，三只松鼠目前需要规划的是整体的数字化战略和模块化战略，建立各自领域的具体负责范围，清晰业务边界，摒弃无用的重复建设。

如果说坚持国民美食理想是三只松鼠一直不变的初心，那么打造国民超级品牌则是其一直彰显在外毫不掩饰的野心。11 款极致新品的大获成功、“双 11”的亮眼成绩就是三只松鼠新模式下的有效成果。

可以预见，持续领跑的三只松鼠，将以更多好吃、好玩、有趣的创新产品、线上线下更多元的渠道触达以及更具创新性的数字化供应链，不断拓展商业版图，真正实现成为超级国民品牌的梦想。

资料来源：佚名．全渠道 6.82 亿！2018“双 11”，三只松鼠稳居行业第一！（2018-11-14）[2020-05-22]. http://hebei.ifeng.com/a/20181114/7027250_0.shtml.

评析：三只松鼠从 2012 年白手起家以来，通过多年自主创新打造自主品牌，形成了比较完整的研发体系和较强的创造能力，成为我国食品行业坚果领域的佼佼者，不能不归功于章燎原团队人员的精心策划。通过 2018 年“双 11”的“五位一体”发展新模式，即深耕产品、玩转全网、立足线上、赢在全国、沉淀能力的最佳组合，真正实现成为超级国民品牌的梦想。

（六）类比思维法

类比思维是指策划者对两类事物进行比较分析而得到创造性设想的一种思维方式。类比的两事物可以是同性质，也可以是不同性质。其通过比较和综合分析，找出两事物相似之处后，据此推论它们在其他方面的类似之处。类比思维法包括直接类比、综合类比、象征类比和因果类比等。

1. 直接类比法

直接类比法是指直接从自然界或是已拥有的发明创造成果中寻找与创造对象相似的东西，进而产生新点子的方法。例如，人们从鸟类飞翔的观察中，发现鸟产生升力的秘密，于是便设计创造出飞机。直接类比法是人类用得最多的一种类比法。

2. 综合类比法

综合类比法是指在物体本质属性异常复杂的情况下，通过综合对比它们相似的特性而产生新想法的一种方法，例如，人们创造发明的新药品，一般先在动物身上反复做实验，成功后，再用到人身上治病疗伤等。

3. 象征类比法

象征类比法是指用具体事物来展示某种抽象理念或思想感情的一种思考方法。例如，当人们看到“M”，马上就想麦当劳；安徽芜湖城市象征性雕塑是鸠，人们马上就联想到芜湖以前是鸠鸟栖息之地，而今变成美丽的“徽商皖韵，千湖之城”等。

4. 因果类比法

因果类比法是指两个事物的不同属性之间隐藏着同一种因果关系，人们可依据一个事物的因果关系来推断另一事物的因果关系。例如，人们根据粮食提价，马上就联想到食品价格上调等。

❖案例链接

巧借“牛仔大王”的思维

当年李维斯跟很多年轻人一样带着梦想去美国淘金，但是去淘金的人太多了，获得成功很难。后来李维斯就转移思维焦点，关注淘金人，发现他们的衣服特别容易破。李维斯刚好发现西部有很多废弃的帐篷，他拿出来洗洗，做了世界上第一条牛仔裤。靠赚淘金人的钱，他最后成了“牛仔大王”。

李力从“牛仔大王”李维斯身上获得灵感。李力发现当今社会自媒体行业如此盛行，就专门开设运营课程，教媒体人怎么吸粉、怎么运营、怎么写文案，从而受到媒体人们追捧，收入蹭蹭上涨。

评析：此案例说明找到事物的相同之处就能够策划出理想的产品。

（七）跃障思维法

跃障思维法是指人们在思考解决问题时，摆脱以往形成定律的思维方法和经验的一种思维方式。例如，树上有 10 只鸟，“砰”的一声枪响，打下来 3 只，请问树上还有几只鸟？按正常思维，人们会毫无疑问地回答：还有 7 只，因为 $10-3=7$。其实，树上一只鸟也没有了，这就是跃障思维法。

跃障思维法要求人们在思考问题时要摒弃各种思维定式，要充分、自由、多维地考虑各种问题产生的可能性。跃障思维的结果可能多元、立体、意外、多彩而又合乎情理。

❖小思考

为什么树上没有鸟？

因为枪响后，鸟被枪声吓飞了，所以树上不可能有鸟。

（八）发散思维法

发散思维是指策划者根据已有信息资料，对某一问题从不同方向、不同路径和视角展开设想和解决问题的一种思维方法。发散思维要求人们思考问题以点向外扩散，无拘无束，异想天开，使设计方案梦想成真。它是人类创新思维的一种基本形式。例如，手机最初只有通话、计时功能，现在的手机不仅能通话、计时，还具备传递信息、上网查询资料、打网络游戏、听音乐、进行股票交易和身体健康检查等功能，这些都是人们利用发散思维法的杰作。

❖案例链接

“可口可乐”瓶的创意

1898 年鲁特玻璃公司一位年轻的工人亚历山大·山姆森在同女友约会时，发现女友穿着一套筒型连衣裙，显得臀部突出，腰部和腿部纤细，非常好看。他突发灵感，根据女友穿着这套裙子的形象设计出一个玻璃瓶。经过无数次的反复修改，他不仅将瓶子设计得非常美观，很像一位亭亭玉立的少女，还把瓶子的容量设计成刚好为一杯水的容量。瓶子试制出来之后，获得大众称赞。有经营意识的亚历山大·山姆森立即到专利局申请专利。当时可口可乐的决策者坎德勒在市场上看到了亚历山大·山姆森设计的玻璃瓶后，认为其非常适合作为可口可乐的玻璃瓶包装。经过一番讨价还价，最后可口可乐公司以 600 万美元的天价买下此项专利。现在的可口可乐的包装还有当初设计的影子，那修长挺拔的瓶身也着实惹人喜欢。

评析：此案例说明策划者应该通过天马行空的发散思维，想出更多的创意活动。发散思维的营销也往往会创造奇迹。

项目小结

本项目主要介绍了市场营销策划要遵循的八条基本原则和六种基本方法，市场营销策划过程要讲究策划技巧，重在“时”、“空”、“势”和“术”的运作。

经典案例赏析

“减灶之计”策划

复习思考题

1. 何为市场营销策划原则？
2. 在市场营销策划的过程中，为什么要遵循市场营销策划原则？
3. 如何理解市场营销策划的权变原则？
4. 何为市场营销策划的方法？
5. 市场营销策划为什么要以唯物辩证法的基本原理为根本方法？
6. 如何理解市场营销策划创意方法？
7. 市场营销策划选“时”应该把握哪些问题？
8. 市场营销策划如何造“势”？
9. 市场营销策划常用的思维方法有哪些？
10. 列举一个逆向思维法应用策划案例。

模拟演练

策划经典案例评析

[实训目的]

对照本项目内容，选择一个案例，发动学生积极参与，让学生发挥发散思维能力，验证学生对本项目学习的知识，强化学生的实践能力，培养学生策划职业意识。

[实训内容]

要求学生到阅览室（图书馆或上网）查询一个案例作为训练内容。

[实训组织]

班级干部进行组织，将班级分成5～8人一组，每组选一名负责人，组织该小组进行策划案例讨论和分析。

[实训考核]

每位学生写一篇分析总结，每个小组交一份总结报告，供全班交流。

[实训指导]

由实训专业指导教师或授课教师负责指导工作，并负责对讨论过程进行指导和评价分析。

项目四

营销策划分析工具与创意技法

项目四
思维导图

学习目标

通过本项目的学习，你应该达到以下目标：

素质目标：培养营销策划人的创新素质。

知识目标：掌握营销策划分析工具，熟悉营销策划创意各种方法的运用，学习营销策划创意技法。

能力目标：能对某一具体营销活动应用策划分析工具和创意设计与创意技法。

教学重点和难点

重点：营销策划常用的五种分析工具。　　**难点：**营销策划常用的六种创意技法。

案例导读

华为手机五力模型分析

一、供应商的议价能力

智能手机部件分为非核心部件和核心部件两类。前者供应商数量较多，议价能力较差。智能手机的核心部件是芯片、触摸屏和LCD，目前这三大核心部件的供应商所在行业都是典型的垄断寡头市场，核心技术掌握在外资公司手中。以其中垄断情况最为严重的芯片为例，目前全球最具影响力的手机芯片供应商为美国的高通公司和中国台湾的联发科技股份公司（MTK）。垄断巨头一方面掌握着大量的专利技术，坐拥巨额专利使用费，另一方面还要对下游手机厂商的销售额进行利润分成，极大程度地压低了手机厂商的利润。华为公司巨大的销售量在一定程度上可以抵消供应商的垄断优势，增强议价能力。触摸屏和LCD部件的情况也与之类似。

二、购买者的议价能力

华为智能手机的直接购买者粗略地可以分为两类：电信运营商和单个消费者。目前华为手机的主要客户仍然是电信运营商。运营商不是最终的消费者，它们会利用话费补贴等营销方式将手机推送给客户。电信运营商市场也是典型的寡头垄断市场，其订货量巨大，具有极强的议价能力。目前智能手机有大量走运营商渠道的趋势，因此运营商在与华为的业务中显然处于强势地位，经常在价格、付款方式以及货期等方面施加压力。消费者可供选择的其他品牌很多，而且有升级需求的消费者往往会在再次购买时选择国外品牌，因此华为智能手机的消费者品牌忠诚度并不高。

三、新进入者的威胁

华为智能手机面临的新进入者主要有三类。第一类是客串做硬件的互联网企业，例如谷歌、百度和360等互联网公司都曾经推出过自己的定制智能手机，但是由于各种原因都不是很成功。第二类是一些手机ODM公司推出自己的品牌，例如国内手机ODM公司锐嘉科已经推出自己的品牌青橙手机，但是由于国内中低端手机市场早已被中兴、华为、酷派和联想（被称为“中华酷联”的四大巨头）瓜分完毕，因此，第二类进入者只能在一些市场中获得部分发展。第三类是小米手机和锤子手机等颠覆原有模式的手机厂商，它们运用吸引人眼球的营销策略，并且部分地颠覆了智能手机原有的营销模式，它们对于特定的消费者具有一定的吸引力，但是其目标客户与华为公司并不完全重合，因此带来的威胁比较有限。

四、替代品的威胁

目前智能手机的替代品主要有两种，一种是具有通信模块的平板电脑，另一种是智能式可穿戴设备。不具有通信模块的平板电脑在功能上不能完全替代手机。具有通信模块的平板电脑的通信功能使用起来并不方便，加上大屏幕耗电以及智能手机屏幕逐渐增大等原因，现实的情况是平板电脑没有对智能手机构成大的威胁，智能手机反而对平板构成了极大的威胁。未来随着智能手机屏幕增大和平板电脑屏幕减小的趋势，两者可能在形式上合二为一，而在实质上是平板电脑这种产品合并于智能手机。对于可穿戴智能化设备，谷歌等公司已经做出了十分有益的探索，但是这种设备的大规模市场应用尚需时日，并且消费者长期以来养成的用智能手机通信和娱乐的行为模式具有一定的稳定性和惯性，因此从长期看来虽然不能排除该种设备对智能手机带来严峻威胁的可能性，但是中短期来看这种威胁并不明显。

五、同业竞争者的竞争程度

事实上同业竞争者的竞争程度是智能手机产业里面最为重要的一个方面。同业竞争者大体上可以分为两个层次：第一个层次是位于高端市场的苹果公司和三星公司，第二个层次是位于中低端市场的“中华酷联”四大巨头。苹果公司从未涉及低端。三星公司在中低端市场的比较优势已经不明显，况且中低端市场的产品弱化了其品牌形象，因此可以预见未来其业务将向高端收缩。华为一直在试图提升自己的品牌形象，使其品牌向高端跃迁，截至目前，其推出的高端产品有了一定竞争力，华为与苹果公司、三星公司的竞争程度越来越激烈，目前华为的优势是有效的和明显的：一方面华为通过自己的企业文化提倡高压下的进取和拼搏精神，克服了许多其他品牌无法克服的困难；另一方面华为通过自愿加班制度和薪酬制度等体系设计使得其人力资源成本看起来很高，实际上却很低，由此获得了生产要素方面的比较优势。从中短期看来，几大品牌仍将长期处于胶着状态，这种竞争还会持续，而华为的比较优势短期之内也不会消失。综上分析，华为智能手机业务“五力”影响因素中购买者的议价能力威胁最大，供应商的议价能力和同业竞争者的竞争程度威胁是中等的和可控的，新进入者的威胁和替代品的威胁较小。克服购买者议价能力这一最大的威胁只能靠通过创新使产品形象不断提升，在最终消费者的心中牢固地树立起独特的品牌形象。

注：根据网络资料整理。

读后思考：你从用波特的“五力”模型营销策划分析工具全面分析华为手机的案例中体会到什么？

创意源于策划人独特的心智和睿智的灵感，经过创意形成的多种策划方案得益于策划人对策划环境的周密调查分析和谋划，所以创意的技巧与策划思维、策划环境调查分析密切相关。

任务一　领会营销策划分析工具

按照营销策划程序，营销策划方案的形成是策划人在对营销策划环境充分调查研究的基础之上并经过多角思维而做出的，显然在对营销环境调查研究中所使用的多种多样分析工具对策划人至关重要。目前，在营销策划中比较常用的分析工具主要有以下几种：

一、3C 分析法

3C 分析法是指针对企业所处的微观环境——消费者（Customer）、竞争者（Competitor）、企业自身（Corporation）三大方面进行全面的营销扫描与分析的一种方法。3C 分析法是由日本战略研究的领军人物大前研一提出的，他强调成功战略有三个关键因素，即消费者、竞争者、企业自身，在制定任何经营战略时都必须考虑这三个因素。3C 分析法的主要分析内容如表 4－1 所示。

营销的本质在于“满足消费者的需求”。从战略上看，策划者只有牢牢把握这三个因素的动态发展关系，才能制定较为适宜和有效的战略策划方案。一个成功战略方案必须确保企业的经营实力与消费者的需求之间达成一个能优越于竞争者的、高效益的、强有力的协调关系。

表 4-1　3C 分析法的主要分析内容

分析对象	分析内容
消费者	消费者的规模、消费者特征（包括年龄、性别、职业、收入、受教育程度等）、消费者的个性特征、消费者的生活方式、消费者的品牌偏好与品牌忠诚、消费者的消费习惯与行为模式、消费市场结构变化、消费市场需求等内容
竞争者	竞争领域、竞争资源、竞争战略、竞争品牌、竞争中的市场地位、竞争品牌的产品特征、竞争品牌的品牌定位与品牌形象、竞争品牌的传播策略等
企业自身（公司）	企业市场占有率、企业资源、企业技术优劣势、竞争品牌的传播策略、企业的产品特征、企业现有的目标市场、企业在消费者心目中的品牌形象、企业现有的品牌传播策略、企业现有的品牌知名度、美誉度等

二、PESTDN 分析法

所谓 PESTDN 分析法，是指对宏观环境的分析，是在传统 PEST 分析基础上增加了人口和自然两个环境因素的分析。因行业和企业性质不同，进行 PESTDN 分析的具体内容也有所不同，但一般的 PESTDN 分析是指对政治法律环境（Political-Legal，不仅仅是政治）、经济环境（Economic）、社会文化环境（Sociocultural，不仅仅是社会）、技术环境（Technological）、人口环境（Demographic）和自然环境（Natural）六类企业外部环境进行分析。

互联网行业产品分析

主要分析内容如表 4-2 所示。

表 4-2　PESTDN 分析法的主要分析内容

PESTDN	主要分析内容
政治法律环境（P）	政治体制、方针、政策、法令法规、条例、规章制度、国际关系等
经济环境（E）	经济制度、经济发展阶段、经济收入（国民收入、人均国民收入、人均收入、人均消费等）、人均 GDP、恩格尔系数、基尼系数等
社会文化环境（S）	文化教育、价值观念、审美观念、宗教信仰、道德规范和风俗习惯等
技术环境（T）	技术政策、新产品研发水平、信息化和智能化水平、生命科学水平、生态环境研究和发展水平、各学科知识互相渗透能力等
人口环境（D）	人口总量、性别、民族、教育程度、年龄结构、地理分布、人口密度、婚姻状况、出生率、死亡率、老龄化程度、人口平均寿命、人口流动率、毛入学率、失业率、就业率等
自然环境（N）	大气圈、水圈、生物圈、土壤圈、岩石圈等

三、SWOT 分析法

SWOT 分析法是综合考虑企业外部环境和内部条件的各种因素进行系统评价，从而选择最佳经营战略的一种分析方法，也是企业战略管理理论中最常见的分析工具之一。SWOT 分析法又称为态势分析法，SWOT 分析法在战略管理领域中被广泛运用。SWOT 分析法是一种能够较客观而准确地分析和研究一个企业现实情况的方法。其中，S 是指企业内部所具有的优势（Strengths），W 是指企业内部所具有的劣势（Weaknesses），O 是指企业外部环境的机会（Opportunities），T 是指企业外部环境的威胁（Threats）。SWOT 分析法的主要分析内容如表 4-3 所示。

表 4-3　SWOT 分析法的主要分析内容

SWOT	因素	分析目的	分析内容
优势（S）	企业内部	理清企业内部有利的、值得发扬的因素；了解企业不利的、要避开的东西；发现问题，明确解决办法	企业历史；规模经济；竞争态势；经济实力；产品质量；技术支撑；成本优势；市场份额；广告攻势；营销力量；企业形象等
劣势（W）			市场进入迟；渠道不健全；市场占有率低；营销力弱；管理混乱；先进技术缺少；研发落后；资金短缺；产品积压；高成本；竞争力差等
机会（O）	企业外部	分清企业外部有利条件、不利因素；熟悉企业轻重缓急问题、战略策略和战术目标问题、企业决策性和规划问题	新政策；新市场；新需求；新产品；外国市场壁垒解除；竞争对手失误等
威胁（T）			经济政策调整；新能源出现；新的竞争对手加盟；替代品增多；客户偏好转移；市场、金融紧缩；经济衰退；危机事件等

企业在进行 SWOT 分析时，可结合 SWOT 各要素进行有效组合，形成综合分析，具体如表 4-4 所示。

表 4-4　SWOT 综合分析法

本企业外 / 策略 / 本企业内		机会（O）	威胁（T）
		1. ……	1. ……
		2. ……	2. ……
		3. ……	3. ……
		……	……
优势（S）	1. ……	SO 策略	ST 策略
	2. ……	凭借内部优势	凭借内部优势
	3. ……	借鉴外部机会	回避外部威胁
	……	……	……
劣势（W）	1. ……	WO 策略	WT 策略
	2. ……	借鉴外部机会	减少内部劣势
	3. ……	克服内部劣势	回避外部威胁
	……	……	……

2018 年中国月子会所行业分析报告

❖案例链接

下面我们来看一个案例，具体如表 4-5 所示。

表 4-5　阿里巴巴的 SWOT 分析

内部条件 / 外部因素	优势（S）	劣势（W）
	1. 阿里巴巴集团全面的品牌布局，在整个商品流通环节的电子商务进程中占据了绝对优势，宏伟布局全世界首见。 2. 阿里巴巴在国内电子商务市场具有领先地位，绿地集团想把房地产推广到电子网络平台，阿里将是最佳选择。 3. 阿里巴巴在多年的发展过程当中，积累了一大批经验丰富的人才，无论是宣传还是技术，阿里巴巴总是走在别人的前面。 4. 优秀的管理团队：马云的个人魅力、独特又有凝聚力的团队合作。 5. 强大的国际互联网企业联盟：通过股权关系，YAHOO、日本软银、阿里巴巴结成了坚定的国际互联网同盟，阿里巴巴能够获得 YAHOO 先进搜索技术的支持、日本 YAHOO 在 C2C 市场的成功经验，与行业最顶尖企业在技术、商业模式和行业趋势判断领域的共享。 6. 一定的品牌知名度和会员忠诚度：在中国很难找到另外一家能有阿里巴巴那样的品牌影响力和品牌知名度的 B2B 电子商务网站，对于以信息集散地为基本功能的 B2B 商务网站来说，品牌就是价值。 7. 阿里巴巴服务做得好，开通了“诚信通”，为网上安全交易提供了保证。	1. 不了解境外市场，面临法律诉讼风险：阿里巴巴在境外上市，对当地法律体系、市盈率、监管制度等方面缺乏全面而详细的了解，导致当其在上市前后遇到一些问题时可能处于非常被动的境地。 2. 平台杂乱，信息质量不高，直接带来商业声誉上的问题，难以优化：25 个事业部、200 多家子公司的阿里巴巴，是中国互联网公司架构最庞杂、关联交易最复杂的一家。 3. 为客户创造价值的能力越来越弱。对于优质的供应商来说，使用阿里巴巴的平台很多时候只是一种附带寻找新客户的手段。而对于后起新加入的供应商来说，需要面临更多竞争，在茫茫“商海”中要想获得关注的可能性微乎其微。 4. 发展速度放缓。
机会（O）	SO 战略	WO 战略
1. 由于海外的资本市场拥有成熟的金融体系、健全的法制以及完善的监管制度，因此能够通过便捷的程序迅速融资，实现在境外短时间上市。 2. 阿里巴巴在境外上市，能够学到国外的先进技术和管理经验，从而达到持续提高自身技术和管理水平的目标；由于国外资本市场具有健全的监管体系，对信息的披露标准、要求	房地产互联网金融领域的巨大潜力，将带来丰富的想象空间，而绿地香港在竞争中的优势是很强的定价和风险识别能力，全面推广地产宝。阿里巴巴发挥其优势，抓住机遇将自己的产品打入国际市场，提升其企业国际影响力和品牌知名度。	抓住机遇，转化其劣势，建立健全完善的公司治理结构，发挥阿里巴巴的良好运作模式。加上绿地在房地产上的龙头作用，做好地产宝的推广以满足境外上市相关规定的要求，并赢得国际投资者的信赖。

续表

较高，这能够迫使阿里巴巴不断完善自身的公司治理结构与内控方面的制度。 3. 在境外上市能大幅提高企业的知名度，并产生广告效应。有利于阿里巴巴将自身及产品打进国际大市场，赢得国际市场及顾客的认同，进而提高投资者对中国企业投资的信心，创造企业再融资的条件；有利于打造中国创造，并通过占有市场、产品竞争和服务的创新，不断提高自身的国际影响力、市场竞争力和产品知名度，从而在境外不断吸引优秀的人才加入，为企业的持续发展提供人力资源保障。		
威胁（T）	ST 战略	WT 战略
1. 在美国发行股票的融资成本占总融资成本的 3%～18%，而上市后的管理成本、年费审计以及其他费用，境外往往高于境内。 2. 政府可能的干预：阿里巴巴的很多信息可能被中国视为国家机密，让美国监管机构获得这些信息并不是中国所希望看到的。 3. 阿里巴巴的竞争对手已经拥有比较成熟的体系，其现有优势是阿里巴巴不得不面对的威胁。 4. 业务模式压力巨大。 5. 最近崛起的金银岛模式，不仅仅解决了从资金到货物的交易安全问题，同时也有效地控制了企业营销的“灰色地带”，这一点是阿里巴巴的空白，是潜在的威胁之一。	发挥其优势，回避威胁境外上市的风险与收益，选择合适的融资模式。	减少劣势，回避威胁，与交易所协调，尽量以符合当地的上市习惯和要求的方式上市。金融是房地产公司转型的重要风口，房地产涉足金融将是大势所趋。房地产互联网金融在绿地香港的业务版图中将占据越来越重要的战略地位。

注：根据网络资料整理。

评析：表 4－5 中的阿里巴巴 SWOT 分析，将本企业内部与外部优势、劣势、机会和威胁进行了综合分析，提出了 SO 战略、ST 战略、WO 战略和 WT 战略，为今后企业发展指明了方向。可见，SWOT 综合分析在策划中的作用。

四、波特五种力量分析法

迈克尔·波特（Michael Porter）于 20 世纪 80 年代初提出有五种力量对企业战略制定产生深远影响，这五种力量分别是供应商的讨价还价力量、购买者的讨价还价力量、潜在竞争者进入的威胁力量、替代品或服务的威胁力量、行业内竞争者现在的竞争力量，人们称这五种力量为波特五种力量分析模型，又称波特竞争力模型。这种分析被广泛应用于行业竞争结构分析和竞争战略分析，可以有效地分析客户的竞争环境。

波特五种力量模型将大量不同的因素汇集在一个简单的模型中，以此分析一个行业的基本竞争态势。这五种基本竞争力量的状况及综合强度，决定着行业的竞争激烈程度，从而决定着行业中最终的获利潜力以及资本向本行业的流向程度，这一切决定了企业最终的收益能力。当然，一种可行战略的提出首先应该包括确认并评价这五种力量。不同力量的特性和重要性因行业和公司的不同而变化，波特五种力量分析模型如图 4-1 所示。

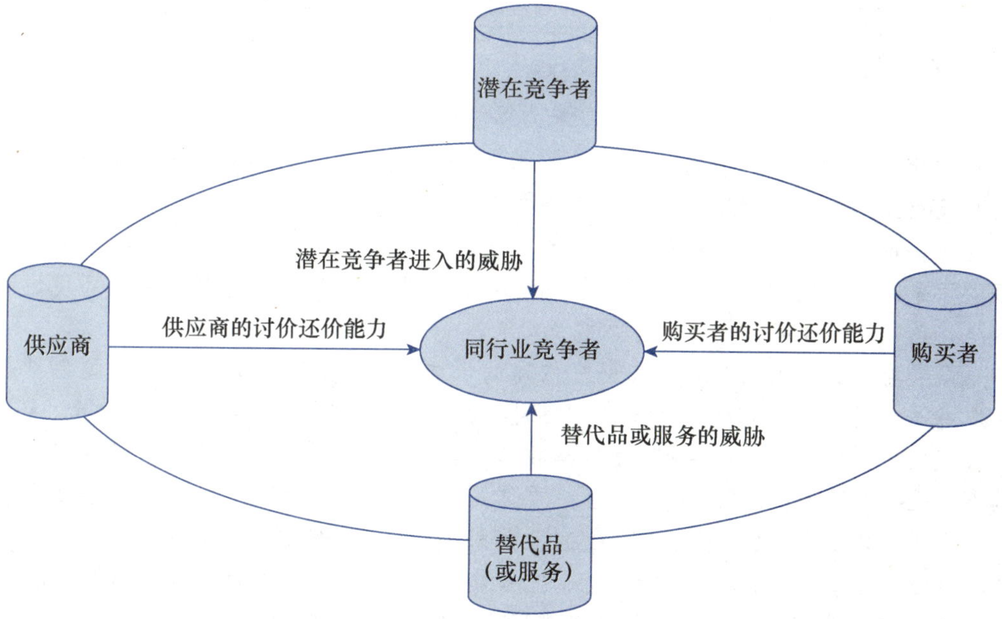

图 4-1　波特五种力量分析模型

根据上面对五种竞争力量的讨论，企业需尽可能地将自身的经营与竞争力量隔绝，努力从自身利益需要出发影响行业竞争规则，采用先占领有利的市场地位再发起进攻性竞争行动等手段来对付这五种竞争力量，以增强自己的市场地位与竞争实力。

对五种力量的具体分析如表 4-6 所示。

表 4-6　波特五种力量分析

五种力量分类	主要分析内容
供应商	稳固的市场地位、市场竞争程度、产品市场占有率、行业集中化和标准化程度、产品成本高低、产品质量、产品品牌效应、服务程度、替代品难易程度、产品特色、产品转换程度高低、整合供应能力、前向联合或一体化能力等

续表

五种力量分类	主要分析内容
购买者	购买数量、规模与程度、购买渠道、产品标准化程度、产品价格、服务程度、替代品难易程度、产品成本高低、后向一体化能力等
潜在竞争者	新科技、新能源、新材料、准入机制；规模经济、产品特质、资本转换、产品复制难易程度、转换成本高低、渠道变革难易、政府行为与政策、成本优劣势、自然资源、地理环境等；差异化竞争、报复记录、不动产规模、行业增长率等；竞争潜在利益、竞争代价与竞争风险、竞争报复程度等
替代品（或服务）	价格高低、获利潜力、产品特色、竞争强度、转换成本高低、用户接受程度、替代品销售增长率、生产能力、经营策略等
同行业竞争者	价格、质量、造型、服务、担保、广告、销售网络、创新等；市场准入程度低、市场成熟度；产品需求度、促销方式、用户转换成本很低；退出障碍较高、竞争者对竞争认识度、政府和社会的各种限制等

❖案例链接

用波特五力模型分析各类众创空间

2018年1月科技部披露，2017年年底，全国共有各类众创空间5 500余家，全国科技企业孵化器数量超过4 000家。

现在越来越多的初创企业与小微企业选择在众创空间创业或办公。面对激烈的市场竞争，某众创空间想要制定竞争战略，运用“五力模型”对它的竞争环境进行分析，为制定竞争战略提供理论依据。

众创空间，是创新2.0时代用户构建的低成本、便利化、开放式的新型创业公共服务平台的统称，亦称作联合办公空间、创客空间、孵化器等。

我们研究对象的主要供应商是场地供应商，房地产开发商、商业地产业主、地方政府是主要的提供者。它们的主要客户群体是小微企业与初创企业。这个行业的门槛相对来说不是很高。小微企业与初创企业如果不入驻众创空间，也许有其他一些场所进行创业，比如一些创业者一开始也会把咖啡馆（如星巴克）作为他们的“办公室”。

如何把众创空间的竞争因素分析清楚、找准定位、制订适合的战略计划，是本文的主要任务。

以下运用波特五力模型对众创空间的竞争环境进行分析。

1. 直接竞争对手的竞争力量

众创空间现有的直接竞争对手：在全国共有各类众创空间5 500余家，全国科技企业孵化器数量超过4 000家。而且随着Fab Lab、Makerspace等概念引入中国，更多创客空间开始涌现，如北京创客空间、上海新车间、深圳柴火空间、杭州洋葱胶囊等，大小和背景各不相同。这足以说明竞争对手多，竞争异常激烈。但是各类众创空间所涉及的领域不同，所以只要经过仔细分析，找准自己公司的定位，就可以减少许多竞争的压力。

2. 供应商的议价能力

众创空间的主要供应商是场地供应商，一般是房地产开发商、商业地产业主、地方政府。这些场地的供应商中越是体量大的、品牌响亮的，都是在商业开发的过程中经常拿地的，有较强的议价能力。如果众创空间想要拿到比较廉价的场地，可以找规模相对较小但是诚信度高的供应商合作，可适当降低成本。

3. 购买者的讨价还价能力

众创空间的主要客户群体是小微企业与初创企业，它们有足够多的场地可供挑选，而且讨价还价的机会相对较多。但是另一方面，小微企业因为实力不够，所以购买者的议价能力总体还是弱的，对众创空间的威胁不大。

4. 潜在竞争者的威胁

对众创空间来说，潜在的竞争者包括一些新的想进入众创空间行业的企业，这些企业有诸如国外 Fab Lab、Hackspace、TechShop、Makerspace 等各种类似形式的众创空间，对新成立的众创空间将产生不小的冲击。不过它们会面临众创空间同样的问题，所以总体来说威胁不大。

5. 替代品的威胁

众创空间的替代品，比如一些创业者一开始也会把咖啡馆（如星巴克）作为他们的“办公室”，因为设施和技术条件的限制，竞争优势不大明显，对众创空间影响不大。

综上所述，众创空间要让自己迅速在市场站稳脚跟，需要分析直接竞争者，找准自己的定位，找到好的切入点进入市场。找一些体量相对较小，同时信用良好的供应商合作。

资料来源：冯锋. 波特“五力模型”运用实例.（2019-06-21）[2020-06-17]. https://www.jianshu.com/p/e202f617fe49.

五、鱼骨图分析法

鱼骨图分析法是指对问题产生结果所导致的原因进行因素分析的一种非定量研究方法，又称“因果图”分析法，因其图形像鱼骨，故称鱼骨图。鱼骨图是由日本管理大师石川馨先生提出并发展而来的，故又名石川图。鱼骨图分析法原本用于质量管理，其特点简捷实用，比较直观，因而企业管理和咨询人员进行因果分析时经常采用。鱼骨图的基本结构如图 4-2 所示。

如图 4-2 所示，最右边方框里的问题表明产品不合格或顾客不满意，是分析诊断的表象或分析对象。导致的原因有人员、设备和材料等三方面因素；与之关联还有方式方法和内外部环境因素等，共同促使问题产生。在表象发生的不同层次因素中，“大骨”表示大影响因素，“中骨”次之，“小骨”再次之。大、中、小骨均用箭头由小向大层层依次贯连排列。需要注意的是，绘图时应保证大骨与主骨成 60 度夹角，中骨与主骨平行。

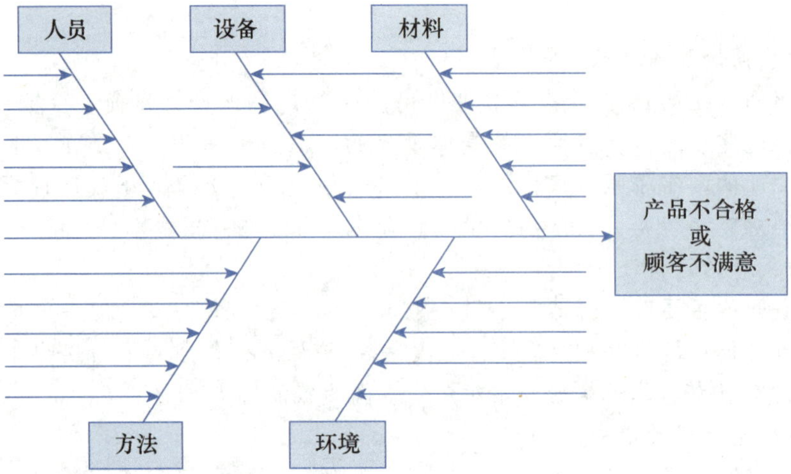

图 4-2　鱼骨图的基本结构

鱼骨图分析方法的步骤如下：

第一步，确立要研究的问题。一般研究问题的定义、范围要界定清楚。

第二步，甄别所有可能的原因（因素）。根据头脑风暴甄别尽可能多而全的所有可能原因，而不仅限于自己能完全掌控或正在执行的内容。

第三步，确立原因及类型。将甄别出的各因素进行整理、分类，并确定隶属关系。

第四步，找出重要因素。比较分析各种原因，找出重要因素。选取重要原因时，不要超过 7 项，且应标识在最末端。仔细核查各要素的描述方法，做到语义明确、简洁。

第五步，绘制鱼骨图。依据因素层次确立鱼头、主骨、中骨和小骨。

第六步，分配原因。将确立的原因层次及其关联性（两种以上因素）依次归类到相应的图表骨上。

第七部，分析根本原因。根据不同问题征求大家的意见，总结出正确的根本原因。在操作上，可拿出任何一个问题，研究为什么会产生这样的问题，针对问题的答案再问为什么。这样至少深入五个层次（连续问五个问题），当深入到第五个层次后，认为无法继续进行时，列出这些问题的原因，而后列出至少 20 个解决方法。

❖案例链接

某炼油厂的鱼骨图分析

以某炼油厂情况作为实例，采用鱼骨图分析法对其市场营销问题进行解析，具体如图 4-3 所示。

图 4-3 中的“鱼头”表示需要解决的问题，即该炼油厂产品在市场中所占份额少。根据现场调查，可以把产生该炼油厂市场营销问题的原因概括为 5 类，即人员、渠道、广告、竞争和其他。在每一类中包括若干造成这些原因的可能因素，如营销人员数量少、销售点少、缺少宣传策略、进口油抢占市场等。将 5 类原因及其相关因素分别以鱼骨分布态势展开，形成鱼骨分析图。

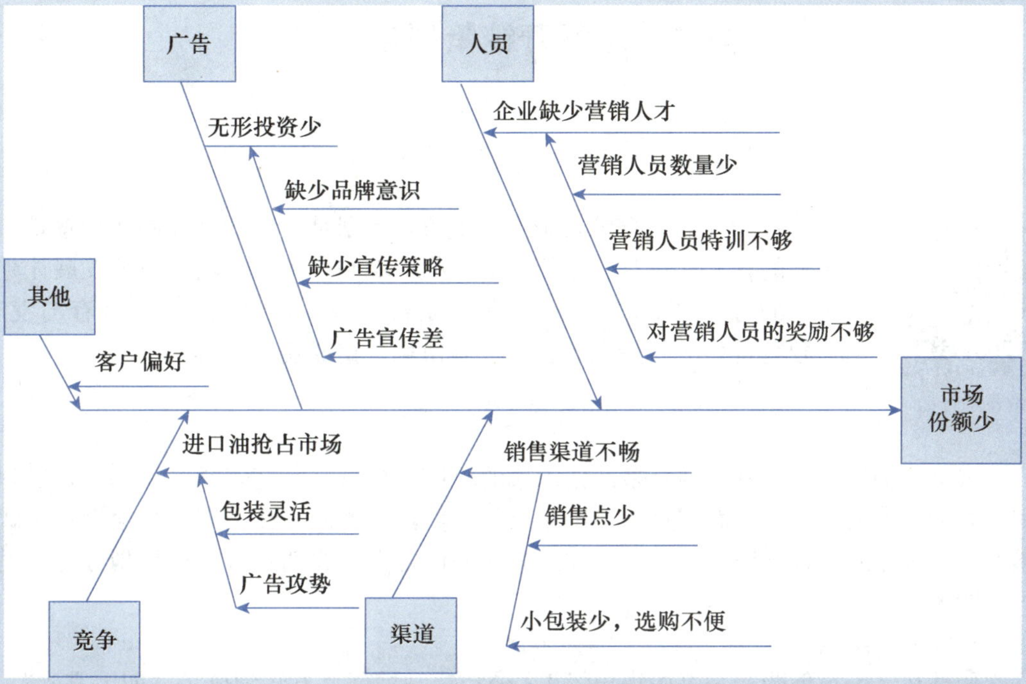

图 4-3　某炼油厂的鱼骨图分析

下一步的工作是找出产生问题的主要原因，为此可以根据现场调查的数据，计算出每种原因或相关因素在产生问题过程中所占的比重，以百分数表示。例如，通过计算发现，“营销人员数量少”在产生问题过程中所占比重为35%，“广告宣传差”为18%，“小包装少，选购不便”为25%，三者在产生问题过程中共占78%的比重，可以被认为是导致该炼油厂产品市场份额少的主要原因。如果我们针对这三大因素提出改进方案，就可以解决整个问题的78%。该案例也反映了二八原则，即根据经验规律，20%的原因往往产生80%的问题。如果由于条件限制，不能100%解决问题，只要抓住占全部原因的20%，就能够取得解决80%问题的成效。

注：根据网络资料整理。

评析：通过鱼骨图分析法，可以清楚地看到，导致该炼油厂产品在市场中所占份额少的主要原因有“营销人员数量少”（比重为35%）、“广告宣传差”（比重为18%）、“小包装少，选购不便”（比重为25%），三者在产生问题过程中共占78%的比重。这三方面的原因为重要原因，这三方面原因解决好了，就能在不久的将来提升炼油厂产品在市场中的所占份额。

除上述五种不同分析方法外，实践中还有5W2H分析法、交叉影响分析法、层次分析法、因素分析法、杜邦分析法、主成分分析法、品牌定位分析法等，限于篇幅，在此不再详述。

任务二　掌握营销策划创意技法

创意是什么

我们知道，营销是企业的生命，策划是营销的灵魂，而创意是营销策划的核心，也是营销策划方案的灵魂和生命。市场经济的发展让越来越多的有识之士认识到营销策划是否成功关系到现代企业生存与发展，而独特奇妙的“策划与创意”是市场营销成功的关键。

一、营销策划创意方法类型

在与世界接轨并以创意和创新来开拓未来的现代社会里，研究营销策划创意，必须了解和掌握创意方法与技巧。而创意是一项复杂的工程，虽然人们在长期的社会策划实践中积累了多种多样的创意方法，但其理论体系尚在探讨之中，故创意方法类型划分是一道难题，只能大致给出一种思路。

（一）LZ 分类法

刘仲林在《美与创造》一书中提出了 LZ 分类法。把创意方法划分为“四大家族”，即联想系列（联想族）方法、类比系列（类比族）方法、组合系列（组合族）方法和臻美系列（臻美族）方法。

（二）WBSA 分类法

在世界商务策划师联合会（WBSA）的知识体系中，把策划创意的通用方法分为十种，即移植法、分解法、组合法、重点法、实证法、伏笔法、回避法、逆向法、背景转移法和捆绑连接法。

针对高等职业院校大学生的特点，按照高等职业院校培养的目标：致力于培养具有必要理论知识和较强实践能力的生产、建设、管理、服务第一线的高级应用型技术人才和高技能人才。本书认为 WBSA 分类法更适合目前高等职业院校大学生学习。

在实际策划活动中，无论如何分类，各种方法在内容上彼此渗透，重叠交叉，又自成体系。

❖小思考

策划思维训练方法有哪些?

策划思维方法较多，但一般有如下方法：

1. 脑力激荡法。脑力激荡法是最为人所熟悉的创意思维策略，该方法是由奥斯朋（Alex F. Osborn）于 1937 年所提出的，此法强调集体思考，着重于互相激发思考，鼓励参加者在指定时间内构想出大量的意念，并从中引发新颖的构思。脑力激荡法虽然主要以团体方式进行，但也可在个人思考问题和探索解决方法时，运用此法激发思考。该法的基本原理是：只专心提出构想而不加以评价；不局限思考的空间，鼓励想出更多的主意。

此后的改良式脑力激荡法是指运用脑力激荡法的精神或原则，在团体中激发参加者的创意。

2. 三三两两讨论法。此法可归纳为每两人或三人自由成组，在三分钟中限时内，就讨论的主题互相交流意见及分享。三分钟后，再回到团体中做汇报。

3. 六六讨论法。六六讨论法是以脑力激荡法作基础的团体式讨论法，该方法是将大团体分为六人一组，只进行六分钟的小组讨论，每人一分钟，然后再回到大团体中分享及做最终的评估。

4. 心智图法。心智图法是一种刺激思维及帮助整合思想与信息的思考方法，也可说是一种观念图像化的思考策略。此法主要采用图志式的概念，以线条、图形、符号、颜色、文字、数字等各样方式，将意念和信息快速地以上述各种方式摘要下来，成为一幅心智图。其结构上，具备开放性及系统性的特点，让使用者能自由地激发扩散性思维，发挥联想力，又能有层次地将各类想法组织起来，以刺激大脑做出各方面的反应，从而得以发挥全脑思考的多元化功能。

5. 曼陀罗法。曼陀罗法是一种有助于扩散性思维的思考策略。其利用一幅像九宫格的图，将主题写在中央，然后把由主题所引发的各种想法或联想写在其余的八个圈内，此法也可配合“六何法”从多方面进行思考。

6. 逆向思考法。逆向思考法是可获得创造性构想的一种思考方法，此技法又可分为七类，如能充分加以运用，创造性就可加倍提高。

7. 分合法。分合法是由戈登（W. J. Gordon）于1961年在《分合法：创造能力的发展》一书中指出的一套团体问题解决的方法。此法主要是将原不相同亦无关联的元素加以整合，产生新的意念或者面貌。分合法利用模拟与隐喻的作用，协助思考者分析问题以产生各种不同的观点。

8. 属性列举法。这是由克劳福德（Robert Crawford）于1954年提倡的一种著名的创意思维策略。此法强调使用者在创造的过程中观察和分析事物或问题的特性或属性，然后针对每项特性提出改良或改变的构想。

9. 希望点列举法。这是一种不断提出“希望”“怎样才能更好”等理想和愿望，进而探求解决问题和改善对策的技法。

10. 优点列举法。这是一种逐一列出事物优点的方法，进而探求解决问题和改善对策。

11. 缺点列举法。这是一种不断针对一项事物，检讨此一事物的各种缺点及缺漏，并进而探求解决问题和改善对策的技法。

12. 检核表法。检核表法是在考虑某一个问题时，先制成一览表，对每项检核方向逐一进行检查，以避免有所遗漏。此法可用来训练员工，促其思考周密，并有助于构想出新的意念。

13. 七何检讨法。七何检讨法（5W2H 检讨法）是“六何检讨法”的延伸，此法的优点是提示讨论者从不同的层面去思考和解决问题。所谓 5W，是指为何（Why）、何事（What）、何人（Who）、何时（When）、何地（Where）；2H 指如何（How）、何价（How Much）。

14. 目录法。比较正统的名称是“强制关联法”，指在考虑解决某一个问题时，一边翻阅资料性的目录，一边强迫性地把在眼前出现的信息和正在思考的主题联系起来，从中得到构想。

15. 创意解难法。美国学者于 1967 年提出创意解难的教学模式，它发展自奥斯朋所倡导的脑力激荡法及其他思考策略。此模式提倡在解决问题的过程中，问题解决者应以有系统、有步骤的方法，找出解决问题的方案。

注：根据网络资料整理。

二、营销策划常用的创意方法

（一）移植法

移植法是将某个学科、领域中的原理、功能、结构、技术、方法、成功经验等，策划应用或渗透到其他学科、领域中，为解决某一新问题提供启迪、帮助的创新思维的一种创意方法。它也是现有成果在新情境下的延伸、拓展和再创造的策划。

移植法的原理是各种理论和技术互相之间的转移，此方法对营销策划活动有借鉴作用。在市场经济活动中，许多成熟产业的成功理念、方法等应用于新的产业设计思路和创造之中，实际上就是采用了移植法的创意方法。国内外许多成功策划案例，在创意本质上有趋同性，证实在策划领域策划人在策划项目过程中可更深、更高层面地广泛运用移植法。

在实际策划过程中，移植法的应用思路可遵守移植法的自身法则，概括起来讲，移植法的种类主要有以下几种：

1. 原理移植法

它是把某一学科领域中的科学原理应用于解决其他学科领域中的问题的移植方法。例如，电子语音合成技术成果最初用在电子贺年卡上，后来又把它移植到汽车的倒车警示提醒器上，现在儿童玩具设计策划者又把移植到了玩具上，让玩具模仿各种语音，使玩具能够哭、笑、说、唱歌、奏音乐等。

2. 技术移植法

它是把某一领域中行之有效的技术运用于解决其他领域中的问题，以创造新的技术产物的移植方法。例如，电影放映技术原理发明后，很多人从事电影放映设备的结构设计工作。到 1894 年，电影放映机的结构中只有一个技术难题没有解决，即如何使胶片走一步、停一步，实现间歇运动。一对法国兄弟对这个问题进行了长时间的研究，但没有结果。一次，兄弟俩工作到深夜，休息时无意中摆弄身边的缝纫机，注意到缝纫机工作中布料在送布牙的驱动下走一步、停一步。他们立即对缝纫机送布牙的运动技术原理进行分析，受到启发，终于解决了电影放映机设计中的最后一个技术难题。

❖案例链接

一座国际一流的高科技主题公园——安徽芜湖方特

芜湖方特包含芜湖方特一期（芜湖方特欢乐世界）和芜湖方特二期（芜湖方特梦幻王国）两个景点。

芜湖方特欢乐世界

芜湖方特欢乐世界坐落于安徽省芜湖市芜湖长江大桥开发区，是中国目前规模最大的第四代主题公园之一，总面积约 125 万平方米，其中陆地面积约 53 万平方米，水面面积约 72 万平方米，由深圳华强集团投资兴建，总投资超过 15 亿元人民币，属于芜湖华强旅游城的一部分。方特欢乐世界采用当今最先进的理念和技术精心打造，堪称“国际一流”。

芜湖方特欢乐世界是通过多种现代高科技手段和艺术的完美结合缔造出的一个充满激情和惊喜的梦幻乐园。公园由阳光广场、渔人码头、方特欢乐大道、太空世界、神秘河谷、维苏威火山、精灵山谷、失落帝国、西部传奇、恐龙半岛、海螺湾、嘟噜嘟吡农庄、儿童王国、水世界、火流星等主题项目区组成。其中，阳光广场、方特欢乐大道、渔人码头是全开放式区域，游客可以自由出入。芜湖方特欢乐世界中的主题项目、游乐项目、休闲及景观项目共 300 多个。公园的内容涵盖现代科技、未来科技、科学幻想、神话传说、历史文化、综合表演、儿童游乐等多个方面，形式新颖，内容丰富，满足不同年龄层游客的需要。

芜湖方特梦幻王国

芜湖方特梦幻王国坐落于安徽省芜湖市城东新区，占地 70 万平方米，总投资 18 亿元人民币，是继方特欢乐世界之后深圳华强集团在芜湖兴建的又一个现代综合性主题公园。方特梦幻王国、方特欢乐世界如长三角文化旅游版图上璀璨的双子星座，交相辉映，各抒魅力，绚丽迷人，让游客踏入东方梦幻乐园，体验世界科幻神奇。

芜湖方特梦幻王国采用高科技演绎特色主题，将动漫卡通、电影特技等国际时尚娱乐元素和中国传统文化符号精妙融合，创造充满幻想和创意的神奇天地。公园还拥有 24 米×22 米的全亚洲最大的 3D 屏幕、能容纳 1 620 人的巨大室内剧场。公园由魔法城堡、水漫金山、生命之光、猴王、古文明之光、秦陵历险、未来警察、盘丝洞、卡通城堡、欢乐天地、方特乐园等 10 多个项目区组成，包含主题项目、游乐项目、休闲及景观项目 200 余项。其中有超大型室内游历探险项目——秦陵历险，跟踪式立体魔幻表演项目——魔法城堡，国内首创动感射击游戏项目——嘟比历险等。其中国际顶尖的高科技水灾难体验项目——水漫金山，奇迹般地再现了洪水滔滔的宏大场景；大型原创舞台剧——《猴王》魔幻般地创造了一种新颖奇特的娱乐视野；现代大型主题环境剧场——盘丝洞亦真亦幻，讲述既熟悉却不一样的西游故事；生命之光和古文明之光分别带人寻找生命进化和文明发展的神秘代码；未来警察以同名电影为故事背景，让人身临其境地感受未来世界里惊险刺激的高科技战争场面；大摆锤、波浪翻滚、海盗船、转转杯、探空飞梭、极速飞车……精彩纷呈，让人畅游云霄、体验极限欢快。

这里是充满神奇幻想的探险之旅，是挑战自我的巅峰释放，是对美好未来的憧憬，它将历史与未来交汇，现实与梦幻重叠。

注：根据网络资料整理。

评析："芜湖方特"是一座国际一流的高科技主题公园，它以高科技为核心表现特色主题，将动漫卡通、电影特技等国际时尚娱乐元素和中国传统文化符号大融合，是创造充满幻想和创意的神奇天地。

3. 方法移植法

它是把某一学科、领域中的方法应用于解决其他学科、领域中的问题的移植方法。例如人们将电视机上的拉杆天线"移植"到日常使用的圆珠笔上，使之成为可伸缩的"教棒"圆珠笔，再将它"移植"到鞋跟上，可设计成后跟高低可调的新式鞋，从而满足了众多消费者的新需求。

4. 结构移植法

它是将某种事物的结构形式或结构特征，部分地或整体地运用于另外的某种产品的设计与制造中的移植方法。例如，1893 年芝加哥博览会上首次展示了吉特逊创造发明的用于鞋上的拉链，人们利用其结构原理，后来将拉链结构移植到服装上、钱包上，并将其移植到医院手术中，出现了医用的手术线变革。"手术拉链"比传统针线缝合快 10 倍，且不需要拆线，大大减轻了患者的痛苦。

5. 功能移植法

它是设法使某一事物的某种功能也为另一事物所具有而解决某个问题的移植方法。例如，人们将面团经过发酵放入烤箱后，面团内部产生大量气体，使体积膨胀，变成松软可口的面包。这种可使物体体积增大、重量减轻的发酵方法，移植到塑料生产中，便发明了价廉物美的泡沫塑料。这种塑料质地轻，防震性能好，可以作为易碎或贵重物品的包装材料，也可用来制作救生衣等。发酵功能方法移植到金属材料上，使德国制造出了泡沫金属，可以充填工艺构件中的空隙，还可以悬浮在水面上，市场开发价值大大提高。

6. 材料移植法

它是将材料转用到新的载体上，以产生新的成果的移植方法。例如，医学上将高级材料碳化陶瓷移植到人的骨骼结构中，改变其易断裂性；将蛋白质复合体注入肌肉组织，以提高肌肉密度，并降低乳糖分解酶的恢复时间；将含有人体生长荷尔蒙催化物的铂金小球植入甲状腺，以促使骨骼和肌肉组织的生长等。

❖小思考

使用移植法的关键问题是什么？

“相似”是移植法的关键思考问题，策划者须努力联想，发现事物之间的相似性，切入解决问题的思路。在使用移植法的过程中，关键是要对移植来源进行决策点分解，进而形成可复制的决策环系。主要的修炼要领是经常用打比方的方法来说明问题。

现在，科学原理和技术方法之间的交融和渗透越来越强烈，对于策划者来说，要正确理解这种趋势的意义，善于抓住机会。同时，也应该认识到，进行广泛的科学技术移植既不可避免，也是非常必要的。在营销策划活动中，运用移植法的最大障碍是策划人员有时不能够理解其他领域内的新发现对于自己策划工作的积极意义。因此，为了在策划活动中能够成功地运用移植法，要求策划人员掌握其他科学领域的发展情况，尤其是邻近学科的基本原理和技术上的重大进展。为了达到这个目的，最有效的办法就是经常阅读其他学科的文献综述，或者参加一些其他学科领域的学术报告会。这样，可以使人开阔眼界，增长知识。

（二）分解法

分解法是指将一个复杂的相互关联、相互作用的整体事项，分解成若干个子事项，再对每一个子事项进行策划研究，从而达到易于分析、便于实施活动目的的一种创意方法。

分解法实质上是一种化整为零的方法，便于对事物整体的研究、认识、判断和掌握。策划工作者研究分解法就是为了策划工作顺利操作，实现策划目标。分解法可以使策划事项从多阶段、多角度产生策划创意灵感。因此，策划项目分解越细致、越周密，往往给策划人员带来更多的策划机遇，细节决定成败就是这个道理。

例如，在世界第 23 届奥运会的策划中，尤伯罗斯将奥运会从内容到过程进行分解，产生了上百个盈利点，“一个人办奥运会”这种天方夜谭神话变为现实，并且赚到了 2.5 亿美元，扭转了前几届举办奥运会亏损的局面。

❖小思考

分解法是根据什么原理来分析研究的？

系统学认为，系统是由一系列相互关联、相互作用的要素组成的集合。在外部价格、交易成本最优化的前提下，企业自身的组织架构和经营活动必然是有机的系统，所以企业竞争情报研究中的核心数据也是由系统中的各项要素构成的。黑箱理论认为，系统的各个要素具体构成情况及运作机制并不是清晰地呈现出来，可以通过研究系统的输入和输出情况，建立与研究对象假定相似的模型，从而达到认识黑箱的目的。分解法就是根据系统论和黑箱理论来进行企业活动研究的方法，该方法在竞争情报研究中有着广泛的应用。

实践中，分解法有总分解法和关联分解法两种。

1. 总分解法

它是指直接把事项拆分成若干个子事项，对每个子事项逐项分析研究，从而达到认识整体事物目的的方法。

❖案例链接

中国式精益管理——三九控制法

广东欧博企业管理研究所所长、中小企业研究专家曾伟教授在10年的时间里，带领200多名咨询师深入走访、调研、辅导了长三角及珠三角超过300家制造型企业，与10 000名工厂管理人员深入沟通，在大量调研数据和个案研究的基础上，总结出一套中小制造型企业管理问题整体解决方案——三九控制法。三九控制法是针对中小企业生产管理中常见的九大管理问题，根据九大控制原理，提出的九大控制方法（三九）。三九控制法共有9种方法，其中6种方法管事，3种方法管人。

一、九条控制原理及对应的九种控制方法

1. 控事之法（6种）

（1）控制原理1——约束出效率。

对应的控制方法1——限制选择法。

控制要点：人们不是不知道应该怎么做，而是面临多种选择时，总是选对自己有利的。限制选择法让人的随意性和粗放性得到有效控制。

思考：为什么管理越差的企业，人们的自我感觉越好？

（2）控制原理2——纵向管人，横向管事。

对应的控制方法2——横向控制法。

控制要点：自我管理容易自我放纵，领导管理容易粗而不细，利用横向控制法，使做管分离，相互制约，细节到位。

思考：为什么领导越来越多，待遇越来越高，管理却越来越差？为什么那么多“好”员工却整天“坏”你的事？

（3）控制原理3——控制必需三要素：标准、制约、责任。

对应的控制方法3——三要素法。

控制要点：有效的管理动作由三个要素构成，管理动作缺三要素的任何一个就成为假动作。三要素法让每一次控制都有始有终，使事情的管控没有漏洞。

思考：为什么有制度，有人管，也有奖罚，可还是没有效果？

（4）控制原理4——单位化小，控制更好。

对应的控制方法4——化整为零法。

控制要点：把整体化为细节，把责任进行分解，让每个人的工作都化成可以做到并且受到控制的小事，整体业绩自然大为改观。

思考：为什么重赏之下没有勇夫？重激励为什么没有好结果呢？

(5) 控制原理5——控制是条链，环环要相连。

对应的控制方法5——数据流动法。

控制要点：业绩要靠数据说话，数据要靠表单产生，表单要能循环流动，这才是控制的关键点。

思考：为什么表单不少，就是没用？为什么考核一搞，员工就跑？

2. 变革之法（1种）

控制原理6——先有形式，后有内容。

对应的控制方法6——双螺旋法。

控制要点：管理需要条件，条件来自哪里？学会降低标准，坚持形式主义，才能破解变革的难题。

思考：为什么优秀的管理者都指责企业没有为他们创造工作的条件？真有这些条件，企业还请他们干吗？

3. 控人之法（3种）

(1) 控制原理7——管理源于认同，认同源于接受。

对应的控制方法7——案例分析法（守弱法）。

控制要点：懂得管人与管事的本质区别，了解管人的核心在于管好自己，通过案例分析法学会管好自己的法宝——守弱法。

思考：为什么擅长管人的人往往管不好事？为什么能管好事的人却不擅长与人打交道？

(2) 控制原理8——新人出自新关系，责任感出自身份感。

对应的控制方法8——主题活动法（聚焦法）。

控制要点：行政式管理必然造成人的边缘化。学会12种主题活动，提升人的身份感，增强企业凝聚力。

思考：为什么那么多的人没有责任感？

(3) 控制原理9——万法皆空，因果不空。

对应的控制方法9——明心见性法（种因法）。

控制要点：学会从“因”上思考问题，逐步掌握渐进累积式的企业管理改善之法。

思考：为什么能用的招都试过了，管理就是变不了，人心就是控不住？

二、九大控制步骤

步骤一，原有运作描述。（主题活动法）

步骤二，原有运作失控点分析。（限制选择法、横向控制法、三要素法）

步骤三，新控制点的设计。（限制选择法、横向控制法、三要素法、化整为零法、数据流动法）

步骤四，讨论修正。（案例分析法、主题活动法）

步骤五，新运作方式的详细描述。

步骤六，充分讨论，初步定稿。（案例分析法、主题活动法）

步骤七，培训、考试。（主题活动法、种因法）

步骤八，试运行。（双螺旋法、主题活动法、种因法）

步骤九，修改、定稿、制度化。（种因法）

注：根据网络资料整理。

评析：曾伟教授长达10年的研究表明，中国企业的管理有别于国外。这种分解法将管理控制人和事区别开来，再将管理控制事分为6种，管理控制人分为3种，科学合理。

2. 关联分解法

它是按照事项之间的逻辑递进关系，逐次分析研究并获得各子事项信息情况，最后总结得出整体事项信息结果。

❖案例链接

企业价值链构成要素

广义的价值链包含厂家从开始生产到进入流通渠道售出产品的整个过程。分析产品在生产环节、渠道流转环节的增值情况，则可以全面了解生产和流通过程中各环节的利益分配情况。产品未进入终端流通领域前，价值构成主要包含以下四大要素：原材料成本、制造成本、期间费用、厂家利润；产品进入终端流通领域后，代理商的利润也成为价值链中的一环，如表4-7所示。

表4-7　价值链构成要素

产品进入流通渠道前	产品进入流通渠道后
原材料成本	厂家给代理商价格
制造成本	代理商利润
期间费用	代理商给终端价格
厂家利润	—
厂家给代理商价格	—

由于价值链的各个环节层层增值，在竞争情报的价值链研究中，就可以采用指标分解的渐进法进行分析。

评析：从表4-7可以看出，产品从生产到流通整个过程有许多关联性要素，这些要素之间又有许多关联性，且从生产到流通是递进性的。所以在分析企业产品价值链构成要素时，可采取关联分解法来进行。

需要注意的问题是，分解法在实际运用中，要求策划人善于获取和掌握新鲜的信息，不轻易排除各种可能性，尽可能多地寻求细化与精密。

（三）组合法

组合法是将两个或两个以上已有的技术原理或不同的形态结构，通过巧妙地结合或重组策划，以获得具有统一的整体功能的新技术、新产品的创造发明的一种创意方法。

组合法具有普遍性，是策划活动中最常用的创意方法之一，其组合的奇巧效果常常让人意想不到。据统计，在现代技术开发中，组合型成果占全部发明的60%～70%，甚至更多。例如，随身听是耳机与收音机的组合；学生校园“一卡通”将学生在校园内所有经费支出汇集于一卡中；人们把纪念红色革命根据地与旅游组合在一起成为红色旅游；人们把旅游、购物、休闲、饮食等组合在一起称“旅游购物节”；尼龙与紧身短衬裤结合产生了连裤袜；沃尔特·迪士尼把米老鼠与旅游结合起来，创立了迪士尼乐园等，可以想象，只要策划人员有心、用心去组合，以一个事物为中心（焦点），联想其他关联事物并与之组合，就有新的创意产生。现代社会无数新的发明创造层出不穷就是证明，这也是社会的进步、科技进步、人类幸福指数提升的象征。

在速度制胜的新时代，企业业务与市场策划往往是组合出来的，关键是如何探寻和营造消费者需求欲望，寻找新的市场卖点。在创意遍地开花的今天，模仿与竞争更是防不胜防，企业单一的优势或特色已经难以支撑市场竞争，只有将多种优势或特色巧妙构思精心组合，创意新的产品和市场，形成核心竞争力，才能确保市场收益最大化。

组合法作为常用的一种策划思路与方法，能够产生快速、强大的辐射效应，但早期投入比较大，没有足够的实力以及高素质执行能力的团队，不可轻举妄动。

❖小思考

列举日常生活中见到的组合事项

日常生活中的组合事项较多，如餐桌上的水果拼盘；酒店里的菜谱；高压炸熟的鸡和一种特殊的调料相结合成为我们的肯德基炸鸡；人与狗、猴等动物组合的杂技表演；自宋朝以来将湖笔（浙江省湖州）、徽墨（安徽省徽州）、宣纸（安徽省宣州）、端砚（广东省肇庆，古称端州）组成“文房四宝”等。

历史上所有伟大的想法和发明很明显有一个共同点：都来自人类的大脑。就像大脑有不可思议的储存信息的能力一样，它也有一个相应的以新的方式策划重组信息的能力：策划创造新的思想。

（四）重点法

“重点法”是指从策划事项影响的多要素中，寻找、确定具有带动作用的关键性要素，从关键性要素着手突破，以最小的投入，解决整体问题的一种创意方法。

按照唯物辩证法的观点，矛盾时时处处存在，那么，我们在解决实际问题时就不能事事过问，而且这也不可能办到，因为客观条件不允许我们这样做，更何况解决问题要受到诸多因素的限制和约束，这就需要策划人员运用重点法来解决客观实际问题。

重点方法是策划人员在策划工作过程中常用的方法之一，其善于在复杂事物的影响因素中慧眼识别关键要因。因为在事物发展的进程中，虽然有许多影响因素，但还是有轻重、主次之分，其影响程度是不一样的，策划人员只有正视复杂的策划问题和策划对象，努力探寻关键点要因，从关键点切入，抓住重点，掌握策划主动权，将策划事项的范围缩小，使策划对象明了简单化，将关键点先突破，使之产生良好效应，进而将效应传递给整个原策划事项，达到整体策划效益最大化。例如，人们熟悉的著名国内策划专家王志纲先生策划的“碧桂园”房地产项目，就是采用重点法来启发策划思路，先将北京知名景山学校分校引入“碧桂园”入驻，从而根本上解决了业主的子女入学难问题，这种以教育问题作为重点突破口而拉动房地产楼宇热销的策划在当时产生轰动效应，一时在房地产策划领域成为热点新闻。

❖小思考

重点法的“诉求点”是什么？

依照“USP——独特的销售主张”观点，重点法的诉求点是：（1）策划对象的特殊功效和利益显现；（2）策划的特殊性难于复制和拷贝；（3）策划主张遒劲有力，有强大的磁场吸引力。

重点法揭示了策划思维的“聚焦”特性。思想的范围可以无边无际，而策划行动力量必须集中于有限的关键点。关键点找准了，充分利用关键点要素与其他要素的关联度、关联线索来带动其他要素，反复思考“关键”与“带动”，重点就自然而然地凸显出来，策划就能达到事半功倍的效果。

应该注意的问题是：策划人员使用重点法时要具有坚定性，立场坚定不动摇，“咬定青山不放松”。重点问题是解决全部问题的前提，观点不能变，防止气馁，半途而废。同时，在强调坚定重点观点的时候，还要注意灵活性，也就是说，重点不是永远的、一成不变的，在策划环境发生变化时，重点可能位移、错位，即原来的重点已不是重点了，原来不是重点的变成了重点。所以，要密切注意重点的位置变化，出现重点位置变化时，作用点也应随机应变。

❖案例链接

洛克菲勒向联合国送地

在20世纪40年代，洛克菲勒在纽约市郊买了一大片荒地，按常规地产开发惯例，此地可建设一个独立的小区，可以是住宅，可以是办公区，可以是商业区，也可以是综合化社区。但无论如何规划，这么一大片地全面投资启动，将需要巨额资金，工期必然是漫长的，且由于不在黄金地段，不会卖出好价格，所以当时许多人认为这将是个投资败笔，至少不是个好项目。

此时，洛克菲勒已投入了巨额资金，取得了这片土地的独家开发权。

也正是在此时，联合国在美国宣告成立，但一直没有一个气派的、有规模的、有档次的总部办公大楼。洛克菲勒得知后，对联合国的情况进行了全方位的调查，结论是联合国将不同于其他世界性组织，它将成为处理国际性实质问题的权威机构，它的决策将涉及全世界每个国家的利益，为此各国都将会不计代价地来争取在联合国的利益，所以，联合国总部所在地也必然是各国外交战的重要阵地，各国都会就近安营扎寨，派代表参与联合国事务。

尽管当时联合国还处于艰难维持的初期，但未来趋势必然如此。做出这个判断之后，洛克菲勒从他那片土地之中，分割出价值 3 800 万美元的一小片，以 1 美元的价格“出售”给了联合国，这对于尚无安身之地的联合国来说是雪中送炭，于是联合国决定在洛克菲勒的土地上安营扎寨。

不久，第二次世界大战结束后新的世界格局形成，获胜的大国们开始经营联合国，联合国的作用迅速显化，各国纷纷去争取在联合国的利益，许多建筑商、宾馆发展商等也都看准了关联联合国的商业价值，于是洛克菲勒以联合国作为王牌，以“外交”作为功能定位，规划了这片土地，土地迅速增值，获利无法计数，且名利双收。这个投资效果竟然是用 3 800 万美元换来的。洛克菲勒用 3 800 万美元买不下联合国，但他买下了联合国的影响，在利益上实现了地产价值的突破，使该地产先行获得了全世界绝无仅有的商业定位，一点突破带动整个地城增值。

评析：利益性切入与信息性切入往往是联系在一起的，洛克菲勒“用 3 800 万美元买下了联合国的影响”就是说，他实际上是花 3 800 万美元向全球发出了一个信息：这里是国际外交的高地。

（五）实证法

实证法的表现技巧

实证法是指通过策划事件的真实表现来传递信息，激发观众的欲望，说服观众接受事件现实功效的一种创意方法。

实证法多用于市场营销策划领域，即用实际的、让观众看得见、摸得着的功能效果来证实产品的优越性。实证法易被观众理解，只要实际展现与观众感受相同，就能发挥显著性、戏剧性的效果。值得注意的是，实际运用实证法的过程，并非容易操作、效果显著，甚至可能适得其反，弄巧成拙，以失败而告终。

在市场经济竞争激烈和信息经济高度发展的今天，吸引市场注意力是价值实现的总前提。人们在市场买卖活动中，少不了吆三喝四，吸引消费者眼球，引起消费者注意力，以达到宣传效果，但是事实于雄辩，用事实说话更容易取得消费者的信任。因而，企业可用实证法来策划市场营销活动，通过“求实”活动，引导客户“求是”，“眼见为实”不能不说是一剂灵丹妙药。

❖案例链接

岭南地区为何成为西餐在中国最早的登陆地之一?

西餐，在今时今日，是一种普通不过的饮食种类。而在清代末年，西餐是一种

“看不顺眼”的吃法。那么，西餐是怎么传入中国的呢？广州又是凭借什么成为西餐在中国最早的登陆地之一呢？

下面我们来一探究竟！中西餐第一次见面互看不顺眼。

西式餐饮的传入至少可以追溯到清代中前期。当时包括部分与海外联系较多的商人群体，已经或多或少地接触到了西餐。但早期普通国人对这些外来餐饮，抱有相当的不信任，乐于尝试者不多。早期中国人对西餐的看法，在今天看来似乎有些不可思议。如美国人亨特就记载了一位广东人对西餐的印象：“他们坐在餐桌旁，吞食着一种流质。按他们的讲法，叫作苏坡（即 soup，英文‘汤’），接着大嚼鱼肉。这些鱼肉也是生的，生得几乎和活鱼一样。然后，桌子的各个角落都放着一盘盘烧得半生不熟的肉……”。有趣的是，那时期的西方人，对于我们引以为傲的中餐中大量使用的油、盐、姜、蒜等，也难以接受。

这是一段很有意思的记载。随着时间的推移，本地人开始慢慢认识到西餐当中的合理之处，也能逐渐理解它们所体现的烹饪理念。

清咸丰、同治年间，一些在外国餐馆从业过的广州人，因生计所需，在广州街市沿街叫卖牛扒。其中一部分人后来独立开店，经营西餐，对西餐的传播起到了推广作用。

西餐促成了粤菜中的“焗”法

西式餐饮文化对粤菜影响的典型是焗法。焗制应用范围很广，对粤菜的影响也很大，促成了盐焗海螺等菜式的诞生。一些研究者认为，“焗”这个字，最早见于1828年由来华英人马礼逊编写的《广东省土话字汇》等粤方言文献，当时写作“局”，有四种用法：(1) 在焗炉中烘烤（用于制作面包等西餐）；(2) 倒入开水并加盖儿焖（可用火，也可不用火）；(3) 加盖儿利用高温蒸汽焖熟（用火）；(4) 因空气不流通感到憋闷。其共同特点是：在密闭的空间内进行操作。从词源上来说，很可能是英文“cook”的记音字。明代以前广州本土没有面包、焗炉，也无“局”的以上用法。又如很多人喜欢的西米露，起初也是因为西方人喜欢用来作为饭后甜点而传入的。广东人也纷纷效法，并认为能够“益胃和脾，病初起者宜食之”，后纳入广东饮食文化中。

才子袁枚、学者屈大均都在广东吃过西餐

生活在清乾隆、嘉庆年间的才子袁枚就曾经在粤东“杨中丞”家里吃过西洋饼，并在《随园食单》中记载了制作方法，其实就是今天广州街头随处可见的鸡蛋酥。

大学者屈大均也曾在珠江的船上吃过一顿地道的西餐。清中叶，广州已经能吃上正宗西餐，十三行的“碧堂”为用西餐的场所，接待过像山东举人曾七如这样的外来客。我们可以推测，这些名人的评价，会在很大程度上影响社会各界的观感。

“食在广东”的由来

饮食是交流性极强，又兼具鲜明地方特色的矛盾统一体。以国内饮食而论，饮食原料和烹调技艺的交流，自古以来从未间断。

如学者林乃燊言：包子创始于华北，传到华东，繁衍了灌汤包和烧卖；传到岭南，繁衍出叉烧包、莲蓉包、奶黄包、腊肠卷等品种。饺子创始于华北，传到岭南，把粉皮和馅料加以改进，繁衍出美味的鲜虾饺和鱼皮水饺……

广州位于广东乃至岭南地区较为突出的中心地位，为这种融合创造了良好的条件。比如珠江三角洲特别是五邑地区侨乡众多，所以西餐在五邑地区特别盛行，当地很早就有美国菜、墨西哥菜、南洋菜，以及咖啡、面包、奶油、巧克力等西式食品，他们对西方饮食的认同和消费程度一度甚至超过广州。

学者司徒尚纪指出，西餐作为一种异质文化，能在岭南得以融合和推广，其深层根源在于岭南文化开放、多元、兼容、趋时的特色，所以“食在广东”能天下闻名。

资料来源：佚名. 岭南地区为何成为西餐在中国最早的登陆地.（2019-06-08）[2020-06-15]. https://new.qq.com/omn/20190608/20190608A092NH.html.

评析：西餐作为一种异质文化，之所以对粤菜产生影响，是因为西餐当中的合理之处与中国粤菜有近似之处，且有中国才子袁枚、学者屈大均等吃西餐的影响，使人们慢慢认识到也能逐渐理解它们所体现的烹饪理念和品位观念，故岭南地区成为西餐在中国最早的登陆地之一。此案例告诉我们，无论什么产品，只要能够真实传递产品信息，激发消费者的欲望，符合消费者需求，就能被消费者接受，这也是一种运用实证法的创意方法。

这里要格外强调的是，营造“事实”不等于造假，一定要实话实说，更不能隐瞒事实，欺骗消费者，展现给客户的“事实”一定要是善意的，要有客观依据。如果采取虚假的炒作，一旦假象被揭露，会起到相反的效果。

（六）背景转换法

背景转换法就是寻找、融入、发挥外界背景的策划力量，以改观策划对象自身形象、提升自身价值、放大自身力量的一种创意方法。

例如，草船借箭的故事，周瑜故意刁难诸葛亮，要他十天造箭 10 万支，显然这是不可能完成的任务，而诸葛亮却大胆地承诺三天内完成造箭任务。三天时间，怎样造箭？在这一特殊的历史条件和环境下，诸葛亮发挥聪明才智，大胆果断策划。诸葛亮在仔细分析了敌我双方对战态势后，运用了特殊的道具——草船；利用特殊的心理——曹操怕东吴偷营；借助特殊的气候——夜晚大雾迷江……这些因素有机合成构成了特殊的背景，在这一背景策划下，曹操误以为东吴来劫营，不敢贸然出战，只好射箭退敌……帮助诸葛亮“造”了 10 万支箭，让其如期完成任务，使周瑜无言以对。可见，背景的策划力量是决定性的力量。

把书当本子卖

企业、人、商品、事件等的价值力量常常与其背景密切相关，无论他们多么强大，其价值、力量都是十分有限的，而其所处背景的价值和力量是无限的。企业只有充分借鉴背景的神奇力量，把策划对象的背景转换成企业、人、商品、事件等可利用的背景，那么一切策划事项必将成功。

❈案例链接

摩根手里的鸡蛋

美国著名商人摩根年轻的时候生活很艰难，主要靠卖鸡蛋谋生。每天早出晚归，用他那张大手握着鸡蛋，见人就叫卖，可是生意一直不好。一天，他鼓足勇气拉住一位顾客想问个究竟，顾客说："你的鸡蛋太小了！"可是，自己家的鸡蛋不小呀！自己家的鸡蛋一点儿也不比邻居家的鸡蛋小。原来，他的手太大，握着鸡蛋，显得鸡蛋太小。于是，他把妻子叫来，妻子的手比邻居家主妇的手还小，妻子负责前台，自己负责后台，从这以后，他们的鸡蛋就好卖了。后来他们有了孩子，干脆让孩子卖，生意越来越红火。

评析：手是鸡蛋的背景，鸡蛋的大小是比较出来的，在与顾客见第一面的时刻，鸡蛋首先要与背景——手来比较，手能发出鸡蛋大小的第一条信息，卖货员的手是鸡蛋的第一背景。可见，以背景信息性切入为主的背景转换法运用在营销活动中非常重要。

项目小结

本项目先重点介绍了市场营销策划较常用的五种分析工具：3C分析法、PESTDN分析法、SWOT分析法、波特五种力量分析法和鱼骨图分析法；然后介绍了策划创意的六种通用方法：移植法、分解法、组合法、重点法、实证法和背景转移法。

创新潜能自测

经典案例赏析

再造一个王老吉

复习思考题

1. 何为市场营销策划分析工具？具体包括哪些常用工具？
2. 何为3C分析法？3C分析的具体内容有哪些？
3. 如何理解PESTDN分析法？
4. 何为SWOT分析法，其具体分析内容有哪些？
5. 波特五种力量分析法指的是什么？波特五种力量分析内容有哪些？
6. 如何理解鱼骨图分析法？鱼骨图分析的具体内容是什么？

7. 策划创意的通用方法有哪些？
8. 营销策划创意中的移植法、分解法、组合法各有什么特点？
9. 营销策划创意中的重点法、实证法和背景转移法各有什么特点？

模拟演练

用营销策划分析工具分析一个策划案例

[实训目的]

对照本项目内容，选择一个案例，发动学生积极参与，让学生利用市场营销工具，巩固本项目学习的知识，强化学生的实践能力，培养学生策划职业意识。

[实训内容]

要求学生到阅览室（图书馆或上网）查询一个案例作为训练内容。

[实训组织]

班级干部进行组织，将班级成员分成 5～8 人一组，每组选一名负责人，组织该小组的营销策划案例分析和讨论。

[实训考核]

每位学生写一篇分析总结，每个小组交一份总结报告，供全班交流。

[实训指导]

由实训专业指导教师或授课教师负责指导工作，并负责对讨论过程进行指导和评价分析。

项目五

营销策划运作的策划力

项目五
思维导图

学习目标

通过本项目的学习，你应该达到以下目标：

素质目标：初步了解营销策划运作的策划力，具备营销策划创意意识和观念。

知识目标：了解营销策划过程的策划力内容，把握营销策划过程的策划力之间的相互关系，掌握策划力运作的创意。

能力目标：能够运用营销策划力策划营销活动，能针对某一产品进行策划力模拟运作。

教学重点和难点

重点：市场营销策划运作策划力的基本概念和内容。

难点：市场营销策划运作策划力的方法和技巧。

案例导读

风靡全美的"野马"策划

1964 年，福特汽车公司生产了一种取名为"野马"的轿车，新产品一推出，购买人数就打破了美国的历史纪录，简直到了拼命抢购的程度。在不到 1 年的时间里，野马汽车风行美国，各地还纷纷成立野马车会，甚至商店出售的墨镜、钥匙扣、帽子、玩具上都贴有野马的商标。更有趣的是，在一家面包店的门上竟竖了一块牌子，上面写着："本店的烤饼如野马汽车被一抢而光。"

为什么野马汽车如此受人欢迎？这不得不归功于美国实业界巨子雅科卡的漂亮策划。

策划第一阶段：概念挖掘

雅科卡在 1962 年担任福特汽车公司分部总经理后，便策划生产一种受顾客喜欢的新型汽车。这一念头是在他对市场进行了充分调查研究之后产生的。

前提 1：雅科卡在欧洲了解到福特汽车公司生产的“红雀”太小了，没有行李箱，虽很省油，但外形不漂亮，如不尽快推出一部新型车，公司将被竞争对手击败。

前提 2：第二次世界大战后，生育率激增，几千万婴儿已长大成人。在 20 世纪 60 年代，20～24 岁的人口增至 50%以上，而 16～35 岁之间的年轻人占增幅的一半。根据这一调查材料，雅科卡预见在今后的 10 年，整个汽车的销售量将会大幅提高，而对象就是年轻人。

前提 3：年纪较大的买主，已从满足于经济实惠的车转向追求样式新款的豪华车。

根据这些信息，雅科卡头脑中浮现出一个策划轮廓：福特公司要推出一部适合“饥饿”市场的新产品。其特点是：款式新，性能好，能载 4 人，车子不能太重（最多是 2 500磅），价钱便宜（卖价不能超过 2 500 美元）。

雅科卡把这一大致轮廓交给策划小组讨论，经过集思广益，一个清晰的策划概念出来了：车型要独树一帜，车身要容易辨认，要容易操纵（便于妇女和新学驾驶的人购买），要有行李箱（便于外出旅行），既像跑车（吸引年轻人），还要胜过跑车。

策划第二阶段：主题开发

这种车该取什么名字来吸引顾客呢？雅科卡委托沃尔德·汤姆森广告公司的代理人到底特律公共图书馆查找目录，从 A 开头的土猪一直查到 Z 开头的斑马，在上千个名字中，大家将讨论范围缩小到 5 个，即西部野马、猎豹、小马、野马和美洲豹。

广告策划人认为，对于美国人来说，第二次世界大战中的野马战斗机的名字如雷贯耳，用“野马”作为新型车的名字妙不可言，能显示车的性能和速度，有广阔天地任君闯的味道，最适合地道的美国人放荡不羁的个性。

主题——“野马”确定后，策划人员又专门设计了一个标志，安装在车前护栅里，这是一个奔驰的野马模型。它扬起四蹄按顺时针方向奔驰，而不是按美国赛马时马的逆时针跑法。策划者认为野马就是野生的马，不是家中驯养的马，不那么规规矩矩，总要超越人的正常思维，这正是主题的进一步延伸和扩展。

在产品的设计上也体现主题：集豪华与经济于一体，花得起钱的顾客可以买额外部件及加大功率，没钱买这些也不要紧，因它已比一般经济型车多了圆背座椅、尼龙装饰、车轮罩及地毯。它的外表更具特色，车身为白色，车轮为红色。后保险杠向上弯曲形成一个活泼的尾部，活脱脱就像一匹野马。

策划第三阶段：时空运筹

新型车问世之前，福特公司选择了底特律地区的 52 对夫妇，邀请他们来到样品陈列馆。在这些人当中，每对夫妇都已拥有一部标准型汽车，公司负责人将他们分成若干小组观察汽车样品，并让他们发表感想。

这些夫妇中，白领夫妇收入颇高，对车的样式感兴趣；蓝领夫妇看到豪华的装饰，认为开这部车代表地位和权势，有些不敢问津。雅科卡请他们估计一下车价，几乎所有人都估计至少要 10 000 美元，并表示不再购买这种车，因为家中已有了。当雅科卡宣布车价在 2 500 美元之下时，大家都惊呆了，之后又欢呼起来，纷纷道：“我们要买这部车，我们把车停在我们自己的车位上，所有邻居都会以为我们交了好运。”

摸透消费者心理后，雅科卡把车的售价定在 2 368 美元，并精心拟订了一系列促销方案。

策划第四阶段：推销说服

策划成功与否，最终还是要在市场见真功，策划人员为野马的广告推销下了番苦心。

第一步，邀请各大报社的编辑参加从纽约到迪尔伯恩的野马汽车大赛，同时还邀请了 100 名记者亲临现场采访。表面上看这是一次赛车活动，实际上是一次告知性广告宣传。事后，有数百家报纸杂志报道了野马汽车大赛的盛况，使野马成为新闻界的热门话题。

第二步，在新型野马车上市的前一天，根据媒体选择计划，让 2 600 家报纸用整版篇幅刊登了野马车广告。根据广告定位的要求，广告画面是：一部白色野马车在奔驰。大标题是“真想不到”，副题是“售价 2 368 美元”。上述广告宣告是以提高产品的知名度为主，进而为提高市场占有率打基础。

第三步，从野马车上市开始，让各大电视台每天不断地播放野马车的广告。广告内容是一个渴望成为赛车手或喷气式飞机驾驶员的年轻人正驾驶野马在奔驰。选择电视媒体做宣传，其目的是扩大广告宣传的覆盖面，提高产品的知名度，促使家喻户晓。

第四步，选择最显眼的停车场，竖起巨型的广告牌，上面写着：“野马栏”，以引起消费者的注意。

第五步，竭尽全力在美国各地最繁忙的 15 个飞机场和 200 家假日饭店展览野马车，以实物广告的形式激发人们的购买欲望。

第六步，向全国各地几百万小汽车主寄送广告宣传品，此举是为了达到直接促销的目的，同时，也表示公司忠诚地为顾客服务的态度和决心。

这一系列铺天盖地、排山倒海的广告活动，使野马车风行美国。野马上市的第 1 天，就有 400 万人涌到福特代理店购买。1 年之内，销售竟达 418 812 辆，打破了福特公司的销售记录。

“野马”产品策划的成功，来自策划四阶段用心良苦的运作。

资料来源：李为民．营销策划．北京：中国环境科学出版社，2002：75-76.

读后思考：策划者采用了哪些手段和方法使“野马”一举成名？

作为营销策划者，在锁定营销策划目标之后，应将企业各种策划资源进行有机组合，并开始营销策划的运作。营销策划的运作没有固定模式，因人、因事、因时而有所不同，但在营销策划运作过程中，营销策划运作的策划力是值得高度重视和不容忽视的，应作为重点把握。

本项目所讲营销策划运作的策划力，就其内容而言是指营销策划运作过程中的：营销策划概念的挖掘——解析力；营销策划主体的开发——创意力；营销策划时空的构建——运筹力；营销策划方案的实施——说服力。纵观国内外营销策划运作过程，一般均从创意开始，经过创意思维构想出营销策划概念，提炼出营销策划的主题，主题再经时空的各种策划运筹而繁衍出营销活动策划方案，最后将营销策划方案付诸实施。

任务一　领会营销策划概念的挖掘——解析力

如果把营销策划运作过程分成四个阶段，那么营销策划概念的挖掘则是第一阶段，对后三个阶段的继续运作起到至关重要的决定性作用，只有挖掘良好的概念，才能将概念升华到营销策划主题，进而进行时空运作，并将营销策划方案在实践中付诸实施。

一、概念和营销策划概念的定义

什么是产品概念

所谓概念，是指策划者对策划整体的抽象描绘。概念是创意的内在显示和策划主题的原始生长点。概念的开发应在策划系统目标的指向下，将策划思维向同一目标聚集，将最初从现实和经验中崩发出来的思路进行碰撞并集合，逐渐在策划者头脑中产生策划初步轮廓，再进一步挖掘形成稍微明朗的印象，这些印象具体化后，便构成策划的概念。

营销策划概念，是指营销策划者依据策划生成的前提条件，经过系列分析、提炼，创意性地将构想轮廓升华，并能为用户对策划对象（如产品、劳务等）需求产生积极促销作用，最终实现需求满足的理性描绘。

❖案例链接

日本系列游戏《脑白金》产品概念产生过程

《脑白金》是日本游戏制造商 Nintendo 公司制作的一款头脑锻炼益智类游戏。这款游戏由东北大学的川岛隆太教授亲自监修，以解答包括文字识别、声音识别、计算、读音等各种问题来锻炼脑力，并以独特的逆时针旋转 90 度纵向摆设方式来操作。游戏采用触摸笔就能进行全部操作。游戏中的一些问题还需要玩家通过麦克风回答在屏幕中一瞬间显示的文字或是图像来完成。

任天堂会长浅田笃有一次出席会社股东代表大会后例行举办的商品体验会，发现全场数十款游戏居然没有一个适合他这样的古稀老人，他深有感触。日本是一个典型少子化和老龄化并存的哑铃状人群分布的国家，过去家用游戏平台几乎没有开发过任何针对老年人娱乐的游戏商品，如果能够开拓这片处女地，或许会取得意外的收获。

于是任天堂和川岛隆太合作开发了《脑白金》益智类游戏。

《脑白金》首批出货量5万份迅速售完，次周追加发行瞬间又被抢光，如此滚雪球般循环往复，形成口耳相传的社会效应，许多过去从来没有接触过游戏的人为了体验一下这款传说中的游戏而购入了NDS主机。在《脑白金》的积极推动下，NDS的销售引擎再次被加速，软硬件在日本都出现了异常的热销景象。该游戏出现长卖迹象后，任天堂投入近10亿日元的广告预算展开夏季宣传攻势，通过电视和平面媒体等各种渠道进行地毯式轰炸，并借助老人节的契机举办了多项公益活动，使得“脑力锻炼”这个全新品牌得以迅速深入人心，随着《脑力轻松教室》等续作接踵登场，“Touch! Generation”系列为NDS在日本本土作战奠定了胜局。

注：根据网络资料整理。

评析：概念的产生必须通过策划者对产品或服务的仔细调查和研究，逐步挖掘，使得概念逐渐变得清晰、明朗，最终发展成为策划产品的概念。

产品概念是一颗能射中用户内心的“魔弹”，是策划者成功策划的核心，作为一个策划者，对产品由构思到概念，应思考下列问题：

（1）策划产品（服务）使用者是谁？即要明确产品（服务）使用对象。

（2）策划产品（服务）对使用者主要益处何在？即产品（服务）对消费者的有用性有哪些，也就是对产品（服务）的功能性做出提示和说明。

（3）策划产品（服务）的使用场所何处（或时间何时）？即对产品（服务）的使用场合和时间做出明确告知。

围绕以上问题，策划者需仔细构思，不断筛选，最终便能对策划产品概念做出抽象的描绘。

❖案例链接

味之素公司麦滋林颗粒产品二次开发项目的品牌策划（节选）

一、制造一个感知度差异化的概念

制造一个感知度差异化的概念，即对品牌概念定位。品牌概念定位是品牌运营的基础，是一个锁定目标消费者，并在目标消费者心目中确立与众不同的差异化和位置的过程，也是一个连接品牌自身的优势特征与目标消费者的心理需求的过程。在市场上消费者需求越来越趋向同质化的今天，品牌的科学概念定位是品牌能否保持健康旺盛生命力的前提与基础，也就是说品牌必须具有独特的差异性优势。在信息过度膨胀的社会里，只有有效地适用定位这种传播方式的营销策略，品牌的相关信息才能突破消费心理的各种屏障并实现有效的市场区域，使品牌在激烈的竞争中脱颖而出，才能使得产品资产得到有效的积累。同时，消费者才有机会随时随地自然地把自己的相关需求与品牌联系在一起，达到“先入为主”的效果。

二、“麦滋林”品牌感知度差异化定位：“麦滋林颗粒，绿色保护剂”

对麦滋林颗粒从“治疗剂”到“保护剂”的“感知度差异化”独特定位，从麦滋林颗粒的感觉与认知入手，进行品牌概念定位，以区分竞争品牌，树立自己的品牌形象。“麦滋林”是一种治疗胃病的药品，原定位为治疗剂，进行“麦滋林颗粒，绿色保护剂”（麦滋林保护胃肠黏膜屏障，安全无毒副作用）的品牌定位后，迅速与竞争品牌区分开来，打破人们心目中“是药三分毒”的概念。由于保护剂可广泛应用在各种领域，其应用范围得到了极大拓展，顺势产生巨大的销售。二次开发后产品迎来再一次成熟期，一举两得取得经济效益和社会效益双丰收。

评析：该案例说明产品（服务）的概念设计理念是一种满足目标市场用户的使用价值，以满足用户需求为策划思维的着眼点和切入口。

二、营销策划概念的酝酿构思过程

营销策划概念的酝酿构思过程大致分为下述三个阶段。

（一）寻求营销策划概念的前提

寻求营销策划概念的前提是营销策划概念构思的第一步，构思是具体的形象，概念是从构思中一步一步挖掘出来的，需要策划者依据营销策划对象的实际状况和以往的经验，从中提炼出一系列客观前提条件。

如上述案例，在制造一个感知度差异化的概念——“麦滋林颗粒，绿色保护剂”之前，市场上只有三九胃泰、丽珠得乐、胃苏冲剂等少数胃药，至20世纪90年代中期麦滋林销售上升到一个高峰，20世纪90年代后期由于市场推出了大量的H_2受体抑制剂、质子泵抑制剂、铋制剂等，麦滋林的上升势力受到竞争产品的遏制，当时中国的医药市场进入了一个高速增长期，而味之素株式会社产品麦滋林产品却进入了一个低潮期，麦滋林产品面临着成熟产品二次开发的黑洞。为了降低企业决策的风险，策划者组织人员对麦滋林产品市场消费需求展开调研和分析，找出了策划概念生成的前提条件：

前提1：1999年年底，国家对医药行业相继出台了系列政策，这些政策对部分企业的销售活动带来致命的打击，对麦滋林药品而言，必须寻找出路，否则死路一条。

前提2：我国医药行业特点表现：经营方式落后，机制不灵活，地方保护主义严重，行业集中度低，规模小，研发能力弱，市场风险大，国际竞争力差，供求信息不对称等多因素困扰了医药行业的整体发展。作为生产麦滋林产品的医药企业必须依据产品自身特色，建立创新机制与技术，发挥特色经营优势，走自己的路。

前提3：策划者对市场进行了威胁与机会分析，威胁是由于竞争品、替代品的影响，若长期销售不理想将导致人心涣散，造成经销商积极性低下；若长期销售不佳，缺乏产品的核心竞争力，将会使客户口碑差，最终形成市场威胁，彻底退出市场。机会是由于“十人九胃”，一旦得了溃疡，终身有溃疡，市场机会巨大。而真正能被长期应用而无不良反应的药品不多，随着生活水平的提高，麦滋林颗粒这种氨基酸型的药品还是容易被人们接受的。

（二）初步描绘营销策划框架

这一阶段将营销策划生成的前提条件汇集在策划者脑中初步搭建一个大致的框架，也就是策划的轮廓。它是营销策划者在头脑思维中最初产生的一种模糊亮光或概略印象，并非营销的具体创意，也不是营销策划的细致计划安排，而是营销策划概念整体上的期盼效果。

在上述案例中，在“麦滋林颗粒，绿色保护剂”的概念策划过程中，策划者依据初步挖掘出来的三个概念生成的前提，在头脑中浮现出一个策划框架，企业要推出一个新的品牌概念。以“感知度差异化”定位作为切入点，即麦滋林保护（胃肠黏膜屏障），安全（无毒副作用）的概念定位。

（三）提炼出策划概念

这一阶段进一步加工、整理、分析营销策划的轮廓，使其逐渐演变成一系列明朗化的印象，最终使之具体化。

仍以上述案例为例，策划者对生成的三个前提条件进行不断分析、推理、归纳，一个清晰的营销策划概念迸发出来了：“麦滋林颗粒，绿色保护剂”。

总之，策划生成的前提条件一旦形成，策划者要抓住时机，不厌其烦地对初步产生的轮廓进行反复推敲和修改，因为初步轮廓极少是十全十美的，只有策划者精心、认真对待策划概念轮廓并不断描绘，最终才能得到较完美的概念。

奇瑞小蚂蚁
终于不只是概念

三、营销策划概念确立的原则

在策划概念的酝酿构造过程中，策划者始终要坚持这样一条分析原则，即“策划能否为策划对象所接受”。这是概念策划的关键性问题。因为策划者卖给策划对象的是概念，而这一概念能否为策划对象接受，必须满足其某一方面的欲望需求，才能使策划概念成立。例如，策划一款新手机产品进入市场，让用户形成意欲购买的概念，可参照下列条件进行分析、构思产品概念。

（1）新款手机是否使用户感觉它非常值得？

（2）新款手机是否使用户感觉更舒适？

（3）新款手机是否使用户感觉更有成熟感和优越感？

（4）新款手机是否使用户感觉更轻松愉快？

（5）新款手机是否使用户感觉更具有安全感？

（6）新款手机是否使用户感觉更加诱人？

（7）新款手机是否使用户感觉比他人更尊贵？

（8）新款手机是否使用户感觉更绿色环保和健康？

（9）新款手机是否使用户感觉更具有满足自豪感？

以上条件要求策划者立足于用户角度思考和分析，付诸公关策划、广告策划等具体行动之中，使用户接受各种策划带给他们的利益和满足，进而使用户接受策划的概念产品，只有这样，策划概念才能吸引用户，才能把产品推销出去。

❖案例链接

肯德基更换标志

相信大家对于肯德基的标志都很熟悉，一个和蔼可亲的老爷爷，它是肯德基的创始人桑德斯上校本人的形象。但是，肯德基最近将自己的标志性形象替换掉了，换成了中年潮大叔，很多人都说它是中年油腻男，更过分的一点是什么呢？有人说这个标志非常像某位中年男星，仔细看看确实有点像。

肯德基的这种迫切希望实现品牌营销策划年轻化的愿望，我们都能够理解。而且，肯德基也是看到了一部分女性对于中年帅大叔的喜爱风向，而做出了更换标志的决定。当然了，虽然我们能够了解肯德基的这种做法，但是，新的形象确实让人难以接受。对于一个老品牌来说，每一次的标志更换都需要经过深思熟虑。肯德基更换品牌标志的行为引起了非常大的非议，算是一次小失败了。

注：根据网络资料整理。

评析：此案例说明概念的策划能否为策划对象所接受是策划的关键性问题。因为概念能否为策划对象接受，必须满足其某一方面的欲望需求，才能使策划概念成立，而本例将概念“老爷爷”转为“中年潮大叔”形象并强加给消费者，自然不能被消费者接受。

任务二 领会营销策划主题开发——创意力

营销策划概念挖掘后，紧接着策划者就要对营销策划主题进行想象力的开发。营销策划主题是为达到某种目的而要做出的基本观念解读，是营销策划的中心思想。营销策划主题是策划的灵魂，它统领整个营销策划的构思、创意等诸要素，就像一根红绳将营销策划中所有要素有机组合，并构成一个完整的营销策划杰作——营销策划方案。

一、营销策划主题构建的内容

营销策划主题是一项策划所要传播、诉求的中心信息，这一信息能刺激参与者的心理，使他们依循着营销策划者设计的路线图去执行具体活动。从这个意义上说，营销策划主题的构建内容有三个方面：营销策划目标、策划物品信息个性、参与者心理需求。

（一）营销策划目标

营销策划目标是指根据策划者所代表组织的宗旨、行动指南方式、扮演社会角色设定等多因素确定的。营销策划目标在策划中的位置可概括为：策划目标是策划的起点，是人们行动的驱动力，是策划灵感的凝聚，是策划实施的标准。因此，策划主题只有围绕策划目标而传达、诉求中心信息，才能做到有的放矢、事半功倍，与组织的根本目的取得一致性，任何有悖于策划目标的主题内容都将得不偿失。

❖案例链接

麦式速溶咖啡广告策划

美国麦氏速溶咖啡在20世纪40年代刚刚投入市场销售时，为打开销路，厂家将产品宣传着力于咖啡味道和营养成分与豆制咖啡相同、饮用方便等优点，出乎意料，购买者寥寥无几。后经调查，发现当时美国的家庭妇女认为担负繁重的家务劳动是一种天职，逃避这种劳动是应当谴责的行为。而麦氏速溶咖啡着力宣传饮用方便与当时美国妇女的价值观相违，自然销量上不去。于是，厂家对广告内容进行修正，着力于宣传麦氏咖啡美味、芳香和质地醇厚，策划出"滴滴香浓，意犹未尽"的广告词。从此速溶咖啡销路大增，成为美国最受欢迎的咖啡之一。

评析：此案例说明广告策划主题必须符合消费对象的价值观，突出策划主题，服从和服务于策划目标。

（二）策划物品信息个性

策划物品信息个性是指策划物品区别于其他物品的关键特征，只有把策划物品信息个性与一般物品区别出来，并突出关键特点，向用户传递物品的信息个性概念特征，才能吸引参与者的浓厚兴趣，以达到策划目标的实现。策划品既可以是产品、劳务、纪念品，也可以是某种观念、某种行为方式等。

❖案例链接

"味全"酱油的信息个性广告策划

台湾地区有一种名牌酱油——"味全"酱油，厂家为突出产品的个性特征，迅速将信息个性传递给用户，以打开市场销路，策划者撰写出的广告词是"一家烤肉，三家香"。通盘未见一个关于酱油的直接形象，但使人们看后由烤肉而联想到酱油，由"三家香"而联想到酱油的质量，不仅使人似乎已经闻到了香气，还能使人依据自己喜爱的香型标准去想象酱油的成分，进而产生"志在必买"的欲望，真可谓是"神韵尽在不语中"。此广告词也因其神韵而传遍全球，使"味全"酱油商誉传递给世界用户。

评析：此案例说明，广告策划一定要凸显产品信息个性并迅速传递给用户，使用户看到广告内容后，联想到产品概念特征，从而促进商品销售，实现策划整体效应。

（三）参与者心理需求

参与者心理需求是指在参与者心底所潜藏的追求和欲望。作为成功的营销策划者，要想迎合参与者的"芳心"，引起参与者强烈共鸣，使营销策划活动如期顺利实现，必须针对参与者的“芳心”而全面仔细谋划。

※案例链接

金龙鱼：“1∶1∶1”品牌重新定位再策划

金龙鱼的广告词“1∶1∶1”，曾经被一些浅薄的广告人认为是本年度最失败的广告语之一。但其如同“今年过节不收礼，收礼只收脑白金”一样，实则是一个成功的营销案例。

金龙鱼第二代调和油为了应对鲁花花生油的进攻，把鲁花主打的健康概念向前推进了一大步。金龙鱼认为人体饮食中饱和脂肪酸、单不饱和脂肪酸和多不饱和脂肪酸达到1∶1∶1的比例时，最有益于健康。尽管有些广告人认为这个概念对于普通消费者来说很难看懂，其科学性值得怀疑。但通过广告词“1∶1∶1”的推广，金龙鱼大大减轻了来自“鲁花”的压力。

金龙鱼的成功反映了在消费品推广中，“健康”牌越来越重要。同时也表明，在同质化的激烈竞争中，中国市场仍然存在大量机会，只是需要企业提供更好的概念和升级产品推广技巧。

金龙鱼推广自己健康概念的方法，在普通食品中非常新鲜；但在保健品中却是老生常谈。保健品行业几乎试遍了各种说服消费者的方法，以至于现在几乎不能说服消费者了。但保健品行业的推广方法在食品、饮料、服装等众多传统行业，仍有着巨大适用空间。健康食用油、新鲜果汁、高钙牛奶、含铁酱油、营养强化面粉……健康概念在快速消费品中越来越重要，这将为很多传统产品提供产品创新的机会。

注：根据网络资料整理。

评析：此案例说明，策划者抓住了顾客的内在心理需求，用生动的广告语刺激消费者的购买欲望，达到策划目标。

策划目标、物品信息个性和参与者心理需求，三方面共同构成策划主题内容，缺一不可，辩证统一。策划目标是策划主题的宗旨和依据；物品信息个性使策划主题针对特定的策划对象；参与者心理需求则使策划主题有了巨大的魅力。

二、营销策划主题的特征和应注意的问题

营销策划主题的构建与设计，最终是以使营销策划主题的三方面内容和谐统一为标准的。营销策划主题因策划目的和策划对象不同而有所差异，但也存在着一些相似性，这便是营销策划主题的共同特点。

（一）营销策划主题的特征

针对不同主题的策划，其构思、设计有所差别，但不同的营销策划主题都有着共同的特征，表现在：

1. 鲜明性

鲜明性，即营销策划主题必须引人入胜，用意新颖，言简意赅，与众不同，触动公众

心灵。

❖案例链接

《爸爸去哪儿》——社交媒体策划

获得无数好评的节目《爸爸去哪儿》让英菲尼迪和999感冒灵等广告的植入带来了意想不到的效果。这档明星亲子真人秀节目横空出世之后的火爆程度，就连芒果台也未曾预料到。在开播前，这档节目很少有人知晓，但开播之后，这档节目在社交媒体上的讨论量直线上升，许多观看过这档节目的观众在各个社交平台上都给予好评，影响了周围更多的人主动去搜索观看，参与节目的明星们在社交媒体上的互动更是带动了一群“粉丝”进行讨论，算得上是口碑传播最典型的案例之一。

评析：此案例成功证明了在这个社会化媒体时代，主题新颖、言简意赅、内容为王仍然可触动公众心灵，带动口碑传播依然是最好的营销策划方法之一。

2. 易懂性

易懂性，即营销策划主题必须通俗易懂，一目了然，将策划概念加工提炼成人们易理解的语言和图像等，能为大众媒介广泛传播和广大公众所接受。

❖小思考

为什么营销策划主题要具备易懂性?

因为策划主题概念需要让广大公众所接受，易被媒介传播，反之，如果公众不接受，媒介不能传播，再好的主题概念策划也是徒劳的。

3. 刺激性

刺激性，即营销策划主题应当具备强烈刺激公众的心理作用，使其产出某种行动的心理效应。

❖案例链接

腰围1.3米的牛仔裤被穿走了

上海有家服装店原来生意冷清。后来它设计了几件腰围1.3米、裤长2米的牛仔裤悬挂在店门前，上面写着：穿着合适者赠送留念。消息传出，门庭若市，众多身材高大的人纷纷前来试穿，许多媒体也争相采访。当第一件牛仔裤被人穿走留念时，《解放日报》就以《腰围1.3米的牛仔裤被穿走了》为标题作新闻报道，引起轰动，穆铁柱、郑海霞等体坛巨人也前来助兴，光顾该店，服装店由此生意兴隆。

评析：此案例利用超大的裤子刺激潜在消费者前来试穿，适合者留念而使潜在消费者付出行动，实在是妙不可言。

4. 独特性

独特性，即营销策划主题要达到传递给公众丰富信息和留下持久的印记，具有独到奇特印象的目的。

❖案例链接

免费搬迁广告

美国有一家银行新建了一座摩天大楼，总部由原来的旧地址迁到新楼。该银行没有大量做广告宣传，而是精心策划了一场游行大搬迁活动。搬迁当天，所有银行员工身着行服，打着搬迁横幅标语，高举创业以来辉煌成就标语牌，列队浩浩荡荡走向新楼，彩旗飘扬，锣鼓喧天，还有杂技表演，热闹非凡，吸引了众多行人驻足观看，有些新闻记者也记录下这难忘的珍贵镜头，并刊登在各种媒体上，一时间，该银行搬迁新闻走进千家万户，轰动全城。

评析：该案例说明策划效应要讲究特色，符合策划主题要求，尽量做到本小利大，给观众留下深刻的印象。

5. 简明性

简明性，即营销策划主题所折射的内涵要简洁明了，反映深刻的本质，广为公众传播和喜爱。如“活力 28，沙市日化”策划主题通俗易记，朗朗上口，内涵丰富，寓意深刻。“活力”折射商品内在本质，使人自然想到其溶解除污功能。“28”是组合数字，符合中国传统数字文化，也符合国际惯例对品牌名的设计要求。

6. 领先性

领先性，即要求营销策划者独具匠心，将策划主题的目标个性和定位优于同类策划，将策划目标或商品个性据为己有，独树一帜，找到未被开发和利用的信息个性，在公众心目中，优先建立第一感染力和印象。例如，人们知道市场上销售的许多啤酒瓶都经过消毒才能使用，但很少有厂家告示公众这一秘密，一则“喜立滋酒瓶都是消过毒的”广告主题，领先他人，直接告之公众，赢得消费者青睐。

（二）确定营销策划主题时应注意的问题

1. 不可统一性

不可统一性，即不同的营销策划主题应独特，个性突出，特色鲜明。

2. 不可模糊性

不可模糊性，即营销策划主题侧重点明显，易被公众接受，主题内容指向集中，不可扩散化，含混不清。

3. 不可共存性

不可共存性，即营销策划主题要有专一性，不可此时为这一策划服务，彼时又为另一策划服务，犹如一名演员或一名模特同时为几个商品做广告形象代言人，失去策划主题的个性魅力。

三、营销策划概念和营销策划主题的关系

营销策划概念是策划的核心，营销策划主题是策划的灵魂，从营销策划概念升华到营销策划主题，表明两者既有明显区别，又有内在联系。

两者的区别表现在：营销策划概念是原始的、抽象的，而营销策划主题则是生动的、形象的；营销策划概念是策划的实质和核心，而营销策划主题则是策划的形式和内容。

两者的联系表现在：营销策划主题是营销策划概念内涵的外在显示，是营销策划概念核心的形象化、戏剧化和情节化的表述。

具备了营销策划概念之后，必须升华为营销策划主题。这是因为营销策划概念仅仅是枯燥无味的东西，赢得不了公众的芳心，策划者只有将营销策划概念转化为形象生动的营销策划主题，才能对公众产生感染力和独创性。

※案例链接

“喷脚好”问世

亚热带地区因为气候潮湿，成人极易感染“香港脚”，所以居住在台湾地区的人，十之七八都会患不同程度的“香港脚”。

“香港脚”是皮肤病的一种，但是大多数人并不视其为病，它的症状就是痒，除非是痒得受不了，或者因揉搓而肿得走不动，很少有人会主动地想办法去治疗。

至于治疗“香港脚”的方法，五花八门，各种偏方、秘方都有，而且各种方法几乎都有一定的效果，只是不论什么方法都只能治标而无法治本。

“足爽”和“悠悠乐膏”两种药品是“香港脚”治疗药市场的主要产品。“足爽”是以热水浸泡为治疗方法，每年夏天有大型体育竞赛，像琼斯杯篮球赛或棒球赛时，其都会投入大量的广告费，加上“足爽”的命名，用闽南话发音即“非常舒服，痛快异常”之音，所以知名度高，市场占有率亦最大。“悠悠乐膏”则以涂抹的方式治疗，亦有相当不错的口碑。总之台湾地区的“香港脚”药品市场，几乎百分之九十以上是“足爽”和“悠悠乐膏”的天下。

在这种情势下，新的品牌想介入这个市场和“足爽”“悠悠乐膏”一较长短，甚至瓜分一部分市场，不但困难重重，而且也事倍功半。因此，很少有药厂打这个主意。

但是，1986 年，一种叫作“喷脚好”的“香港脚”治疗药却大胆地上市，并且在很短的时间内就被消费者接受，在市场上取得一席之地。

“喷脚好”何德何能敢于向老牌子挑战呢？从其名称可知它的使用方法是用“喷”的，而且诉求重点等于是直接指名叫战：“不用浸泡，不用手擦”，最后来一句谐音“喷的较好”，闽南语则为“喷卡好”，亦令人印象深刻。

事实上，“喷脚好”的确较好，因为浸泡法麻烦而费事，手擦法既不方便也不卫

生，用喷的方法简单快速，干净利落。“喷脚好”就靠那个小小的喷头，在两年内就取得市场上的优势。

评析：本案例说明要赢得消费者的芳心，策划者只有将营销策划概念转化为形象生动的营销策划主题，才能产生对公众的感染力和独创性。

任务三 领会营销策划时空的构建——运筹力

营销策划有了概念，有了主题，有了初步的构思，还必须从策划对象的实际出发，依据客观形势，经过严谨分析和规划安排，得出切实可行的营销策划方案。而在制定营销策划方案的过程中，最重要的便是审时度势，在时间和空间上进行巧妙地运筹。所谓运筹，是指周密地考虑营销策划所涉及的每一个方面和环节，细致地安排各种举措，详尽地构思发展提案，以营建一个优良势态，促使和保证策划有序良性运行。

一、营销策划的时间运筹

在营销策划过程中，策划人员往往有众多复杂问题等待思考与解决，策划者希望在同一时间将所有问题都解决和安排。一个成熟的策划者，总是将众多问题逐一梳理，分清主次、轻重快慢，制定时间运筹的目标顺序，依据的基本原则是：轻重相权重优先，缓急相权急优先。

所谓营销策划的时间运筹，是指营销策划者依据策划势态的发展和变化，合理有序地安排一系列营销活动。它包含两层含义：一是指策划活动中的系列事件在时间顺序上做何安排；二是指每一个策划活动的事件在时间流逝中如何借势、造势，使策划活动释放巨大能量，产生策划最佳效应。

❖案例链接

“吃美元”的洋娃娃

一天，当父亲将价廉物美的“芭比”洋娃娃买下并作为生日礼物赠送给女儿后，很快他就忘却了此事。直到一天晚上，女儿回家对父亲说：“芭比”需要新衣服。原来，商店通过商品供应单提醒小主人说“芭比”应当有自己的一些衣服。做父亲的想，“让女儿在给娃娃穿衣服的过程中得到某种锻炼，即使再花点钱也是值得的”。于是，父亲又去那家商店，花 45 美元买了“波碧系列装”。

过了一星期，女儿又说得到商店的提示，应该让“芭比”当“空中小姐”，而且还说一个女孩在她同伴中的地位，取决于她的“芭比”有多少种身份，女儿噙着泪花说她的“芭比”在同伴中是最没“身份”的。父亲为满足女儿不算过分的虚荣心，又掏钱买了“空姐制服”。接着，又给了“芭比”娃娃“护士”“舞蹈姑娘”等行头，这样一来，父亲的钱包里又少了35美元。

然而事情并没有完。有一天，女儿得到“信息”，说她的“芭比”喜欢上了英俊的小伙子“凯恩”，不想让“芭比”失恋的女儿央求父亲买回“凯恩”娃娃。望着女儿腮边的泪珠，父亲还能说什么呢？于是，父亲又花费11美元让“芭比”与“凯恩”成双成对。

洋娃娃“凯恩”进门，同样也附有一张商品供应单，提醒小主人别忘了给可爱的“凯恩”添置衣服、浴袍、电动剃须刀等物品。没有办法，父亲一次又一次地打开了钱包。

事情总该结束了吧？没有，当女儿眉飞色舞地在家中宣布“芭比”和“凯恩”准备举行婚礼时，父亲显得无可奈何了。当初，买回“凯恩”让他与“芭比”成双成对，现在就没有理由再拒绝女儿的愿望了。为了不给女儿带来“棒打鸳鸯”的烦恼，父亲又忍痛破费，让女儿为“芭比”与“凯恩”的婚礼而大操大办了一通。

父亲想：“谢天谢地，这下女儿总该满足了吧！”谁知有一天，女儿又收到商品供应单，说她的“芭比”和“凯恩”有了爱情的结晶——“米琪”娃娃。天啊！又冒出来个会吃美元的“第二代”洋娃娃。

资料来源：李为民．营销策划．北京：中国环境科学出版社，2002.

评析：本案例中的产品策划的目的是利用父女之情，将女儿成长的每一时间段巧妙地用“芭比洋娃娃”—“芭比装”—“职业服”—“凯恩”—“米琪”等产品的配套营销策划谋划成一条“商品链”，读来令人拍案叫绝。

二、营销策划的空间运筹

古希腊有位哲学家曾意味深长地说过这么一句话：“人不可能两次踏入同一条河流。”意思是说世界上万物都是流动的，事物的“势”也是处在不断变化之中的，随着事物“势”的变迁，其关键要素和联系会不断变换，此时的关键要素和联系在彼时则可能成了非关键要素和联系。这种关键点的动态性决定了策划者在任何时间都不可能找到两种相同的“势”。因此，策划者在策划时，必须将策划过程中的重点任务在空间与最主要最有决定意义上的那部分任务、目标保持一致，这便是策划的空间运筹。

所谓营销策划的空间运筹，是指对策划活动中的事件如何在空间位置上设置和安排。

由于客观事物在运行空间中，因各要素所处的位置不同，要素与要素之间联结的要素构成点所产生的“势”的作用也不一样。关键点是决定“势”的发展变化的根本性因素，在营销策划的空间运筹中，策划者必须牢牢区分要素构成点的关键与非关键之分，使“点”产生能量，从而释放“势”的效应。

在营销策划的空间运筹中，最关键的是要找准策划事物的枢纽，这也是衡量策划者策划的真功夫。例如，在广告策划中，当策划者确定了广告策划主题后，接下来便是对广告策划媒体的筛选和匹配。由于网络、电视、广播、POP、DM、报纸、杂志和实物等媒体各有千秋，如何选择媒介，策划者要综合各种因素进行分析对比，权衡利弊，最终在空间上选取广告宣传的关键点，使策划趋利避害，以最小策划成本获得最大策划效应。

❖案例链接

QQ 空间营销策划

提到 QQ 空间营销，不得不想到美丽说和小米的 QQ 空间，它们都是 QQ 空间营销中神奇的存在，每天 QQ 空间的流量都是百万级别的，颠覆了很多人对 QQ 空间的认识，让很多企业重新审视了 QQ 空间营销的价值。美丽说、小米的 QQ 空间、小米官网等流量为何这么牛？他们是如何利用 QQ 空间聚集这么多流量的呢？

一、官网推荐

美丽说和小米官方网站底部都推荐了关注 QQ 空间，这样在官网的很多用户都自然地关注了他们的 QQ 空间，到现在为止，美丽说的 QQ 空间关注已经达到 2 583.9 万人的流量，而小米也有 3 002.3 万人关注，这是相当惊人的。

二、借助微博流量

微博的“拉新”能力不可小觑，美丽说和小米在新浪微博以及腾讯微博都有强大的用户群，而且其用户活跃度也比较高，通过微博的多次转发，信息能形成大范围的传播。这样借助微博流量可以为 QQ 空间带来很大一部分流量。美丽说和小米在新浪微博以及腾讯微博的“粉丝”数都是百万以上级别的，扩散能力相当强。

三、日志转载分享

美丽说和小米都会在 QQ 空间发布用户需求的日志，这些发布的日志经常被 QQ 空间粉丝或访问者转载、分享，若 1 个人转载带来 50 个访问，10 个人转载就是 500 个访问，而且在转载、分享过程中不仅会带来大量流量，重要的是经过一转、二转、三转后，日志传播范围越来越大，甚至形成病毒式传播，这样 QQ 空间的新“粉丝”也会增加。

四、互动专区

QQ 空间的活动不仅能增强“粉丝”黏性，还可以带来大量的流量，其通过互动专区进行活动、做优惠、送礼物调动“粉丝”的积极性。

五、QQ 空间认证，首页通栏嵌入

在进行 QQ 空间认证后，用户可以在后台执行首页通栏嵌入官方网站，直接在 QQ 空间点击分类、查看产品、搜索产品等，不需要进入官网就可以完成很多事情。这样大大提高了用户体验度，自然用户也愿意在这浏览并推荐给自己的好友。嵌入了网站的和没有嵌入网店的视觉以及操作效果完全不同。

六、说说和分享

QQ 空间的说说和分享也是引流的主力军，是 QQ 空间信息传播的关键点，例如活动、日志等也大多会以说说或分享的形式散发出去。特别是说说，可以说是QQ空间的主力，是最常用的功能。很明显，美丽说和小米每天都在很频繁地使用说说，这是最简单也是最有效而且最容易互动的方式之一。

转发是所有社交网络平台最想看到的用户互动行为之一，和上面介绍的日志一样，转发说说会形成自传播，让越来越多的人看到QQ空间的信息，也会让越来越多的人参与进来，进行评论、转发、关注。

七、投票

美丽说有专门的投票专区，但现在没怎么用了，不过以前也为QQ空间带来了大量的流量，也拉进了官方与普通用户的距离，提高了空间活跃度。

注：根据网络资料整理。

评析：从QQ空间的营销策划不难发现，策划者针对新媒体营销从七个方面营造了QQ空间大量的流量，提升了空间活跃度，值得我们新时代策划者深思与学习。

三、营销策划实施过程中重点运筹的问题

在从营销策划构思演变成营销策划方案的过程中，必须重点运筹以下七个方面：

(一) 策划实施过程中的人际关系运筹

在营销策划过程中会涉及众多的关系人，而这些关系人对策划活动有着诸多影响作用，策划者必须编织一张“人际关系网”，利用这张“人际关系网”将市场上一个个经济利益关系人链接起来，使策划方案得以顺利执行。策划者编织的“人际关系网”必须排除“人情网”和“金钱网”的老概念，要摸清“人际关系网”中相关人物的背景资料，并作详细记录，拟定好相应对策，以利于策划方案的实施。

※案例链接

布什竞选广告遭指责批评

美国总统布什在2004年3月播出的竞选广告片，受到“9·11”事件遇难者家属和消防队员协会的强烈批评。

这些竞选广告片中有两个镜头：一个是美国国旗后面的世贸大厦废墟，另一个是消防队员抬着覆盖国旗的死者的担架走过废墟。广告片中还包括了“9·11”恐怖袭击视频片段。这些广告在美国全国有线电视网和18个州的80个广播站播出。

一些“9·11”遇难者家属和消防队员协会批评布什利用“9·11”悲剧捞取政治利益。“9·11”事件遇难者家属加布里埃尔说：“这种广告给了3 000名遇难者一记耳光，这样的广告是不合理的。”一名消防队员说：“消防队员在世贸大楼的画面不应该用于大选，不应该用于政治。”

“这让我很不舒服。”在“9·11”事件中失去亲人的科琳·凯利说，“你是否也去别人的墓地并将之作为政治工具？因为在我看来，‘零地带’是个墓地。”

57 岁的纽约市民多伊尔上说："（遇难者）家属被激怒了。令我讨厌的是总统试图将'9·11'事件作为他谋求连任的跳板。"多伊尔 25 岁的儿子在"9·11"事件中不幸身亡。

佛罗里达州的国际消防队员协会要求布什的竞选集团撤销这些广告。该组织还要求布什向在"9·11"事件中殉职的消防队员的家属道歉。该协会曾在早些时候表示支持民主党竞选人克里。

评析：本案例说明在营销策划过程中会涉及众多人与人之间的关系，而这些关系人对策划活动有着诸多影响作用，必须慎重处理"人际关系网"，否则将得不偿失。

（二）策划实施过程中的利害社团关系运筹

营销策划过程中不仅涉及人际关系运筹，还涉及相关组织和团体。这些组织和团体对实施营销策划方案会得到何种利益，失去何种利益，是支持还是阻挠策划实施，是否对策划方案实施构成障碍，以及影响程度有多大等，所有这些问题，都需要策划者制定相关策略，以应对社团的不测。

（三）策划实施过程中的资金运筹

资金是营销策划方案执行的保障，没有资金策划无法运作，而整个营销策划过程中需要多少资金，这些资金如何运转，出现资金短缺怎么办，筹集资金的途径有哪些等，策划者都要一一考虑，通盘安排和策划，以发挥资金成本带来的最大策划效益。

（四）策划实施过程中的媒介关系运筹

无论何种策划，都需借助大众传播媒介，迅速向社会公众传递策划信息，引起公众对策划活动的关注。策划者只有通过新闻媒介的"桥梁"作用，向社会广泛公告策划信息，并意图制造新闻"热点"，让社会公众对策划活动产生倾向兴趣，并积极参与，产生新闻造势效应。策划者应注意的是不同媒介有不同的特点，需针对策划活动特点选择媒介，必要时需将不同媒介有机组合，使之产生最佳传播效果。

❖小思考

为什么策划实施过程中要注重媒介关系运筹？

因为大众媒介是传播信息的桥梁，策划者需要通过媒介向社会广泛公告策划信息，并制造新闻"热点"，引起社会对策划项目倾向兴趣，产生新闻造势效应。

（五）策划实施过程中的障碍因素与排解运筹

在策划活动的具体执行过程中，往往会遇有预料不及的事和物，对策划方案执行产生负面影响，甚至造成重大障碍，使策划方案难以实施。这就要求策划者在策划方案实施之前作周密调查，并进行策划方案执行过程中的风险评估，排解不利因素，并准备应急预案，以防不测。

（六）策划实施过程中与政府机构关系的运筹

政府是管理社会的权力机构和相关政策、法规、条例的制定机构。策划实施过程中，有许多事项需由政府机构解决，策划者需精心运筹与政府机构的关系，因为这对策划方案实施有益而无害；若能聘请政府机构主要人员出任策划团队中的名誉职责，一般都能增添策划的权威性，降低策划风险，利于策划方案顺利进行，以达到最佳成果。

（七）策划实施过程中有关法律政策运筹

策划活动都必须以相关法律为准绳，任何触犯法律、政策的策划事项都将得到法律的惩治，错失策划良机必然失败。因此，策划者在运筹策划方案实施之前，必须全面分析和考虑策划活动与相关法律因素的关系，以免不慎误闯法律禁区而致策划方案流产，徒劳无益。只有在法律“规矩”之外，策划者才能展翅飞翔，以实现策划梦想。

❈案例链接

房产宣传“美女内裤脱至膝盖”低俗广告被罚 80 万元

据有关报道，某公司是房地产销售代理策划公司，2018 年，在为宣传某商业办公楼项目时，制作了一个主题为“将内裤脱至膝盖处的女性双腿图案”的广告图片，并在这幅广告图片上标注“国购集团 | 京商商贸城”“最低房价盘”“一脱到底”等宣传用语。其为造势通过微信朋友圈对外转发，并上传到网络上。一时间，此广告图片让人们议论纷纷。该广告被该市工商行政管理局立即查处，按照《广告法》第九条第一款的规定，于 2018 年 12 月，责令停止发布“美女内裤脱至膝盖”低俗违法广告，并处罚款人民币 80 万元。

评析：该案例说明，企业在进行广告促销策划时，必须遵循公序良俗原则，不得违犯法律、政策等，否则将自食其果。

任务四　理会营销策划方案的实施——说服力

营销策划成功与否，重要的一环是对营销策划方案的推销说服。大多数的营销策划都偏重于营销策划方案的构思、撰写、包装以及提案的技巧，往往忽略了对营销策划方案的推销说服，结果导致策划方案胎死腹中，或半途夭折或不了了之，既浪费了时间，又耗费了策划者心血。因此，对营销策划方案的推销说服是策划成功不可或缺的要件之一。

一、推销说服力含义

推销说服力是指策划者想方设法让他人来协助并参与营销策划，形成一定策划规模，从而最终赢得策划成功的能力。

例如，策划者设计出一款新产品推向市场，说服市场中间商替他经销这款新产品的能力便是推销说服力；策划者若策划一个相当规模的经济博览会，劝说政府、企业、社会公众来参加展出的能力也是推销说服力等，如此种种，凡是能借助他人的头脑，巧妙地利用他人能力来为我所用者，便是有推销说服力的人，亦是卓越的营销策划家。

※案例链接

技术知识是有价值的

一户人家水管漏水，请来一位技师修理。技师来后，花了几分钟时间就修理好了。该户主问技师需要多少修理费，技师说要 3 000 元，户主急忙质问："为何这么贵，这简直是敲诈?"技师微笑着解释："水管修理实际费用仅为 100 元，其他费用都是技术费用。因为我花了数年时间才学会此项专门修理技术，方能在最短时间内将水管修好，且保证质量，您应该同意知识技术价值吧?"此话一出，户主也就心甘情愿地付了修理费，心想早知那么贵，倒不如自己动手修理好了。但又仔细一想，若自己修理，万一弄坏其他部件，岂不是更糟糕？想来思去，总不能自己修水管吧，下次再漏水，即使再贵，还得忍痛请技师来修。

评析：此案例说明技师真实坦言修理功夫费仅为 100 元，其他 2 900 元为自己的技术补偿费，告诉户主技术知识也有价值，说服户主认可，心甘情愿付钱。由此可见，说服力的技巧和重要性。

二、推销说服力的秘诀

说服别人的七个细节

"说服"一词，就字面而论，就是用理由充足的话语使对方口服心服。在营销策划活动中，说服的含义并不如此简单。因为仅仅理由充分，未必能说服对方，其中还有许多秘诀。要想说服对方，先要调换一下自己的身份，采用换位思考，结合实际全面考虑。另外说服对方，不仅需要具备较好的说话艺术，更重要的是要抓住对方的切身利益，展开说服工作，将自己所推销的方案与对方的利益结合起来，使对方对所推销的方案产生兴趣，让推销说服成功。

※案例链接

企业文化产品服务

一、不人性化的产品不是好产品

乔布斯曾经被踢出苹果公司，10 年以后，苹果公司遭遇危机，又把他请了回去。他回公司后，坐在旋转椅里转着圈，问："谁能告诉我这儿发生了什么?"高管们唯唯诺诺，说不出个所以然来。乔布斯跳起来说："是产品的问题！现在的产品都是废物！它们不符合人性化!"

苹果手机是让人看一眼就发自内心喜欢的产品。人性化，就是要让人喜欢、让人舒服，让人觉得值得拥有、必须拥有。

二、简约背后最极致的复杂与精密

简单来说，乔布斯的设计思路就是“质量比数量更加重要”，也就是质量至上。这个质量包括产品的寿命、产品的品质，也包括设计美学。乔布斯是个完美主义者，而完美这个东西，既没有捷径也没有极限。我们看到的苹果手机、苹果电脑，无论是质量还是外观，都让人爱不释手，非常简约。也就是从乔布斯开始，手机开始智能化，变成“傻瓜机”，干什么，一刷、一点、一按就行，但这背后，实现这些功能，苹果团队可是下了很多苦功。

完美意味着关注细节，关注所有的细节后，产品就会和别人不一样。

怎么避免跟风呢？创新。创新决定了你永远是领袖，而别人永远是追随者。

那又怎么创新呢？那就是连接关联事物。

乔布斯有一句名言：“创造力就是把所有相关的事物连接起来。”所以苹果公司既招名牌大学毕业的理工男，也招音乐家、诗人以及艺术家等，甚至还有动物学家和历史学家。

三、你喜欢的就是客户喜欢的

苹果公司做得最好的是他们与客户、与消费者的连接。

乔布斯曾说：“在苹果公司，我们遇到任何事情都会问：它对用户来讲是不是很方便？它对用户来讲是不是很棒？虽然每个人都在大谈特谈‘用户至上’，但其他人都没有像我们这样真正做到这一点。”乔布斯骄傲地说。

注：根据网络资料整理。

评析：此则案例说明说服别人的秘诀在于抓住对方的心理特点，满足对方最大的欲望。

三、增强说服力的技巧

营销策划中的推销说服力是个内涵丰富、外延较广的概念，是客观性、针对性、逻辑性三性的辩证统一。但过分强调三性有时会走向反面，因为过分强调客观性，凡事都要有可靠依据，易束缚人的思想，影响临场发挥；过分强调针对性易使对方认为说服者咄咄逼人，造成难堪局面，易形成僵局；过分强调逻辑性，会使语言枯燥乏味；而性格洒脱活泼又可能使对方感觉不耐烦等。

小思考

为什么策划者要提高说服力的技巧？

因为作为营销策划人员，必须掌握说服力的技巧，巧妙运用说服力，掌握各种技巧方法，引起对方注意，产生共鸣，让别人理解和支持，促使对方接纳自己的建议。

通常，说服力的技巧设计主要体现在以下几个方面：

（一）精心设计开局

俗话说："良好的开端是成功的一半。"开局良好，创造良好的气氛，给对方留下了强烈的第一感觉印象，然后再切入正题就比较自然了。开局是向对方推销策划方案的第一次亮相，是说服对方的起点，它的好坏在很大程度上决定着整个说服的走向，是能否让对方接纳策划方案的基础。要精心设计开局，注意陈述方法和基本要求。在陈述方法上，应仅仅阐述自己的观点，而不必讲述双方的利益；只做原则性陈述，而不必要具体陈述；应当简明扼要，使对方能够迅速提问。在基本要求方面，应做好说服开局前的准备；注重说服的行为方式；善于寻找双方共同语言；说服气氛的调节等。

范睢自我推销策划

（二）设计好一个好理由

营销策划人员在推销营销策划方案时，要认识到自己是在推销一种理念，让对方接受认可并积极执行方案，所以需要设计一个充足理由足以打动对方。如果能设计一个符合对象价值观念的理由，营销策划者的说服力将能更好地发挥效用。

❖案例链接

"触龙冒死向赵太后进谏"策划

公元前265年，赵惠文王死，儿子孝成王继位，年幼，其母赵太后执政。秦趁赵国政权交替之机，大举攻赵，连取三城，形势危急。赵不得已请齐国出兵援救，齐襄王答应了赵的请求，却提出条件，要以太后心爱的少子长安君为人质方能出兵。赵太后出于褊狭的爱子心理，执意不肯，致使赵国危机日益加深。触龙就在这种情况下冒死向赵太后进谏。为说服赵太后，触龙想尽招数，先以"日食饮得无衰乎"这个人之常情来消除太后"盛怒之气"，接着触龙请求太后让他的幼子做一名侍卫，使太后感觉长辈对子女都有爱心而绝非太后独有厚爱，又以"老臣窃以为媪之爱燕后，贤于长安君"之道劝说赵太后，晓之以理，动之以情，最终以"位尊而无功，奉厚而无劳，挟重器多也。今媪尊长安君之位，而封之以膏腴之地，多予之重器，而不及今令有功于国；一旦山陵崩，长安君何以自托于赵？老臣以媪为长安君计短也，故以为其爱不若燕后。"说服太后。太后曰："诺，恣君之所使也！"于是为长安君约车百乘，质于齐，齐兵乃出。

评析：触龙为了赵国的安危而向赵太后进谏，辞令委婉，方式巧妙，理由充足，环环入扣，使赵太后折服，迫使赵太后同意让长安君到齐国作人质，解决了赵国的危机。

（三）善于许诺好处

在推销营销策划方案时，作为策划人不应过多地向对象谈论策划提案中的各种具体细节，而应着力于向对象推销提案能给他带来何种收益和好处，引导对象对提案感兴趣，以达到推销目的。

"烛之武退秦师"策划

❖案例链接

菜市场建造地址策划

某家用汽车制造商听说本城镇要建一个大型菜市场，于是派了公关人员说服建造者将菜市场建在远离城镇20公里之处，如果这样，建造菜市场的所有费用将由汽车厂家负担。建造者果然接受了此建议，汽车厂家如期兑付了费用。此后，汽车厂家将生产的适用家用小汽车以分期付款方式向本城镇消费者推销，引起消费者争购，获得较大销售量，也获得较多利益。

评析：此案例说明策划者在推销提案时，若能向对方许诺利处，有利于达到理想目的，但必须合法合规。

（四）创造竞争

若想营销策划方案获得高价值，除具备上述秘诀和许诺对象利益外，还有必要在推销对象之间营造一种竞争态势，充分利用人性弱点，增强推销说服力。

商务谈判中的五大提问技巧

项目小结

本项目主要介绍了市场营销策划运作的策划力——解析力、创意力、运筹力和说服力的基本知识，并对每一项策划力的应用应该注意的问题和技巧做了说明和解释，重在四力的综合运用，完成营销策划方案。

经典案例赏析

奇瑞新能源小蚂蚁 eQ1 概念车缘何大放异彩

复习思考题

1. 什么是市场营销策划运作的策划力？包括哪些具体策划力？
2. 什么是概念？什么是营销策划概念？
3. 营销策划概念的酝酿构思过程有哪些？
4. 策划者为什么始终要坚持营销策划概念确立的原则？
5. 什么是营销策划主题？包括哪些内容？
6. 营销策划主题的特点有哪些？
7. 简述营销策划概念和营销策划主题的关系？
8. 营销策划实施过程中重点运筹的问题有哪些？
9. 增强说服力的技巧有哪些？
10. 为什么说营销策划成功与否的关键是对营销策划方案的推销说服？

模拟演练

为自己的学院或班级设计一个吉祥物

[实训目的]

发挥学生营销策划运作的策划力意识，调动学生的积极思考能力，巩固学生的策划力的理论知识，强化学生的思维能力，培养学生对策划力的认识情感。

[实训内容]

要求学生了解和熟悉学院或班级的情况，根据实际状况策划一个吉祥物。

[实训组织]

班级干部组织，将班级分成 5～8 人一组，每组选一名负责人，组织该小组进行策划实践活动。

[实训考核]

每小组织交一份策划吉祥物的材料和 PPT，供全班讨论交流。

[实训指导]

由实训专业指导教师或授课教师负责指导工作，并负责对每个小组所交策划吉祥物材料进行评析。

项目六

营销策划的准备工作

项目六
思维导图

学习目标

通过本项目的学习，你应该达到以下目标：

素质目标：具有在营销策划前进行有关信息收集、周密安排、全面准备的思想意识。

知识目标：了解市场营销策划组织机构，配备优秀策划人员和策划过程所需经费预算的基本知识。

能力目标：能够运用营销策划观念分析营销策划活动，能针对营销某一活动进行策划经费预算，具备策划信息收集和处理的能力。

教学重点和难点

重点：营销策划的经费预算。　　**难点：**营销策划的信息准备。

案例导读

如何有效制定企业信息化发展规划？

一、立足根本、明确目标

首先企业要明白，信息化不是样子工程，也不是万能的，信息化工程只是个管理手段和管理工具，可以锦上添花，可以快速提高企业管理水平，但不能脱离企业实际。所以信息化工程的建设与发展要做好两个结合：一是与企业管理水平相结合，二是与企业业务类型相结合。管理水平较弱就不要指望一步到位，假如以前公司没有真正搞过预算管理，那全面预算的模块暂时就不要上。

企业是多元化集团，上系统时就要注意兼容性，找开放性强的。调查清楚企业实际情况，明确目标。目标可以分成战略和战术两个层级，战略目标可以定的大一点，时间也可以长一点，五年十年规划都不奇怪。战略目标的目的是指明方向，少走弯路。战术目标就要定的细致，可操作性强，每一年甚至每一个月要做什么都要有详细计划。所以战术目标的制定者一定要了解企业经营和管理情况。信息化系统最终收效甚微，甚至失败一般都是制订计划时脱离实际所致。

二、从上至下，先易后难

信息化建设必须是一把手工程，拥有一位强而有力领导的支持是前提。因为信息化系统工程涉及公司所有部门、所有人员，没有领导大力推动根本无法进行。具体实施时也要自上而下地规划和推进，如果从下级先开始，最后归集的信息就会五花八门，无法使用。

三、总体规划，分步实施

如果所在公司是个多元化的集团公司，规划时我们的第一目标是加强集团的集中管控能力。

具体步骤是：(1) 先上总账系统。总账系统是基础，先把所有公司的科目、主要账务处理方法、报表模版先统一，这样信息才方便归集和使用。(2) 再上资金系统。资金是企业的血液，也是核心资源，把资金管住了，管理的抓手也就有了，通过资金系统还可以归集所属单位资金，集中调度使用，实现效益最大化。(3) 进行合同管理。通过合同管理可以及时掌握下属公司经营动态，如果不报批，系统也可以控制（未经审批的合同，资金系统可以控制使其无法对外支付）。(4) 进行客商管理。客商管理有两个重要功能：一是通过客商管理系统对客商进行分级管理，如果客商是A级的，可以授信，如果客商是B级的，只能现货现款，通过系统都能控制，从而把控经营风险；二是通过客商管理与资金管理相结合，实现集中采购，比如可以指定几个客商为集团战略供应商，要求所属单位只能在这几家公司采购，在其他供应商采购的，资金无法支付。通过集中采购，提高议价能力，降低舞弊风险。(5) 进行预算管理。预算管理也可以与总账系统结合发挥作用，超预算的支出，凭证无法生成（这是初级阶段，最好的管控是与供应链系统结合）。(6) 进行人力资源管理。人力资源系统与总账、预算、资金系统结合，所属单位员工的调动、升降、进出都要经过上级审批，未经审批，工资无法发放，通过人力资源系统，可以最大限度地把人力资源管好。

四、用好人，用对人

信息化建设说起来容易干起来难，工作习惯一旦固化，想改变就很难，实施时阻力会很大。所以用对人很重要。上面要有懂行、懂管理的领导支持，中间要有负责能干的中层执行，下面要有一批管理员及时提交改进建议。这里要特别强调的是软件商的实施人员也很重要，一个好的实施人员对信息化工程意义重大。

五、做好个性化开发

信息化建设时面临的最大问题就是标准化的软件功能不能完全符合自己的需求，而完全定制开发的项目成本太高、周期太长、风险太大，而且开发者能力不足可能还不如标准化的产品，所以个性化开发是相对经济的选择。所谓个性化就是结合企业的实际情况进行开发，这时要注意的是开发不能太随意，一要符合内控要求，二要符合系统要求。

六、推进业务财务一体化

做好风险控制信息化工程最大的难点就是实现业财一体化，信息化建设失败一般都失败在这里。所谓一体化指的是信息一体化，业务信息与财务信息按说是互联互通的，财务信息来自业务信息，脱离业务论财务是无本之木；业务信息只有转化成财务信息（语言），才能让管理层更好地利用和掌握。相信大多数企业的业务信息与财务信息都有不一致的现象，有时是及时性问题，有时就是管理问题，如果差距较大会影响信息披露的真实性，还会影响管理层的判断，进而产生经营风险。业财一体化就是把业务信息与财务信息打通，业务信息无障碍地自动转化成财务信息，中间不得有人为的干预，这也是内部控制的基本要求。一体化的过程需要财务部门与业务部门共同推进业务流程的标准化、规范化、信息化。

七、确定以财务为核心还是以业务为核心

作为财务人员当然希望以财务核心，这样工作起来方便。目前的国内软件商主流就是从财务角度做产品，因为一家公司的信息化往往就是从财务软件开始的，有了基础再推动其他模块就会方便得多。可企业的核心永远是业务，如果业务需求得不到满足，实施阻力大，影响经营管理就麻烦了。所以以哪个为核心需要根据企业实际情况来定，多元化的集团公司建议以财务为核心，可以最大限度发挥集中管控的功能；产品比较单一或者单体公司可以先从供应链开始，以业务优先。

注：根据网络资料整理。

读后思考：你读了以上七个方面的内容后，对如何进行有效信息化规划有何感想？

市场营销策划的准备工作是市场营销策划工作的第一步，它包括营销策划机构的建立、策划经费预算和策划信息准备。营销策划机构的建立，着重介绍市场营销策划组织机构的设计原则和营销策划组织机构的形式。市场营销策划经费预算是企业综合预算的重要内容，策划经费预算要遵循效益性、经济性、充足性、弹性等原则。收集、整理和筛选策划所需的信息资料，是为了了解策划对象的过去和现在，为判断其未来和发展趋势提供基础，为市场营销策划提供充分的依据。

任务一　建立市场营销策划机构

随着科学技术的进步和发展，企业迎来了一个日新月异的信息时代，面临新时代的各种机遇和挑战，如要获得生存和发展，企业只有打破旧的传统封闭式的组织机构，建立适应性强的组织机构，才能适应市场营销环境和营销渠道的新变化，不断提高企业的市场竞争能力，取得良好经济效益。

市场营销策划机构及其形式是企业为了实现营销策划目标，发挥市场营销策划功能，由有关部门和人员协作配合的有机科学体系。企业的所有市场营销活动都是由组织机构中的人员来完成的，因此，市场营销策划自然离不开特定的组织机构。

市场营销策划机构，是指企业内部涉及市场营销策划业务活动而设计的相应职位及其结构。要使市场营销组织合理化，确保营销策划的实施达到预期目标，必须对市场组织机构进行策划和安排。企业的所有营销策划活动都应该由营销策划机构来组织实施。

❖小思考

为什么要建立市场营销策划机构?

因为市场营销策划机构能保证营销策划顺利进行，没有市场营销策划机构就不能有效地开展市场营销策划工作，自然市场营销策划也就不能获得成功。

一、市场营销策划组织机构设计的原则

（一）明确指挥系统原则

在策划组织机构设计中，上下级关系必须明确并公布和执行，使每一位职员或管理人员只对一个上司负责，强调行动命令统一。明确组织机构指挥系统的过程，实质上是分权过程，企业可适当地将职权自上而下逐步转移下去，实行权力分解，从而形成一个有效的控制系统。

（二）统一领导，分层管理的原则

选贤任能的方略

在策划过程中，对于一些战略性、全局性的重大事项，管理权限应集中在企业策划高层，使经营管理实行统一领导，以便保证企业各项市场营销活动顺利开展。同时，为保证市场营销任务的顺利完成，也要实行分级管理。营销策划系统中的每个部门的主管，必须拥有一定的权力，承担一定的责任。也就是说，营销策划系统中各层市场营销管理组织在规定的权限范围内，能够灵活机制地处理与本身相关的业务事项，使责、权、利有机结合起来。

（三）合理分工，利于沟通与协调

企业的市场营销部门是个完整的系统，所有市场营销和管理业务活动之间存在相互影响、相互制约的关系。因此，健全的市场营销策划机构，有利于各种业务职能的分工合理、职责分明。同时，营销策划机构的组建，要利于各部门沟通协调，这对企业营销目标能否顺利实现关系极大。组织机构的选择要有利于及时上下传递信息，使各方面的信息关系能有效地沟通和协调。

❖案例链接

沟通是推动策划实施的润滑剂

某企业新产品开发部门的负责人和销售部门的经理因感情失和而变得不合作。因此

当开发部门提出非常优秀的新产品设计策划方案时，即使按照策划方案将新产品研制开发出来，在销售上也不见成效。因为当新产品交到销售部门时，销售人员便一副“别给我添麻烦”的态度，不配合促销。结果董事长不得不把销售部经理撤换。现实中有许多企业组织机构因不协调、不合作，使一些优秀策划方案夭折，损失惨重。因此，策划组织机构应与实施策划方案的部门人员建立友好合作关系。

评析：此案例说明策划者在进行营销策划时，必须对有关部门进行协调，并达成谅解，加强沟通，只有这样，才能保证策划工作的顺利开展，达到最佳经济效益。

（四）精简与高效的原则

建立企业营销组织机构的根本目的是通过最佳配置营销资源以便有效地实现营销目标。因此，企业营销系统内部的各部门和环节都必须与其承担的职能相符，必须杜绝环节重叠、功能冲突、人浮于事的事件发生，只有极其精简的组织机构才能创造出较高的效率。营销策划机构建立必须精简，这样才能够以最小的成本代价来获取最大的营销收益，反之，若机构臃肿，人浮于事，必须导致不良后果。

❖案例链接

3∶4∶3用人术

当企业发展到了一定规模的时候，企业管理者要学会驾驭众多的人才，对此，日本人创造和发明了一种“3∶4∶3用人术”的组织人才比例结构法。这种方法假定企业有10个员工，对其中的3个员工想方设法不惜代价地留住，有4个员工则持可有可无的观点，而剩下的3个员工迟早是要辞退的。这种用人的比例在任何经济组织中都是适用的。这纯粹是一种市场经济型的优胜劣汰法则，其目的是营造员工之间的一种图存求进、积极竞争的精神。每个人都有保留的机会，每个人又都有被辞退的危险，因此大家都努力干事。

评析：在现代企业市场竞争中，企业要正确对待人才，必须精简机构，进行人才资源的最佳配置，只有这样才能给企业带来较好的效益。

（五）适度弹性原则

现代营销活动日趋复杂，知识化、专业化、科技化程度日益提高，且影响营销活动的环境也变化多端，因此，企业设计的营销策划组织机构也应随市场营销活动的动态变化而进行相应调整，以适应营销环境的发展变化，提高企业组织机构应变能力。有时，企业为了实现某一特定的市场目标，还需要聚合有关专家，适时地组建临时性机构，并通过临时性授权，以完成某项特定性的目标任务，这种适度弹性有利于提高企业策划组织机构的战斗力，提高企业经济效益。

发挥心理弹性
三大保护因素

❖小思考

如何提高人的心理弹性

心理弹性并不是一成不变的，它会随着我们的经历呈现出动态变化的现象，就像身体的免疫力可通过充足的睡眠、持之以恒的锻炼等方法来增强，心理弹性也能通过个体的努力而使之更为坚韧。

实践表明，提高心理弹性的关键在于把握好个人品质、家庭支持及外部环境支持系统这三种资源之间的最佳匹配。具体可尝试以下几个方法来提高心理弹性：

1. 提高个人的抗压品质

从提升自我开始，主动学习一些社交的技巧，让自己更加亲和、可信赖。定期设定一些学习目标，如练习口头表达能力，不时地训练一下发散性思维的能力，或学习一些实用的沟通技巧等。能力的增强会带给你自信和自尊，在面对困境的时候，你就能够找到更多的解决方案。

2. 保持与家庭成员的紧密联系

不要因为忙碌的工作就弃家庭成员于不顾，你可将烦恼适度地与家人讨论，在适当的机会下表达你对低压力家庭的期望，以及你希望家人在你遇到困难时的支持方式。

3. 建立宽广的人际网络并学会寻求帮助

宅生活不适合人发展自己的心理弹性，建议你隔三岔五地邀请老同学、新同事一起参加聚会，分享彼此的生活与工作经验。如果你能在别人需要的时候提供力所能及并且及时的帮助，那么当你遭遇困境时，就可以寻求可能的帮助。

4. 多参加亲社会活动

亲社会活动是指对社会和他人有益的活动，这类活动包含了帮助、合作、同情、关心等行为。不要吝啬自己的时间和自己的能力，如果你细心观察，就会发现有很多人正热衷于亲社会的活动，如一些公益活动、慈善行动或志愿者活动，因为它们能使人看到这个世界上有很多人正过着和你不一样的生活。

资料来源：韦蔡红. 如何提高人的心理弹性.（2011-08-18）[2020-05-22]. http://www.chinamsr.com/2011/0818/34982.shtml.

上述五方面的原则，旨在帮助企业设计科学的组织机构和组织制度，在实际操作过程中，企业必须结合营销活动的内外部环境和企业目标来具体使用，只有这样才能有效。

二、市场营销策划的组织机构形式

为了实现企业营销策划目标，市场营销经理必须选择适宜的营销策划组织机构形式。企业通常可以采取以下三种方式来建立市场营销的策划机构：

（一）“家族型”的策划机构

企业内部以营销职能部门为策划的主体单位，借助企业原有的市场营销组织机构和人员来采集信息、制定营销方案并组织实施。

企业市场营销组织机构有多种形式，一般可分为职能型组织机构、产品型组织机构、地区性组织机构、市场型组织机构、产品-市场型组织机构和事业部型组织机构等类型。对于营销职能部门来说，在进行市场营销策划时必须考虑企业营销组织机构的具体形式，以提高策划方案的针对性，并有利于组织实施。

这种形式的策划机构渗透在企业的营销职能部门中，具有稳定性和系统性的特点。

（二）“智囊团型”的策划机构

由企业抽调部分营销人员，并聘请专家或管理顾问公司成立专门的策划班子，进行企业的市场营销研究，对企业的市场营销战略和策略做出规划和策划，然后通过企业的营销职能部门来组织实施策划方案。

2019年中国企业前10强

这一策划机构的特点就在于它的灵活性和高效性。企业凭借“外脑”来策划营销方案，大大提高了市场营销策划的起点和水准。它通常是在企业经营的特定时期（如公司组织机构调整、业务经营范围发生重大变化、新产品上市、企业经营陷入困境等）和面临重大事件时（如企业战略目标做出调整、行业内出现威胁性的竞争对手、竞争者采取了新的竞争策略等）设立并运作，在完成特定任务后即可解散。

（三）“混合型”的策划机构

现实中，许多企业将“家族型”和“智囊团型”这两种形式的策划机构结合运用，由“家族型”策划机构承担企业营销活动过程中常规的策划任务，而以“智囊团型”的策划机构承担特定的营销策划任务。混合型的策划机构真正实现了营销策划组织机构的系统性、稳定性、灵活性和高效性的高效统一。

中国十大营销策划机构

任务二　学会做营销策划经费预算

营销策划的经费预算是企业综合预算的重要内容，是调节和控制经营活动的重要工具，也是营销策划方案顺利实施的具体保障。经费预算应尽可能详尽周密，各项费用应尽可能细化，尽可能真实反映策划方案实施的投入大小，力争将各项费用控制在最低成本上，以求获得最优的经济效益。百货公司巨头约翰·华纳梅克曾说过：“我知道我的一半广告是白费的，但我不知道是哪一半，我花掉200万美元做广告，但不知道是否一半便足够。”

一、营销策划经费预算的基本原则

企业营销策划工作需要有一定的资金投入，对经费的预算必须合理、科学。因此，经费预算要遵循以下基本原则：

（一）效益性原则

效益性原则是指以最少的经费投入产生最大的营销效益。也就是说低效益或者没有营销效益的营销策划经费投入应当在预算中尽量避免。

（二）经济性原则

经济性原则是指在保证营销策划方案顺利实施条件下，尽可能节省不必要的费用开支。营销活动是一项经济活动，在活动开展过程中，必然要考核其投入与产出的比值，要想取得好的经济效益，必须讲究经济性原则。

（三）充足性原则

充足性原则是指投入的营销策划经费能足够保证营销策划方案的全面实施。营销策划经费是企业投入的营销成本，直接影响企业利润的高低。营销策划经费高了会造成资源浪费，低了又影响营销效果，保证不了策划方案实施，甚至会使策划方案夭折。因此，企业应通过边际收益理论对营销策划经费投入的充足性做出测算、评估。

（四）弹性原则

弹性原则是指对营销策划经费的预算要能根据未来环境的动态变化而表现出灵活机动性。当营销环境发生变化，原有的策划经费也应相应调整，与环境变化相适应，做出弹性安排，只有这样才能保证营销目标实现。

二、营销策划经费预算包括的主要项目

（一）市场调研费用

市场调研通常要委托专业调查公司或雇用专业调查人员进行调查。所以，这是一项重要费用，资金不足会造成调研资料失真，调研结果有误差。因此，要根据市场调研的规模大小和难易程度来准确预算所需费用。

（二）信息收集费

信息收集费主要指信息检索、资料购置及复印费、信息咨询费、信息处理费等，主要是对二手材料和信息的收集，也是依据信息收集的规模和难易程度来确定的。

（三）人力投入费

为了完成不同的分工，要投入一定的人力，这一费用比较容易计算。

（四）策划报酬

其分为两种情况：一是企业营销策划人员自行策划，可以奖金形式发放，开支相对较少；二是委托“外脑”策划，则要在事先商定策划费的多少和支付细则，然后据此发放。

策划设计行业项目收费计算公式

任务三　做好营销策划的信息准备

中国有句古话，叫作“巧妇难为无米之炊”，市场营销策划也是如此。市场营销策划是认识现在、预测未来和规划行动的动态过程，因此，只有了解策划对象过去和现在，并

依据营销策划者的知识和经验，判断未来的发展趋势，才能做出科学的符合事物发展逻辑的营销策划。而要了解营销策划对象的过去和现在，就必须收集和策划事项相关的信息资料。信息收集工作是营销策划成功的关键之一，信息收集能力是营销策划人员必须具备的基本素质。

一、市场营销策划信息的基本要求

市场营销策划者一方面借助信息来认识策划环境，另一方面通过信息传递把策划者思维活动的方案以指令的方式作用于营销环境。策划者不断输出指令信息，同时又不断依靠反馈信息来调整自己的策划行为。因此，市场营销策划需要有价值的信息，对于信息有以下几个基本要求：

（一）真实性

信息是市场营销策划的前提，没有信息就无从谈策划。而策划者获得的信息必须能真实地反映客观情况，因为不真实的虚假信息会导致策划者做出错误判断，使策划走向失败。因此，策划者在收集策划信息时，必须慎重考虑策划的信息源和信息处理过程，尽量避免信息失真。

成功营销策划的关键三板斧

（二）及时性

在当今的信息时代，科技日益发展，信息资料越来越多，信息的变化也在不断加速，因而信息的及时性尤为重要。再好的信息如果不能及时掌握，也会失去信息的效用，从而影响策划的顺利进行。

（三）完整性、系统性

市场营销策划者如果获得的信息不完整、不系统，在对信息进行利用时，容易产生片面性，造成不良后果。因此，为保证策划获得成功，必须保证获取的信息完整、系统。

（四）适度性

市场营销策划在获取信息的总量上要适度。这是因为庞杂的信息会影响信息质量，也不利于进行科学的分析、判断和预测。

（五）适当性

信息的适当性是要求提供的信息精度适当。一般情况下，获得的信息精度越高，对营销策划的价值越大，但随着精度达到某个点以后，信息价值的增量会随精度增加而呈缓慢的态势渐进。另外，在低精度时信息获取费用很少，但其会随信息要求的精度增大而快速提高。因此，在实践中，策划者应把握适当的精度要求，使信息价值对费用的比值达到最大化。

二、市场营销策划必备信息

市场营销策划需要有价值的信息作为依据。信息的来源渠道较多，企业策划者应收集以下几方面的信息：

（一）宏观环境信息

在进行市场营销策划时，必须了解和掌握宏观环境信息，使企业的营销策划方案实施与社会宏观环境保持一致。如果不注重宏观环境信息，营销策划则难以实现目标，甚至产生不良后果。宏观环境信息包括以下内容：

1. 政治法律环境信息

政治法律环境信息是指影响、约束企业营销活动现在和未来的国内国际的政治态势和走向，以及有关已出台和将可能出台的方针、政策、法规、条例、规章制度等方面的信息。

对政治法律环境信息的收集，主要途径有：

(1) 借助于国内外重大会议及重要领导人的讲话进行全面分析取得；

(2) 借助于国家公开文件进行全面分析取得；

(3) 借助于有关公开的或内部的参考文献进行全面分析取得；

(4) 借助于各种媒体信息进行分析取得；

(5) 借助于各种评论、综述进行形势分析取得；

(6) 借助于各种国际条例、贯例分析取得；

(7) 借助于政治理论分析取得；

(8) 借助于政治观察家或政治观摩机构咨询取得。

2. 经济环境信息

企业的市场营销本身就是一种经济活动，因而受经济环境的影响是十分深刻的。经济环境信息是指开展营销策划活动所面临的外部社会经济条件，及其运行状况和发展趋势等信息。主要包括下列信息：

(1) 经济制度信息。不同的经济制度对企业市场营销有不同的影响。一个国家的经济制度是很复杂的，世界各国的经济制度可划分为社会主义经济制度和资本主义经济制度两大类。

(2) 经济发展阶段信息。企业市场营销活动会受到一个国家或地区的整个经济发展阶段的制约。不同的经济发展阶段，其居民消费需求也有所不同，从而会直接或间接地影响企业市场营销活动。关于经济发展阶段的划分，比较流行的是美国学者罗斯托的“经济成长阶段论”，它将世界各国经济发展归纳为五大阶段：传统社会—起飞前夕—起飞阶段—趋向成熟阶段—高度消费时期。一般而言，凡属于前三个阶段的国家可称为发展中国家，而居于后两个阶段的国家称为发达国家。但并非每个国家的经济发展都要依次经历这五个阶段，所以分析研究经济发展阶段时应具体对待。

(3) 经济收入信息。市场需求总是表现为有实际支付能力的购买者的需求。在人口数量相同的条件下，收入水平越高，市场购买力越强，市场的容量就越大。收入可细分为以下项目：

1) 国民收入。指一个国家物质生产部门的劳动者在一定时期内新创造的价值总和。

2) 人均国民收入。指国民收入总量与总人口比值，可反映一个国家的经济发展水平。

3) 个人收入。指从各种来源中所得的全部收入。消费者购买力来源于个人收入，但并不是全部收入用于购买商品和劳务。个人收入中扣除税款和非税性负担之后所得到的余额为个人可支配收入，可用于消费支出或储蓄；而个人可任意支配收入是指个人可支配收入减去维持个人与家庭生存不可缺少的费用后的余额。这部分收入是消费需求变化中最活跃的因素，也是企业经营活动时所要考虑的主要对象。

(4) 消费状态信息。主要分析研究开展营销策划活动所在地域居民的消费结构和消费水平。德国统计学家恩斯特·恩格尔经过调查研究，于 1857 年提出了反映家庭收入变化与支出变化之间比例关系的恩格尔定律，即在一定条件下，当家庭收入增加时，收入中用于食物的开支部分的增长速度小于医疗、教育、娱乐等方面的开支。食物支出占总消费数量的比重越大，恩格尔系数越高，生活水平越低。这一规律已被许多国家和地区的调查所证实。值得注意的是，消费支出不仅与消费收入有关，而且还受家庭生命周期、家庭住所、劳务社会化等多因素的影响。

(5) 储蓄与信贷信息。储蓄来源于消费者的收入，其最终目的是消费。在一定时期内，如果收入不变，增加储蓄，则会减少购买力，但会增加未来的、潜在的购买力。反之如果收入不变，减少储蓄，相应会增加当前购买力。由此看来，消费者储蓄目的的不同，将会导致潜在需求内容和潜在需求量的不同。所以，企业营销策划人员要充分研究和分析消费者储蓄的动机和目的，掌握消费者储蓄信息。

消费者信贷是指消费者凭借信用借款而购买商品，然后按期归还贷款。消费者信贷意味着消费者提前消费，将未来收入提前使用，因此，信贷是影响市场购买力的一个重要因素。我国目前的消费信贷越来越普遍，作为营销策划人员要密切关注消费者信贷的发展及对企业营销活动的影响。

3. 文化环境信息

市场营销活动既是一种经济活动，也是一种文化活动。文化环境信息一般是指在一定社会形态下所表现的文化教育、价值观念、审美观念、宗教信仰、道德规范和风俗习惯等方面的各种行为规范。

目前，企业营销活动处于文化时代，掌握文化时代的特征，有利于企业营销活动发展。而文化是人们在社会实践中形成的有历史现象的沉淀，世界各国各民族的发展都有不同的历史进程，因而在文化上也存在着差异。企业市场营销策划人员对目标市场的文化信息了解一般要侧重于以下内容：

(1) 目标市场的教育水平。教育水平是指消费者普遍受教育的程度。一个国家（或地区）的教育水平与经济发展水平往往是一致的。目标市场教育水平决定了营销方式和手段。一般而言，教育水平高的地区，消费者对商品的鉴别能力强，要求提供较多的技术性说明和良好服务；而教育水平低的地区，消费者往往要求提供实物样品和简单易懂的文字或图示说明，更倾向于接受广播或电视广告宣传。

(2) 目标市场的价值观念。价值观念是指人们对于事物的评价标准和崇尚风气。不同国家（地区）、不同阶层的消费者对某种事物的评价标准、追求和偏爱往往不相同。例如，西方人乐于变化，注重个体和个人创造精神，因此，标新立异、富有奇特感的商品深受消费者欢迎；而强调传统，把群体、团结放在首位的东方人，消费的产品偏重其文化内涵和普遍认同感。所以，企业市场营销策划人员必须了解目标市场的价值观念，使企业的产品或劳务适应目标市场的价值观念需求。

(3) 目标市场的宗教信仰。宗教信仰对市场营销有较大的影响。企业策划人员想要适应各类消费者的需要，就要对目标市场消费者的宗教信仰有深入的了解和分析。

（4）目标市场的审美观。一定文化背景下所产生的美学观念称为审美观。不同国家（地区）、不同民族的审美观与其文化背景密切相关，充分尊重目标市场上的审美观可从中提取经济价值。

（5）目标市场上的风俗习惯。风俗习惯是指人们依据自己的生活内容、生活方式和自然环境，在一定的社会物质生产条件下长期形成并世代相传，约束人们思想和行为方式的规范。它在饮食、服饰、居住、婚丧、节日、人际交往等各个方面，都表现出独特的心理特征，并影响消费和需求选择。因此，在进行营销策划时，必须仔细研究目标市场的风俗习俗，一方面是避免引起冲突，另一方面还可巧借风俗习惯促进营销。

4. 科学技术环境信息

科学技术是社会生产力中最活跃的因素。科技进步在推动生产力发展的同时，也在不断地促进社会分工的深化和新的社会需要的产生。市场营销策划者必须注重和研究当代科技发展的特点和发展趋势，以便正确地进行营销策划，适应科技动态发展。当前世界科技发展的特点：一是信息化和智能化发展涉及各个领域；二是生命科学获得新的突破；三是生态环境研究和发展已成共识；四是各学科知识互相渗透、综合交叉发展。科学技术进步给市场营销活动带来的影响表现在：一是新技术是一种“创造性的毁灭力量”，它的发明和运用，在造就一些新行业、新市场同时，也冲击和淘汰一些旧市场；二是科技成果转化为产品的市场寿命周期缩短，产品更新换代速度加快；三是科技水平发展改变了人们生活方式、消费行为和消费结构，使得商贸业结构发生迅速变化；四是企业市场研究和开发的费用急剧增加；五是以微电子为标准的技术在企业管理和营销中广泛应用，降低了成本，提高了效率；六是技术创新机会增多，技术贸易比重加大等。

5. 自然环境信息

企业自然环境（或物质环境）的发展变化也会给企业造成环境威胁和市场机会，所以，企业市场营销策划者还要分析研究自然环境方面的信息动态。概括地讲，企业策划者应注意下列两方面自然环境变化趋势带来的威胁与机会。

（1）部分资源短缺或即将短缺的威胁与机会。地球上自然界提供的各类资源大体上可以分为三类：一是无限资源。如空气、水等，空气中二氧化碳不断增加，臭氧层的破坏、空气质量下降等，水资源缺少面积不断扩大，严重威胁人类的生存和发展。二是有限但可以更新的资源，如森林、粮食等。人类要明智地使用，科学地计划安排，并加强更新措施，千万不可只使用不更新，否则将会导致不良后果。例如，目前的风沙暴加剧就是人类不合理使用资源的一个苦果。三是有限但不可再生的资源，如石油、煤和各类矿产等。其所带来的问题尤其严重，有人估计如按现在的开采使用速度，到 2050 年左右，地球上一些矿物将会枯竭。上述现象的出现，既有自然资源分布不均的客观原因，也有人为的原因，应引起人类高度重视。

自然资源短缺对企业营销活动的影响表现在两方面：一是因原材料和能源短缺而涨价，导致企业生产成本增加，给企业带来威胁；二是因成本上升迫使人们设法寻求替代品或仿制品，研究开发能节省材料的新技术，这也将给企业带来新的市场机会。

（2）环境污染日益严重的威胁与机会。由于工业化和城市化的发展，一些产业的生产发展不可避免地造成环境污染和自然资源大量耗费，破坏了自然界的生态平衡，直接危及人类的生存环境，从而引起人类环境保护运动的兴起。从世界范围看，环境保护意识与市场营销观念相结合所带来的绿色市场营销观念，成为市场营销的新主流。

绿色市场营销观念要求企业在策划市场营销活动时，必须考虑消除和减少营销活动对生态环境的破坏和影响，必须采用能够控制污染和节能降耗的生产设备，向市场提供绿色产品，但可能会增加企业生产成本，给企业带来巨大压力和困难。与此同时，这对于进行再生资源开发、利用以及生产环保设备的企业，提供了良好的发展机遇。

（二）竞争环境信息

任何企业在进行营销活动中，都不可避免地要遇到竞争者的挑战。只要存在商品生产和商品交换，就必然存在竞争。企业营销策划者，在进行营销策划时，除需了解消费者的消费信息外，还必须了解竞争者的相关信息，做到知彼知己、百战不殆。只有这样，才有可能在激烈竞争的商场中获胜。

从消费需求的角度划分，企业竞争者大致分为四种类型：一是愿望竞争者，即提供不同产品以满足不同需求的竞争者；二是平行竞争者，即提供能够满足同一种需求的不同竞争者；三是产品形式竞争者，即满足同一种需求、生产同种产品但不同规格、型号、款式的竞争者；四是品牌竞争者，即满足同一种需求、生产同一形式的产品（规格、型号相同）但品牌不同的竞争者。

从购销关系角度划分，大致存在三类竞争者：一是买者与买者之间争夺资源的竞争；二是买者与卖者之间争夺优惠条件的竞争；三是卖者与卖者之间争夺销路的竞争。此外，还存在代用品生产者、潜在加入者等多种竞争关系。不同竞争者与企业形成了不同的竞争关系。这些复杂且多变的竞争关系，是企业营销策划人员在策划时必须考虑的问题。另外，在同行业竞争中，卖方密度（即同一行业或同一类商品经营中生产与经营厂家的数目）、产品差异（即同一行业中不同企业同类产品生产的差异程度）、进入难度（即企业在试图加入某行业时所遇到的困难程度）等也是策划者值得重视的方面。

不同的竞争关系及不同的竞争对手，直接影响着企业的营销活动。正常情况下应该是“万人逐兔，一人先得”。企业营销策划人员必须识别出本企业的竞争对手，并采取有效的竞争策略，扬长避短，以保持并扩大本企业的市场占有率。

获得竞争信息并非是个随机偶得的过程，为使调研成本有效化，每个企业应精心设计竞争情报系统，以便顺利开展工作，企业策划人员不仅要收集有关服务消费者满意程度的信息，而且要积极收集竞争信息并及时转到相关部门中。为达到这些目的，应建立竞争情报调查机构，机构的主要任务是：

1. 明确调研目标

确定哪些竞争企业情报最为重要，只有目标明确后才能找到收集情报的渠道，指派专人负责管理。

2. 收集资料

收集资料可从两方面着手，一方面调查了解竞争企业的基本概况，主要了解竞争企业的经营规模、市场占有率、经营品种和拳头产品、整体实力，知名度、美誉度及发展态势等。另一方面调查了解竞争企业的营销状况，主要了解企业的营销规模、营销策略、营销渠道、产品的辐射区域、营运方式与中间商的关系、产品的服务状况等。这些资料数据可从企业推销人员、企业供应商、企业销售渠道、市场调研机构、同行业协会等方面取得，还可从新录用的职员和竞争者的职员那里获得，从与竞争者做生意的人中取得，从观察竞争者或分析实物证据来获得，从政府、有关领导讲话，报刊文章中获得，还可从国内外网络获得等。

3．评估和分析信息资料

其主要是检查资料的效用性和可靠性，再进行归纳整理，去伪存真、为我所用。

4．传播与反应信息

资料经过评估和分析后，并不是搁置一边，对重要的信息要及时快速送达到有关决策者手中，对竞争者采取相应的营销策略措施，以保证本企业在市场竞争中立与不败之地。

对一些小型的而无力建立正规竞争情报组织机构的企业，比较行之有效的办法是指派专人负责，对特定的竞争者进行“监视”，以便获得所需的情报资料。

（三）企业内部信息

在着手市场营销策划前，策划者首先必须了解企业的内部现状，掌握企业的优势和弱点，以便根据企业实际状况，正确进行市场营销策划。

1．企业内部营销环境信息

企业在内部结构、对外策略等方面的政策，会使企业具有不同的对外形象和决策方式。

（1）企业的组织层次资料信息。主要包括企业的组织结构的方式、设置和职能部门、上下级之间的相互关系、部门之间的协作程度、权力的分散与集中、决策的形式等方面的资料信息。

（2）企业对外策略信息。任何企业不可超越社会而发展，必然与其组织机构外部发生各种各样的关系，因而企业对外部机构组织的指导思想、态度、长期和短期目标等将影响企业的发展。因此，企业对外策略信息是策划者在进行市场营销策划时不可忽视的重要信息资料。

2．企业的经营实力信息资料

主要分析掌握企业的经营能力和财务能力两方面的资料信息。

（1）企业市场经营能力信息资料。这类信息是指与企业本身营销活动直接关联的信息，主要包括市场产品信息、市场价格信息、市场分销渠道信息和市场促销信息等。

（2）企业的财务能力信息资料。主要指标有产品销售利润率、总资产报酬率、资产负债率、流动比率、资本收益率、成本费用利润率、资本保值增长率、应收账款周转率、存货周转率、社会贡献率、社会积累率等。

企业信息化规划的重点

项目小结

本项目包括三个任务，一是建立市场营销策划机构。市场营销策划组织机构设计的原则是：明确指挥系统原则；统一领导、分层管理的原则；合理分工、便于沟通与协调原则；精简与高效的原则；适度弹性原则。灵活性、适应性、系统性是市场营销策划组织机构的重要特征。企业市场营销策划机构主要有“家族型”“智囊团型”“混合型”三种形式。

二是学会做营销策划经费预算。市场营销经费预算要遵循效益性、经济性、充足性和弹性原则。营销策划经费预算包括市场调研费、信息收集费、人力投入费和策划报酬等项目。

三是做好营销策划的信息准备。要了解策划对象的过去和现在，并依据营销策划者的知识和经验，判断其未来和发展趋势，就必须收集与策划事项相关的资料信息。信息的基本要求是：真实性，及时性，完整性、系统性，适度性和适当性。市场营销策划必备的信息内容有：宏观环境信息，主要包括政治法律环境信息、经济环境信息、文化环境信息、科学技术环境信息、自然环境信息等；竞争环境信息；企业内部信息，主要有企业内部营销环境信息、企业经营实务信息等。

经典案例赏析

速食连锁店营销企划

复习思考题

1. 什么是营销策划机构？
2. 市场营销策划机构的形式及设计原则是什么？
3. 营销策划经费预算包括哪几个项目？
4. 市场营销策划信息的基本要求有哪些？
5. 政治法律环境信息的收集途径有哪些？
6. 简述市场营销策划准备工作的必要性。
7. 简述市场营销策划中对竞争者信息收集的重要性。
8. 企业经营能力的信息有哪些？
9. 联系实际谈谈市场信息与营销策划的关系。
10. 根据以下资料，谈谈信息准备对营销策划的重要性。

市场产品信息调查

××纸业公司为获得消费者使用卫生纸的资料，设计了问卷，采用人员访问法进行多段随机抽样，在A市、B市各选300个和200个样本户进行家庭访问调查。市场调查的资料经过电脑整理分析后，得出下列12点结论：

（1）5%的家庭使用平板卫生纸，95%的家庭使用圆桶卫生纸。前者收入与职业相对于后者来说偏高。

(2) A市较喜欢用450克装的卫生纸，B市则喜欢用300克装的卫生纸。

(3) 杂货店是购买卫生纸最主要的渠道。

(4) 家庭主妇是卫生纸的主要购买者。

(5) 通常每次购买一袋，大约每两星期购买一次。

(6) 每人每天卫生纸的消耗量：A市为6.97克；B市为4.91克。

(7) A市的消费者较注重卫生纸的品质；B市消费者则以习惯来决定所购买的卫生纸的品牌。

(8) A市与B市的消费者对卫生纸品牌的忠实度分别为21.6%和20.5%。

(9) 品牌的转换是从低品质到高品质，此种情形在A市更为显著。

(10) 柔软、消毒完全、洁白是购买卫生纸时最主要的考虑因素。

(11) A市的消费者喜欢塑膜包装，B市的消费者喜爱纸包装。

(12) 消费者普遍认为卫生纸的颜色应该是白色，其他色彩偏好为黄色、粉红色、蓝色。

资料来源：傅浙铭，冯健民. 营销策划操典. 广州：广东经济出版社，1999：18.

分析提示：收集市场信息的方法有多种，市场调查法是其中之一。调查者经过市场调查如何取得所需要的有价值的信息，是值得注意的问题。本案例的调查目的是了解消费者使用卫生纸的状况，整理分析得出卫生纸的购买对象是家庭主妇，主要渠道是杂货店，A、B两市对质量要求有所不同，但对卫生纸品牌忠实度基本接近，年需求总量根据相关数据可测算出来。企业取得这一产品信息资料后，可对卫生纸在A、B两市进行针对性的市场营销策划。由此可见，信息准备对营销策划非常重要。

模拟演练

做策划准备

[实训目的]

使学生懂得市场信息与策划的关系，积极参加社会实践，验证学生学习的策划理论知识，强化学生的动手操作能力，培养学生策划职业素质。

[实训内容]

要求学生了解该企业的背景资料，对策划课题进行研究，掌握策划课题所需要的信息，然后进行准备工作。

[实训组织]

班级干部进行组织，将班级分成5～8人一组，每组选一名负责人，组织该小组进行策划实践活动。

[实训考核]

每位学生写一篇实训总结，每小组交一份实训报告，供全班讨论交流。

[实训指导]

由实训专业指导教师或授课教师负责指导工作，并负责批改学生实训作业，评析优秀作业。

项目七

营销策划书的设计与撰写

项目七
思维导图

学习目标

通过本项目的学习，你应该达到以下目标：

素质目标：能评价和分析营销策划书。

知识目标：了解营销策划书的结构和基本组成内容，懂得撰写营销策划书的程序。

能力目标：能运用制作营销策划书的基本方法和基本技巧，能结合实际策划项目撰写营销策划书。

教学重点和难点

重点：营销策划书的写作程序。　　**难点**：营销策划书的撰写技巧。

案例导读

市场营销策划书的内容及格式

一、营销策划书知识概括

营销策划书，是对创意后形成的概要方案加以充实、编辑，用文字和图表等形成的系统性、科学性的书面策划文件。策划书八大要件如下：

（1）何事——企业策划的目的与内容。

（2）何人——策划团队与相关人员。

（3）何时——策划操作起止时间。

（4）何处——策划实施环境场所。

（5）何因——策划的缘由与背景。

（6）何法——策划的方法与措施。

（7）预算——人财物与进度的预算。

（8）预测——策划实施效果的预测。

营销策划书中的何法、预算以及预测是营销策划书区别于营销计划书和其他报告的三个显著的特征。营销策划书不宜与营销计划书混为一谈。

二、策划书的内容

由于企业策划的目标、内容与对象不同，策划书不应该有固定的内容与格式。但是，这绝不意味着策划书可以不分层次、不分先后、随心所欲地去写，它也有着自身的格式结构。一般来说，策划书的内容包括以下10个方面：

1. 封面

封面一般由策划书的名称、策划单位、日期、编号等内容组成。封面是一份策划书的“脸面”，决不能小视，尤其是策划名称（也叫标题、题目），必须注意简单明确、立意新颖、画龙点睛、富有魅力。

“起名”是国外策划公司的一项重要业务，要尽量避免一般化，同时应名副其实。如深圳华为公司做的企业文化策划起名为“华为基本法”，山东绿源集团做的提升企业核心竞争力的全面策划命名为“跨越巅峰工程”。当然，策划名称要名副其实，不能金玉其外、败絮其中。策划名称一定要与策划书的主题相吻合，用词要言简意赅、一目了然，也要具有鲜明的倾向性，代表策划的主要意图。一般而言，策划名称不但要有一个新颖响亮的主标题，还要有一个起解释说明作用的副标题。

2. 序文

序文主要描述策划项目的来龙去脉、背景资料、策划团队、策划书内容等，一般要简明扼要，让人一目了然。这里要注意策划单位的“信誉”“名气”和策划团队成员的“明星效应”的运用。

3. 目录

对目录的内容必须下功夫。如果封面引人注目，序文使人开始感兴趣，那么目录就务求读过后能使人产生强烈的了解策划书全貌的冲动和欲望。

4. 策划目标

目标表达要求突出准确性、挑战性、现实性、可衡量性和时间性。尽量采用标准、规范的专业术语，避免概念含糊不清。用语尽量数字化，避免“较多”“广泛”“大幅提高”等含混词语。如把策划目标定为“企业利润率有较大幅增长”就不符合目标的标准。因为利润率有成本、销售、资金等多种，不同人对“大幅增长”也有不同的理解，极容易产生误解。如改为“截至2003年12月31日企业资金利润率提高20%”就表达准确了。另外，策划目标也要避免大包大揽、盲目许诺。

5. 策划内容

这是策划书的文本部分，也是整个策划书的主体部分，主要包括各种调查资料和结论、企业问题与机会点、问题的原因和机会的依据、创意方法和内容、改进方法及具体措施、策划要注意的问题等。实际就是调查报告、解决方案两部分。内容的阐述要主次分明、具体明确，以让读者一目了然为原则。切不可繁杂无序、含糊其词，以免给人造成任务不清、方法不明，不知道策划者到底想干什么、为什么去干的局面。

6. 费用预算

最好列表说明实施策划书所需费用的细目及其依据，排出预算进度时间表。费用必须进行科学、周密的预算，使各种花费控制在最小规模内，以获得最优的经济效益，实现策划要素的联动优化。也可以根据企业的承受能力，提供几种不同的方案，供企业选择。这样既方便核算，又便于事后查对。

7. 策划需要的场所、环境和条件

对在策划项目操作过程中，需要何种环境、提供哪些场所、求助于何种协作以及需要什么条件等，都要在策划书中加以说明，以保证策划工作得以顺利进行。

8. 预测策划效果

一个成功的策划，其效果是可以预测的。所以，策划者应依据已有的资料，对策划实施后的效果进行科学的预测，并将分析成果体现于策划书中，以增强策划力度。

9. 参考资料

列出完成本策划案的主要参考文献，如报刊、行业协会或企业内部的统计资料等，以表示策划者的负责态度，提高企业策划的可信度。但资料不必太多，可以选择主要和实用的资料作为附录。当然，有的资料不必全盘托出，类似独家新闻，有的只公布资料内容，不谈来源；有的只谈资料来源的权威性，不谈细节。列出参考资料的主要目的是给委托企业提供一个资料平台，以提高企业经营管理水平。

10. 注意事项

列出企业策划主体双方的责权利，关注策划书顺利实施的条件。条件过多，会使企业感到无法实施而被否决；条件过于宽松，容易导致策划案因考虑不周而半途而废，影响策划人的信誉。在注意事项里，也应就策划书的知识产权、保密条款等内容做出约定。

以上10项内容是策划书的一般内容。不是所有的策划书都应如此千篇一律，一应俱全。不同的策划书，因其内容的不同而在格式上也可以有所变化，对此，策划人应该在企业策划过程中灵活运用。

三、营销策划书的具体格式

1. 前言

前言的作用在于引起阅读者的注意和兴趣。前言的篇幅不能过长，一般不要超过一页，字数应控制在1 000字以内。其内容可以集中在以下几个方面：

首先，可以简单提一下接受营销策划委托的情况。如：××公司接受××公司的委托，就××年度的营业推广计划进行具体策划。

接下来要重点叙述为什么要进行这样一个策划，即把此策划的重要性和必要性表达清楚，这样就能吸引读者进一步去阅读正文。如果这个目的达到了，那么前言的作用也就被充分发挥出来了。最后的部分可以就策划的概略情况，即策划的过程，以及策划实施后要达到的理想状态做简要的说明。

2. 目录

目录的作用是使营销策划书的结构一目了然，同时也使阅读者能方便地查寻营销策划书的内容。因此，策划书中的目录不宜省略。

如果营销策划书的内容篇幅不是很长的话，目录可以和前言同列一页。列目录时要注意的是目录中所标的页码不能和正文的页码有出入，否则会增加阅读者的麻烦。

因此，尽管目录位于策划书中的前列，但实际的操作往往是等策划书全部完成后，再根据策划书的内容与页码来编写目录。

3. 概要提示

为了使阅读者对营销策划内容有一个非常清晰的概念，使阅读者立刻对策划者的意图与观点予以理解，作为总结性的概要提示是必不可少的。换句话说，阅读者通过概要提示，可以大致理解策划内容的要点。

概要提示的撰写同样要求简明扼要，篇幅不能过长，可以控制在一页以内。另外，概要提示不是简单地把策划内容予以列举，而是要单独形成一个系统，因此，遣词造句等都要仔细斟酌，要起到一滴水见大海的效果。

概要提示的撰写一般有两种方法，即在制作营销策划书正文前事先确定和在营销策划书正文结束后事后确定。这两种方法各有利弊，一般来说，前者可以使策划内容的正文撰写有条不紊地进行，从而能有效地防止正文撰写的离题或无中心化；后者简单易行，只要把策划书内容归纳提炼就行。撰写者可根据自己的情况来决定采用哪一种方法。

4. 环境分析

这是营销策划的依据与基础，所有营销策划都是以环境分析为出发点的。环境分析一般应在外部环境与内部环境中抓重点，描绘出环境变化的轨迹，形成令人信服的依据资料。

环境分析的整理要点是明了性和准确性。所谓明了性是指列举的数据和事实要有条理，使人能抓住重点。在具体做环境分析时，往往要收集大量的资料，但所收集的资料并不一定都要放到策划书的环境分析中去，因为过于庞大复杂的资料往往会减弱阅读者的阅读兴趣。如果确需列入大量资料，可以用“参考资料”的名义列在最后的附录里。因此，做到分析的明了性是策划者必须牢记的一个原则。

所谓准确性是指分析要符合客观实际，不能有太多的主观臆断。任何一个带有结论性的说明或观点都必须建立在客观事实的基础上，这也是衡量策划者水平高低的标准之一。

5. 机会分析

可以把它和前面的环境分析看作是一个整体。而实际上在很多场合，一些营销策划书也确实是如此处理的。

在这里，要从上面的环境分析中归纳出企业的机会与威胁、优势与劣势，然后找出企业存在的真正问题与潜力，为后面的方案制定打下基础。企业的机会与威胁一般通过外部环境的分析来把握；企业的优势与劣势一般通过内部环境的分析来把握。在确定了机会与威胁、优势与劣势之后，再根据对市场运动轨迹的预测，就可以大致找到企业问题之所在了。

6. 战略及行动方案

这是策划书中的最主要部分。在撰写这部分内容时，必须非常清楚地提出营销目标、营销战略与具体行动方案。这里可以用中医为病人诊断的例子来说明。医生在询问病情、查看脸色、把脉以及进行各种常规检查后（这可以看作是进行环境分析和机会分析），必须对病人提出治疗的方案。医生要根据病人的具体情况为其设定理想的健康目标（如同营销目标），依据健康目标制定具体的治疗方案（如同营销战略与行动方案）。因此，“对症下药”及“因人制宜”是治疗的基本原则。所谓“因人制宜”是指要根据病人的健康状况即承受能力下药，药下得太猛，病人承受不了，则适得其反。

在制定营销战略及行动方案时，同样要遵循上述两个基本原则。常言道“欲速则不达”。在这里特别要注意的是避免人为提高营销目标以及制定脱离实际且难以施行的行动方案。可操作性是衡量此部分内容的主要标准。

在制定营销方案的同时，还必须制定出一个时间表作为补充，以使行动方案更具可操作性。此举还可提高策划的可信度。

7. 营销成本

营销费用的测算不能马虎，要有根据。像电台广告、报纸广告的费用等最好列出具体价目表，以示准确。如价目表过细，可作为附录列在最后。在列成本时要区分不同的项目费用，既不能太粗，又不能太细。用列表的方法标出营销费用也是经常被运用的，其优点是醒目。

8. 行动方案控制

此部分的内容不用写得太详细，只要写清楚对方案的实施过程的管理方法与措施即可。另外，对由谁实施，也要在这里提出建议。总之，对行动方案控制的设计要有利于决策的组织与施行。

9. 结束语

结束语主要起到与前言的呼应作用，使策划书有一个圆满的结束，而不致使人感到太突然。常见的做法是在结束语中再重复一下主要观点并突出要点。

10. 附录

附录的作用在于提供策划客观性的证明。因此，凡是有助于阅读者对策划内容的理解、信任的资料都可以考虑列入附录。但是，为了突出重点，可列可不列的资料还是不列为宜。作为附录的另一种形式是提供原始资料，如消费者问卷的样本、座谈会原始照片等图像资料等。作为附录也要标明顺序，以便寻找。

资料来源：佚名．市场营销策划书及格式．(2018-02-18) [2020-05-22]．http://www.ruiwen.com/cehuashu/1260261.html.

读后思考：以上内容对你今后写市场营销策划书是否有参考价值？具体体现在哪些方面？

市场营销策划的最终成果将通过市场营销策划书的形式体现出来。市场营销策划书是营销策划者智慧的结晶，是自营销策划活动开展以来所有创意与行动方案结果的书面表达，是对所有营销策划工作的最后归纳。市场营销策划书撰写的规范性将有助于营销决策者和活动组织者更好地识别策划人员的意图与策划思维，在充分理解的基础上选择和执行营销策划方案，使策划收益达到最大化。因此，市场营销策划书对整个市场营销策划活动的顺利开展具有重要作用。

任务一　掌握营销策划书设计与撰写的目的及原则

一、营销策划书的含义

营销策划书也称营销企划方案或营销策划文案，是营销策划方案的书面表达形式。有了一流的策划，还要形成一流的策划书，否则优秀的营销策划方案就得不到完整的体现，也会使营销策划的内容难以被人识别与理解。实践中，营销策划经理必须认真撰写营销策划书。

二、营销策划书的撰写目的

从整个营销策划过程来看，撰写营销策划书是达到营销策划目的的关键步骤，是营销策划能否成功的保证。其具体作用表现为以下几个方面：

（一）准确、完整地反映营销策划的内容

营销策划者要把自己思考的结果反映到营销策划书中，当然，不是简单地纪录营销策划者的思考，而是在营销策划书的形成过程中，营销策划者根据营销策划书的结构将所有的资料进行梳理、组合和归纳，形成系统的、条理清晰的营销策划书面方案，准确完整地表达营销策划者的真实意图。由此可见，从整个营销策划过程来看，营销策划书的撰写是达到营销策划目的的第一步。

（二）充分、有效地说服决策者

作为一份合格的营销策划书，必须通过营销策划书的文字表达，让企业决策者相信并认同营销策划书的内容，进而说服企业决策者采纳营销策划中的意见，并按营销策划书的内容去实施营销策划方案。因此，营销策划者所追求的是：如何通过营销策划书的文字表述魅力以及视觉效果，去打动及说服企业决策者按营销策划书中的内容去实施营销策划方案。

（三）作为实施、控制和测评的依据

营销策划书中不仅包括营销战略和营销策略，而且还包括落实这些战略和策划的具体行动方案、企业营销活动的具体安排，并指导其活动。因此，营销策划书作为企业实施营销策划方案的依据，能使营销职能部门在操作过程中增强行动的准确性和可控制性。同时，策划书中的营销目标还是策划方案实施以后测评策划实施效果的依据。

三、营销策划书的基本种类

按照策划书呈报对象的不同，可分为内部营销策划书和外部营销策划书两大类。其

中，每一大类中又可按照具体内容细分出许多不同主题的策划书。例如市场调查策划书、新产品开发策划书、产品促销策划书、网络营销策划书等。

内部营销策划书是指呈报给企业的各级领导，供其作为决策依据的策划书。

外部营销策划书是指呈报给企业的顾客或经营伙伴等与企业经营相关的个人、组织或机构的策划书。外部营销策划书是非绝密文件（但对一般公众仍旧保密）。

内部营销策划书七个方面的说明

❖小思考

外部营销策划书中应把握好哪些方面内容？

在外部营销策划书中应把握好：(1) 保密的“度”，即外部策划书中不能透露策划的核心机密，但又必须让外围参与者对策划产生兴趣，明确自己在这项活动中的职责与行动方案；(2) 站在对方的立场上，使语言、思路都让对方满意；(3) 强调策划给接受方带来的利益。

四、营销策划书的撰写原则

为了提高营销策划书撰写的准确性和科学性，应首先把握编制的主要原则。

（一）逻辑思维原则

策划的目的是解决企业营销中的问题，所以应按照逻辑性思维的构思来编制策划书。首先是设定情况、交代策划背景、分析产品市场现状，把营销策划的目的全盘托出；其次是在此基础上进行具体策划内容的详细阐述；最后是明确提出方案实施措施。

（二）简洁朴实原则

要注意突出重点，抓住企业营销中所要解决的核心问题深入分析，提出可行性的相应对策，要针对性强。

（三）可操作性原则

编制的策划书要用于指导营销活动，其指导性涉及营销活动中每个人的工作及各环节关系的处理，因此，可操作性非常重要。不能操作的方案创意再好也没有任何价值。

（四）创意新颖原则

新颖的创意是策划书的核心。要求策划的创意新、内容新、表现方法也要新，给人以全新的感受。

任务二　知晓营销策划书设计的结构与内容

营销策划书没有一成不变的格式，它依据产品或营销活动的不同要求，在策划的内容与编制格式上也有变化，一般情况下，营销策划书的结构与营销策划的构成要素保持一致。但是，从营销策划活动的一般规律来看，营销策划书中的有些要素是一样的，所以结构框架比较合理的营销策划书一般由以下几个部分构成，如表 7-1 所示。

表 7-1　营销策划书的结构与内容

结构	内容
封面	策划书及客户名称、策划机构或策划人名称、策划完成日期、策划适用时间段、密级及编页数
前言	委托情况、策划原因、策划目的、策划及策划书特点
目录	策划内容标题、页码
概要	策划内容要点
环境分析	市场状况、竞争状况、分销状况、宏观环境分析
SWOT 分析	对外部环境的机会与威胁、内部环境与劣势分析
营销目标	财务目标、营销目标
营销战略	市场细分、目标市场、市场定位等
营销组合策略	产品策略、价格策略、渠道策略、促销策略
行动方案	组织机构、营销活动程序安排、营销预算和技术设备
策划方案控制	营销控制方法
结束语	突出策划内容要点
附录	数据资料、问卷样本、座谈纪录

一、封面

封面可以起到美化、装饰策划书整体，清晰标明策划的标题，传达策划内容，表述在正文中不宜表达的内容等作用。封面设计的原则是醒目、整洁，切忌花哨，至于字体、字号、颜色则应根据视觉效果具体考虑。策划书的封面可提供以下信息：策划书的名称、被策划的客户、策划机构或策划人的名称、策划完成日期、本策划适用的时间段、策划书的密级以及编号、策划书的页数。

二、前言

前言一方面是对策划内容的高度概括性表述，另一方面旨在引起阅读者的注意和兴趣。要使阅读者看过前言后，产生急于看下文的强烈欲望。前言篇幅较短，字数控制在 1 000 字以内，以不超过一页为宜。前言的信息密度大，因此要字斟句酌，语言精练准确，做到简明扼要。前言的具体内容包括：

（1）简单交代接受营销策划委托的情况。如 A 营销策划公司接受 B 公司的委托，承担××年度的营销策划工作等。

（2）简单介绍进行策划的原因。即把这个营销策划的重要性和必要性表达清楚，以吸引阅读者进一步去阅读正文。

（3）策划的目的以及策划实施后要达到的理想状态。

（4）策划及策划书的特色，策划过程的概括介绍，参加人员的情况，致谢等。

三、目录

目录的作用是使营销策划书的结构一目了然，方便阅读者查找营销策划书的内容。一般来说营销策划书的目录必须要有，但如果营销策划书的内容篇幅比较少的话，目录可以和前言同列。

列目录时要注意目录中所标页数与实际页数必须一致，否则会损害营销策划书的形象。

四、概要

概要是对营销策划书的总结性陈述，使阅读者对营销策划内容及策划结论有一个非常清晰的概念，便于阅读者理解策划者的思路、意图与观点。阅读者通过概要可以大致理解策划内容的要点。概要的撰写同样要求简明扼要，篇幅不能过长，但概要不是简单地把策划内容予以列举。写作要点如下：

（1）选择适合自己的写作顺序。

（2）简单勾画出策划的骨架。

（3）巧妙利用框图。

五、环境分析

环境分析的内容包括市场状况、竞争状况、分销状况、宏观环境状况等。

（一）市场状况

列出目标市场近 3～4 年的数据，通过年度相对指标对比，得出分析结果。

（二）竞争状况

对主要的竞争者进行辨认，并逐项描述他们的规模、目标、市场份额、产品质量、营销战略和其他特征，从而恰如其分地了解他们的意图和行为。

（三）分销状况

列出在各个分销渠道上的销售数量资料和重要程度。

（四）宏观环境状况

描述宏观环境的主要趋势（如人文的、经济的、技术的、政治法律的、社会文化的），阐述它们与本企业的某种联系。

六、SWOT 分析

对企业内部环境的优势、劣势、外部环境的机会、威胁的全面评估称为 SWOT 分析。SWOT 分析是环境分析的结果。

（一）优势

优势指本企业相对于行业中的竞争对手而言，在从事一项特定的业务时，在资源、技术、产品及品牌、渠道等方面具有更强的能力或实力。

（二）劣势

劣势是指本企业相对于行业中的竞争对手而言，在从事一项特定的业务时，在资源、技术、产品及品牌、渠道等方面的能力或实力要差一些。

（三）机会

机会指企业从事一项特定业务所涉及的宏观环境的各相关因素，以及可能的变化与变化趋势能提供的盈利机会及盈利前景。

（四）威胁

威胁指企业从事一项特定业务所涉及的宏观环境的各相关因素，以及可能的变化与变化趋势对企业带来的不利影响。

通过 SWOT 分析，企业可以根据内部资源状况制定相应的营销策略并拟订营销方案。一般来讲，企业是否应该从事一项活动，以及如何开展营销，应该在有机会并具有竞争优势的领域进行考虑，并制定能够充分利用机会和发挥优势的营销策略。同时，应该坚决摒弃在缺少机会，或者威胁大且缺少有效的应对措施并与竞争者比较处于劣势的领域中开展业务，因为这样企业没有任何可能取得预想的市场成果。

七、营销目标

通过 SWOT 分析得出分析结果后，可据此来设定营销目标。营销目标通常是几个目标的组合，包括利润率、销售增长率、市场份额提高率、分销网点的增加、风险分散、创新和声誉等。营销目标必须满足四个条件：

第一，目标必须按轻重缓急有层次地安排。例如，策划方案的一个关键营销目标是提高利润，这衍生出增加收入或减少费用。增加收入又可以转化为提高市场份额或价格。通过这种方法，就能把抽象的营销目标变成企业部门和个人能够执行的特定目标。

第二，在可能的条件下，目标应该用数量表示。

第三，目标必须切实可行。

第四，各项营销目标之间应该协调一致。

八、营销战略

营销目标说明企业在营销方面欲向何处发展，营销战略则说明如何达到营销目标。营销战略包括目标市场战略、产品开发战略、产品生命周期战略、竞争战略、多角化战略、国际市场营销战略等。

❖案例链接

长城计算机市场营销策划书

一、“9000B”市场营销的意义及制订本计划的目的

1. 9000B 市场营销的意义

本策划书之所以将这一条列于篇首专门论述，是想突出明确以下观点：“9000B 的市场营销绝不仅仅是公司的一个普通产品的市场营销。”

因为，较之公司的其他产品，9000B 的市场营销对于公司具有特殊的意义和影响。

主要表现在：

(1) 9000B 代表长城在国内计算机界的形象。

长城公司崛起于中文电脑，中文处理技术是长城的特色和传统。长城中文系统是长城机区别于其他公司产品的重要标志，9000B 集长城在中文处理领域多年来的技术与心血之大成，是长城最新一代的中文系统，因此它的市场营销成功与否关系重大。面对竞争日益激烈的中文系统市场，任何失败都意味着被挤出竞争的行列。

因此，9000B 和公司的命运是紧密相关的，它的市场营销追求的不仅仅是经济效益上的成功，更重要的是社会效益、公司形象和行业地位上的成功。

(2) 9000B 是公司各项软件产品的基础。

公司的科研开发一直是围绕着中文处理开展的，各项产品不是为之服务，就是以其为基础。9000B 市场营销的成功不仅仅是单一产品的成功，实际上意味着长城中文标准的树立和推广，它的成功必将带动目前公司各种软硬件产品的营销，而且为今后开发生产更多的以长城中文标准为基础的软硬件产品奠定广泛而牢固的技术和市场基础。因此它既代表了公司的眼前利益，又代表了公司的长远利益，是公司各项产品的基础和核心。

(3) 9000B 的市场营销标志着公司的经营战略向"走开放式道路，搞大市场经营"的方向转变。

首先，9000B 在结构上突破了以往用中文显示卡带动主机销售的单纯"以卡保机"的封闭型思维模式，采取了面向市场需求，开发适销对路产品的开放型设计思想；其次，在市场营销上，准备采取大市场经营的策略，为公司今后的产品营销摸索一条新路。这对于公司当前及未来的发展，无疑具有深远的意义。

2. 制订本计划的目的

9000B 市场营销的上述重要意义，要求我们必须对此有较为清醒的认识，把它作为重点项目来抓。应该看到这是一个涉及软、硬件结合，涉及产、供、销各部门和各环节相互配合的综合性工作，有赖于正确的调度协调，有赖于各方面的积极协作。制订本计划就是想求得公司各级领导的重视和支持以及各部门和各环节的共识，明确面对这项工作，我们应该采取的策略和具体措施，以便于统一思想，协调行动，共同完成这项具有重要意义的工作。

二、当前的营销状况

分析当前国内中文系统（具体讲主要是指汉卡）的营销状况，有助于我们对当前的市场状况、产品状况、竞争状况及宏观环境有一个清醒的认识，为制定相应的营销策略，采取正确的营销手段提供依据和参考。

1. 市场状况

目前国内每年对微型电脑的需求大约为 30 万台。随着电脑应用的广泛和电脑成本及价格的下降，再加上各大国外名牌厂商对中国市场渗入的日益加剧，PC 的需求会不断增加，中国人用电脑自然要中文系统，因此中文系统的市场是客观存在且呈增加趋势的。目前90%以上的PC会配中文系统，其中软汉字系统占70%～80%，汉卡占20%～30%。由于微机和汉卡种类的多样化，所以用户对汉卡要求集中于兼容性、适应性及多用途化。另外，由于国内汉卡尚没有统一的中文标准，因此是否有较多的工具软件、支撑软件及应用软件的支持，是否具有相对的标准性或权威性以保证用户投资的长期利益，也是用户所关心的主要问题之一。

2. 产品状况

由于公司长期以来采用以主机为中心的经营策略，汉卡只作为为主机服务的从属产品，而没有作为一个独立产品进行开发设计及营销，因而从014到CEGA、CVGA/24，虽然从技术上讲都是当时的最高水平，且市场的需求也明显存在，但除了配套整机销售外，单独销售的并不多。因此，在汉卡上公司盈利不够，目前市场占有率也远未达到应有的水平。其他厂家乘虚而入，大举占领汉卡市场，产生了长城创造标准，仿制品及其他产品坐收其利的现象，不仅让我们在商业利益上蒙受损失，而且重要的是失去了更进一步普及、推广长城中文系统、统一国内中文工业标准的良好时机。现在9009B的推出正是为了弥补公司以前在这方面的不足，重新树立长城中文系统在市场及用户心目中的产品形象。

3. 竞争状况

总体上讲，所有的中文系统包括软汉字系统及汉卡都是潜在的竞争对手，但软汉字系统由于性能、价格与汉卡存在较明显的差异，相应的需求范围也就和汉卡有所不同，汉卡争夺的市场较为集中，同时产品也具有可比性，因而对9000B而言，主要竞争对手是其他各种汉卡。目前市场较为流行和有特色的汉卡主要有巨人、王码、联想、双星、金山等，现分别就其特点分析如下：（略）

上述各种汉卡各有特色，依对9000B的竞争力比较可排名为巨人、金山、王码、联想、双星。竞争呼唤着产生统一的中文工业标准，机会与挑战并存，长城应该凭借实力和影响抓住这一有利时机。

4. 宏观环境状况

（1）国家宏观政策方面。

近来，国家对宏观调控的加强，并不会影响对电子类高技术产品，特别是电脑、汉卡等产品的购买力，相反，由于计算机在国民经济中的重要性和必要性变得日益明显，以及国家对高技术产品采取扶持和倾斜政策，电子类产品的市场会日益扩大。当然年底"入关"的威胁，会影响电脑产品的价格以及国产电脑产品的销路，但"入关"同时也降低了关税，从而降低了成本，另外，即使硬件产品价格会受到较大影响，但技术是不会贬值的，应该坚信，我们的9000B在技术上是有特色的，因而一定是会有市场的。

（2）技术发展趋势方面单从中文处理技术发展的角度考虑，9000B面临两种趋势的影响。

A. Windows

Windows领导了软件设计思想的最新潮流，被人们认为即将取代DOS，自然将对目前基于DOS的各种中文系统产生重大影响，但由于以下原因，在相当一段时间内它并不能完全取代DOS在中国市场的存在。如：Windows上的中文应用软件尚远不及DOS丰富；二次开发对用户水平要求较高，用户以往开发的各种应用软件无法运行；用户对DOS的使用存在惯性等。因此，DOS在相当长的时间内，仍有较强生命力，因而汉卡也就同样具有生命力。

B. Unicode

统一汉字编码是大势所趋，众望所归，Unicode的标准据悉已出台，但在具体实现上尚存在一定难度，估计还要待两年左右的时间能够面市，即使Unicode成为市场上的唯一标准，对长城9000B来说不仅不成为威胁，反而是有利因素，因为目前长城9000B的软硬件结构具有良好的基础，易于转型，另外，鉴于长城公司的地位和影响，在中国搞Unicode，必然需要像长城这样的公司来引导，从这个意义上讲，长城9000B若得以推广，实际是为将来Unicode的实现打下了市场基础。

三、机会和问题分析

1. 机会（威胁）分析

机会和威胁指能够影响9000B市场营销的外部因素。

主要机会有：

（1）以往长城机所配的各类中西文显示卡，提供了已为用户所接受的中文显示标准，并且已在其上开发了大量应用软件和应用系统，其应用具有习惯性和延续性。

（2）目前按长城中标准开发的大量工具软件、支撑软件及通用系统，为9000B提供了有利的软件支持。

（3）计算机市场硬件的利润率已很低，汉卡尚属占用资金少而利润率较高的产品，如果给予分销商可观的利润及制定合理的奖励政策，9000B会被广大分销商积极接受。

主要威胁有：

（1）以往对汉卡没有作为一个独立产品加以宣传和树立形象，因而给用户的印象是卡机一体，汉卡本身形象突出不够。

（2）市面上的各种软汉字系统，由于机器速度的加快，其中文处理速度的弱点得到一定程度的弥补，而且其成本少、价格低，极具市场竞争力。又由于其不占扩展槽，因而迎合了一些扩展槽使用较为紧张的用户的要求，从而对汉卡形成威胁。

（3）个人电脑家庭化成为当今市场走向，成为销量增长最快的部分，而个人用户在选购中文系统时，更注重的是价格，若汉卡不能确实做到一卡多用，物有所值，恐怕难以占领这部分市场。

（4）用户消费有向中文Windows转移的趋势，对汉卡形成一定的威胁。

2. 优势（劣势）分析

优势和劣势是影响9000B市场营销的内在因素，优势指在应用中可以获得成功的一些战略，劣势指需要加以改正的一些不足之处。

主要优势有：

(1) 长城公司形象已深入人心，拥有大量老客户，不仅与上层各界保持较好关系，得到长期支持，而且作为国内的大型计算机集团公司，为国外同行厂商所注目。

(2) 有雄厚资金、技术和人才，有实力进行大规模的市场销售，同其他公司的产品进行竞争。

(3) 有一个颇具规模的分公司及代理组成的销售网，有一套较完善的销售代理制，而且正在建立和推广“团队销售制”，因而在销售渠道方面具有较好的基础。

(4) 公司对于9000B给予高度重视，成立了专门的软硬件技术人员相结合的中文系统科研组，从人员上保证了技术支持、新品开发、产品维护及售后服务等工作的进行。

(5) 产品具有自己的特色，9000B芯片为国内首创，长城独有，长城中文系统是真正的中文环境，为许多大用户长期使用，具备成为国内工业标准的条件和实力，9000B结构新颖，适应广泛，节约用户资源，有利于长城中文系统的推广和普及。

主要劣势有：

(1) 产品存在一些不完善之处，如，4字节制表符问题一直没有得到很好的解决，而有些汉卡已解决；系统对于一些名牌进口机的适应性尚需改进；汉字模式下还不能很好地运行Windows等。

(2) 与其他竞争对手比，在开发与汉卡相配合的界面良好、功能集成的字处理及排版和办公软件方面，尚有欠缺，不能充分、直观地体现系统的优异性能。

(3) 9000B芯片不能自行生产，订货周期长，不能对市场变化做出及时反应。

(4) 在产品包装及整体形象上，还显得粗糙，不能给人以高技术精品形象。

(5) 在进行汉卡产品的市场营销方面尚缺乏大规模的市场销售的经验，在如何组织好订货、生产、配套、发运、储存、分销、渠道管理、广告宣传、奖励促销等一系列环节的衔接和配合上，有待于探索和总结经验。

3. 问题分析

通过以上两个方面的分析，在9000B的市场营销战略中必须解决以下问题：

(1) 产品商品化方面：

- 现存技术问题的解决及产品的测试和最后定型；(北京、深圳)
- 相关软件对汉卡的支持及配套；(北京、深圳)
- 产品的包装及形象设计。(北京)

(2) 产品营销的后台组织方面：

- 9000B芯片及其他元器件的订货和齐套；(深圳)
- 板卡的生产及随机软件的拷贝、手册的配套；(深圳)
- 板卡的生产及软件的复制、齐套；(深圳)
- 产品发运；(深圳)
- 产品储存。(北京)

(3) 产品营销的前台组织方面：

- 广告宣传的策划及实施；(北京)
- 销售渠道的建立及管理；(北京)
- 价格政策的制定；(北京)
- 促销活动及市场应变的策划和组织；(北京)
- 产品维护及售后服务的分工和实施。(北京、深圳)

四、营销目标

总目标：良好的社会效益和经济效益；

社会效益目标：树立长城中文系统国内工业标准的形象，带动和领导国内中文应用软件的开发和应用；

经济效益目标：年销量——1万块；

单套毛利——400元/块；

全年毛利——400万元。

五、营销战略

1. 营销宗旨

以广告宣传和价格政策为主要手段；以大用户和国内外电脑厂商OEM为重点；以建立和管理销售渠道，代理、批发销售为主，零售为辅的销售代理制为原则，进行市场销售。

2. 产品定位

9000B的营销对象是现有用户的及要新购买桌面型IBM-PC兼容机的用户，用户获得机器的主要渠道有：

- 国内厂家生产、销售的国产微机；(OEM)
- 国外名牌厂商在中国组装及代理销售的原装机；(OEM)
- 各部委、系统现有微机及将利用免税指标自行进口的原装机；(大用户)
- 各零售商销售的各种国产和进口微机，以及自己组装的杂牌机；(代理，团队)
- 其他。

这些渠道都是9000B的市场方向。

3. 产品结构

＊基本型：

9000B+GCS/E+GK－91

(汉卡)(系统软件)(支持软件)

凯星高级文字处理系统与9000B配套销售，目的是弥补增强型中文系统在字处理方面的不足，加强同其他同类产品的竞争力。

＊豪华型：

9000B+GCS/E+GXVF－I/GXOF－I+STD(I型)/(I型)

(汉卡) (系统软件)(矢量/曲线字库卡)(标准桌面印刷排版系统)

该种组合在基本型的基础上增加了图形汉字处理和轻印刷排版功能。

4. **销售渠道**

(1) OEM：联系国内电脑厂家、国外电脑厂家及其在中国的代理机构。

(2) 分公司及现有代理：使用长城原有的销售代理网。

(3) 销售团队：使用新建立的销售团队。

(4) 大用户：运用老关系，对各大部委、各大系统进行攻关。

(5) 零售商：利用深圳、北京及各地的电子配套市场或科技一条街为引导，发展新的代理或批发商。

(6) 开发或销售中文应用软件的公司：搞联合、委托开发，联合、代理销售。

5. **价格政策**

(1) 定价原则。

- 拉大批零差价，调动代理积极性；
- 扣率结合批量，鼓励大量多批；
- 以成本为基础，以同类产品价格为参考，使价格具有竞争力；
- 顺应市场变化，及时灵活调整。

(2) 同类产品价格。(略)

(3) 9000B 价格。基本型：(略)，豪华型：(略)。

(4) LOGO 的使用及奖励政策。

①目的。

- 树立长城中文系统国内工业标准的形象，扩大其影响；
- 帮助、支持代理为长城做广告；
- 作为奖励代理的一种手段，刺激代理营销的积极性。

②方法：

对于一次提货 100 块及累计批发 200 块以上的代理，将其贷款的 5%作为基金，作为其使用 LOGO 刊登广告的资助及奖励。其中 50%用于支付其广告费用的一半，另外 50%以现金的形式，作为给代理的奖励。每年一月和七月，各代理凭广告发票及有关证明材料，与北京市场部联系，予以兑现。

6. **产品供应**

可参考主机及其他类似的与板卡配套软件的供应方式。

(1) 订货：

9000B 订货周期为六个月，预计本半年订货量为 5 000～6 000 块。

(2) 生产：每月预计产量为 1 000 块左右，另外可根据个别大用户的需求组织生产。

(3) 运输：每月或半月定期发货，在途时间约为 10 天。

(4) 储存：

- 在北京市场部设白石桥分库，以备小量批发和零售；
- 在北京莲花池保持 200 套以上的库存，供应大用户和各代理；
- 大订单由深圳生产，直接发运。

7. 广告宣传

(1) 原则：

①服从公司整体宣传策略；（公司形象、经费等）

②长期化；（时间）

③广泛化；（传播媒介）

④多样化；（宣传效果）

⑤不定期开展配合阶段性的促销活动。（及时、灵活）

(2) 手段：

①在有影响的专业和非专业报纸、杂志及广播、电视上做广告；

②利用“LOGO”制度借助各代理做广告；

③制作产品单页宣传广告画；

④设计精美的产品包装。

(3) 实施：

①八月中旬推出产品形象广告；

②稍后推出诚征代理广告；

③其后推出产品性能、特点广告；

④适时推出促销广告。

8. 产品维护及售后服务

(1) 热线电话；（北京）

(2) 走访大用户和重点用户；（北京）

(3) 版本升级；（深圳）

(4) 开发新的中文系统支持软件。（深圳）

9. 行动方案

8月：

- 解决9000B存的技术问题，确定GCS/E最终版本；
- 设计制作9000B单页宣传广告画及产品包装；
- 推出9000B报纸广告，征寻代理；
- 联系销售团队、分公司、代理，宣传价格政策、奖励政策，征集订货；
- 联系大用户；
- 组织9000B订货、生产、发运、储存，理顺各环节。

9月：

进一步制造声势，宣传产品，开拓渠道，协调分工合作关系。

11—12月：

销售高峰：组织好9000B的生产、运输及分销。

下一年的1—2月：

销售淡季：兑现奖励，总结经验，调整计划，制订下个半年计划。

注：根据网络资料整理。

评析：该策划书在概述了当前的营销状况后，进行了机会和问题分析，在此基础上，提出了企业的具体的营销目标和详细的营销战略计划，基本构成了较完整的策划书内容。

九、营销组合策略

确定营销目标、目标市场和市场定位之后，就必须准备在各个细分市场所采取的具体营销策略，以及确定相关的营销组合策略。

所谓营销组合，就是企业的综合营销方案，即企业根据自己的营销目标与资源状况，针对目标市场的需要对自己可控制的各种营销因素（产品、价格、渠道、促销）进行优化组合和合理的综合运用。其中的促销又包括广告、人员销售、营业推广和公共关系等。

十、行动方案

要实施营销策划，需要将各项营销策略转化成具体的活动程序，为此必须设计详细的策略行动方案。在行动方案中，需按以下步骤实施：

第一步要做什么作业？

第二步何时开始？何时完成？其中的个别作业为多少天？个别作业的关联性怎样？

第三步在何地？需要何种方式的协助？需要什么样的布置？

第四步要建立什么样的组织机构？由谁来负责？

第五步实施怎样的奖酬制度？

第六步需要哪些资源？各项作业收支预算为多少？

以上内容可以划分为四类计划：组织机构、营销行动程序安排、营销预算和技术设备。

这些内容使策划活动由单纯的构想一步一步地付诸实施，并可作为检验策划活动的标准。这是营销策划进一步具体化的表现，也是营销策划活动得以实施的必要保证。

（一）组织机构

在此应列明实施策划的组织机构及其相应的职责。对于专项的营销活动，企业一般要建立临时的专门机构来实施营销方案，临时机构的人员在企业的正式组织中抽调相关的人员组成。对于常规的营销活动，一般不建立临时的组织机构，而是指定相关部门的人员负责专项活动。

（二）营销行动程序安排

对于常规的营销活动，一般把行动的程序、负责人、预算以及行动方案评估和控制方法等内容集中在一起，用图表列出。

营销行动的程序安排一般用甘特图和箭头线图表示，这样既能够使行动安排一目了然，又能明确各项作业之间的关联性。

为了进一步明确行动的具体负责人、费用和行动方案的评估和控制方法等内容，需列出一张“行动方案安排表”。

（三）营销预算

营销预算最常用的是“作业项目估计法”，即按策划确定的作业项目列出细目，计算出所需经费。这种方法计划性强、开支项目清晰。

在进行营销预算费用时，最好列出表格，列出总目和分目的支出内容，并计算出费用总额。这样既方便核算，又便于以后查对。注意，有的营销预算方案还列出估算的收入及利润金额。

（四）技术设备

在行动方案中，需要详细介绍需要哪些技术及设备进行合理的配置，以保证方案的顺利实施。

十一、策划方案控制

这里仅阐述营销控制的通常做法和应急计划，即一般程序和例外管理两个方面的内容。

（一）通常做法

（1）每月或按季度详细检查目标的达到程度。

（2）高层管理者要对目标进行重新分析，找出未达到的项目和原因。

（3）实施营销效果的具体评价方案包括经营理念、整体组织、信息流通渠道的畅通情况、战略导向和工作效率。

（二）应急计划

在这里列出可能发生的所有特殊事件及发生这些特殊事件时的对策。

十二、结束语

结束语要与前言呼应，使策划书有一个圆满的结束，主要是再重复一下主要观点并突出要点。

十三、附录

附录是策划方案的附件，附录的内容对策划方案起着补充说明的作用，便于策划方案的实施者了解有关问题的来龙去脉，为营销策划提供有力的佐证。

凡是有助于阅读者理解策划内容和增强阅读者对营销策划信任的资料都属于附录的范畴。

任务三　掌握营销策划书的撰写技巧

一台戏如果情节生动有趣，但剧本枯燥无味，那么这台戏真正上演时也会是不吸引人的。策划书的写作也是如此，只有形象有趣才能吸引更多的人参与和支持。

在撰写策划书的时候可以想象一下剧本所采用的有关手法。剧本为了使读者一开始就进入入迷的状态，经常开始就制造一个悬念或描述一件让读者感兴趣的事件，从而来调动观众的情绪，并且将这种气氛贯穿全剧。在这种气氛中，随着故事情节的进展，将剧情蕴涵的意义及主题传达给观众。在策划书的写作中同样也可以运用这种技巧。

可信性、可操作性和说服力是营销策划书的生命力所在，也是营销策划所追求的目标。因此在撰写营销策划书时应十分注重可信性、可操作性和说服力。

创意是生存之父，营销创意是营销活动的动力，是企业命运的契机。一份好的营销策划书的闪光点就是这个营销策划书的创意。

❖小思考

好创意的判断标准是什么?

别的人没有想到的；别的人不能快速复制与模仿的；别的人不会用更先进的方式来加入竞争的。

创意的积极效应

下面介绍在营销策划书撰写过程中常用的一些基本技巧：

一、创意是营销策划书的灵魂

营销策划书的产生是一种创新的行为。要创新，就要把创意贯穿于营销策划书的过程之中，创意成功与否是营销策划书成功与否的关键。从某种意义上说，创意是营销策划书的灵魂。

创意源于人脑意识活动。人脑不会凭空产生创意。只有获取信息，并对信息进行加工、组合，才能激发暗示、灵感。创意产生的方法主要有信息收集法、身体力行法、创意组合法等。

❖案例链接

创意联想法

某网站要制定网站推广的策划方案，在明确策划主题后，以各种方法来寻求联想，其结果如下：

1. 把它颠倒；
2. 使它重复；
3. 变更一部分；
4. 把它缩小；
5. 使它变成立体；
6. 分裂它；
7. 把颜色换一下；
8. 参加竞赛；
9. 使它更长；
10. 使它迅速加快；
11. 价格更低；
12. 增加香味；
13. 使它闪动；
14. 免费提供；
15. 将它向儿童诉求；
16. 结合文字、音乐和图画。

评析：将联想转化成为能够纳入具体策划内容中的创意，然后再在策划会议中提案，比在空想阶段具有更强的说服力。联想如果不能转化为具有实行可能性的创意的话，最后往往都会消失得无影无踪。

二、合理使用理论依据

要增强营销策划内容的可信性，更好地说服阅读者，就要为策划者的观点寻找理论依据，这是一个事半功倍的有效办法，但要防止纯粹的理论堆砌。

三、适当举例说明

在营销策划书中，加入适当的成功与失败的例子既可以充实内容，又能增强说服力。在具体使用时一般以多举成功的例子为宜，选择一些国外先进的经验与做法，以验证自己的观点，效果非常明显。

四、充分利用数字来说明问题

策划报告书的最大用途是用来指导企业营销实践，所以必须保证其可靠性。营销策划书的内容应有理有据，任何一个论点最好都有依据，而数字就是最好的依据。在营销策划书中利用各种绝对数和相对数来进行比较是非常必要的，而且要保证各种数字都有可靠的出处。

五、运用图表使内容视觉化

图表有着强烈的直观效果，并且比较美观，有助于阅读者理解策划的内容，用其进行比较分析、概括归纳、辅助说明等非常有效。策划书要形象生动，最好还应视觉化。

所谓视觉化，就是将策划书中的内容尽量用各种图表、实物照片来表示，从而给读者直观的印象。读者可能对整段、整篇的文字没什么记忆，却容易理解各种图案、流程图、箭头及图形边的简短说明，而且记忆深刻。

六、突出重点，切勿面面俱到

在策划过程中，不可以过分贪求，那样往往使一个策划里面包含太多的设计和想法。目标过多，最终可能无法实现。

因此，一个优秀的策划人员一定不要贪心，需要把构想浓缩。即使有很好的方案，只要与主题无关，就要删除。要记住适当的舍弃是重要的策划技巧。

七、准备若干方案

当拟订策划书时，并没有硬性规定一次只能做一个策划方案。对于同一个主题，同时做出两个或三个策划方案也是可以的。当然，有时策划者会过于自信，认为自己的工作是完美无缺的，但从企业的实践而言，在对策划进行审查时，一定会有各种意见出现，所以事先准备替代方案是明智的。

有经验的策划者会预测审查者可能提出的反对意见，或者了解他们的习惯，然后准备第二方案、第三方案。首先把第一方案提出，当反对意见出现时，就可以马上说："事实上我也认为这有缺点，所以我还准备了第二套方案。"

由于第二套方案已经包含了对第一套方案的批评，所以审查人员一般会赞成，更周到的策划人员还往往准备第三套方案，以防万一。

总之，与其因第一方案遭否决而使自己全军覆没，倒不如事先准备好后备方案，提高成功的概率。

八、有效利用版面设计增强感染力

策划书视觉效果的优劣在一定程度上取决于版面设计，有效利用版面安排也是策划书撰写的技巧之一。这包括打印的字体、字的大小、字与字的空隙、行与行的间隔、黑体字的采用以及插图和颜色等。优秀的版面设计能使策划书显示生机、突出重点、层次分明、严谨而又不失活泼。下面就为大家介绍几个版面设计时常用的技巧：

（1）标题可以分为主标题、附标题、小标题、标题解说等。通过这种简练的文字，可使策划书的内容与层次一目了然。

（2）用空白突出重点。用空白处将某一部分分开以示强调，这是使策划方案易懂的常用版面设计方法之一。在正文中调整段落的长度，使用列举等方法留出更多的空白处。

（3）使用阴影突出、适度着色和其他点缀方式。色彩可以有效地突出重点，蓝色、绿色、紫色深受年轻读者的喜爱，但着色过多也会适得其反。

（4）若使用识别符号来增强策划书版面的美感，最好在标题前加上统一的识别符号或图案来作为策划内容的视觉识别，而不致给人以杂乱的感觉。

（6）版面的排列、设计不应该一成不变。为了防止刻板老套，可以多运用图表、图片、插图、曲线图以及统计图表等，并辅之以文字说明，增强可读性。

九、重视细节，完善策划书

细节往往容易被人忽视，但是对于营销策划书来说细节却是十分重要的。因此，我们在撰写营销策划书时应注意以下细节：

（1）策划书中的错字、漏字会影响阅读者对策划者的印象。企业的名称、专业术语更不能出现错误。

（2）一些专业的英文单词，差错率往往是很高的，在检查时要特别注意。如果出现差错，阅读者往往会认为是由于撰写人本身的知识水平不高所致，从而影响对策划内容的信任度。

（3）纸张的好坏、打印的质量等都会对策划书本身产生影响。

创意是企业品牌营销策划中的灵魂

项目小结

本项目主要介绍了营销策划书设计的目的和撰写原则、营销策划书的种类、营销策划书的内容和撰写的程序，着重阐述了营销策划书的撰写技巧。

经典案例赏析

网络营销策划案例

复习思考题

1. 简述营销策划书的结构。
2. 简述营销策划书的撰写技巧。
3. 市场营销策划书的主要作用是什么？
4. 可从哪些方面完善市场营销策划书？
5. 简述营销策划书的写作原则。
6. 如何解决策划书的创意问题？
7. 营销策划书的主要作用是什么？
8. 可以从哪些方面来完善营销策划书？

模拟演练

撰写营销策划书

[实训目的]

发挥学生积极参加社会实践的能力，巩固学生关于策划书写作的理论知识，强化学生的动手操作能力，培养学生编写策划书的创意。

[实训内容]

要求学生了解和学习该项目的内容，通过分析，做出合理的判断并撰写策划书。

[实训组织]

班级干部组织，将班级分成 5～8 人一组，每组选一名负责人，小组成员分工协作，共同完成实训工作。

[实训考核]

每组学生撰写一份营销策划书，组长以 PPT 形式陈述策划书，老师以及其他同学就该组同学的策划书提出问题。根据该小组同学的表现以及策划书的创意进行评分。

[实训指导]

实训专业指导教师或授课教师负责指导工作，并协助同学做好与相关部门、企业的沟通。

项目八

营销策划方案的实施与控制

项目八
思维导图

学习目标

通过本项目的学习，你应该达到以下目标：

素质目标：熟悉市场营销策划方案实施的程序，了解营销策划方案执行过程，具备策划人职业素质。

知识目标：了解影响营销策划方案实施的因素、企业市场营销策划方案实施的程序和基本模式，以及市场营销策划方案有效控制的要求和控制步骤。

能力目标：能针对某一市场营销策划方案实施过程进行有效控制。

教学重点和难点

重点：企业市场营销策划方案实施的五种技能及其特点。

难点：市场营销策划方案控制的四种方法。

案例导读

2018—2019 年汾酒市场营销策划案

摘　要

本计划在分析外部环境、竞争环境、消费环境、内部环境等因素的基础上，完成寻找新的市场机会的目的。为了达成设定的营销目标，对营销策略进行了系统化设计，并制定了行动计划和评估指标、方法等。

一、市场分析

（一）企业的目标和任务

山西汾酒集团主要从事三项业务：生产及销售汾酒、竹叶青酒及其系列酒；酒类高新科技及产品研究、开发、生产、应用；投资办企业及相关咨询服务。其中白酒收入占主营收入的92.04%。公司是全国大型白酒生产基地之一，是清香型白酒的典型代表之一，也是我国唯一同时拥有“汾酒”和“竹叶青”两个国家名酒的企业。

在当前阜新的白酒市场中，三沟酒、二锅头借旗下产品强大的品牌优势，占据了阜新市场的很大市场份额。本公司主要从事白酒的生产和经营，目标是更精准了解白酒产品的消费需求、竞争态势和潜在的市场机会，使白酒企业能够做到根据消费者的需求进行品牌传播和产品市场推广，最大限度降低企业品牌和产品的市场营销风险，快速提升产品的销量，稳健地做强品牌和做大市场规模，实现利润的稳步增长，并加强对“汾酒”品牌的文化建设，实现公司市场转型和品牌价值的最大化。

（二）当前市场和战略描述

1. 当前市场状况

阜新70%的餐饮市场在三沟酒的控制之下，这样的绝对空间在东北白酒市场实属罕见。在阜新，榆树钱和二锅头两个品牌白酒占25%左右的餐饮市场份额。阜新消费者喜欢的酒的香型有浓香型、酱香型、清香型、米香型等（见图8-1）。

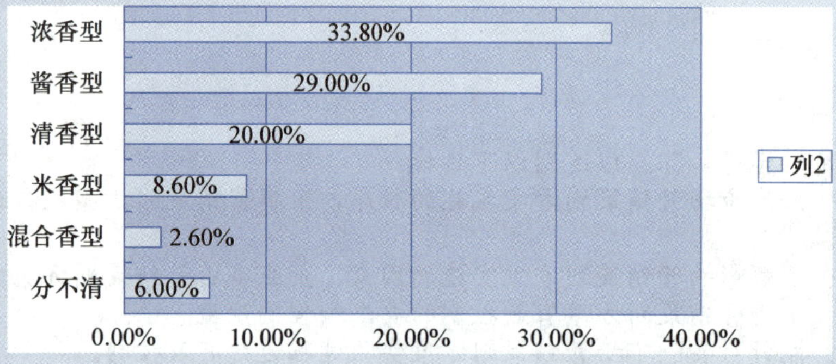

图8-1　阜新消费者喜欢的酒的香型比例图

其中喜欢喝浓香型白酒的消费者比率最高，达到33.80%，喜欢喝酱香型白酒的消费者比率也达到29.00%，喜欢喝清香型和米香型白酒的消费者比率分别为20.00%和8.60%，喜欢喝混合香型白酒的消费者比率只有2.60%，分不清香型白酒的消费者也占6.00%。可见酱香型和浓香型白酒是最受消费者喜欢的两种白酒香型。

大中型超市是消费者购买白酒的主要地点，占消费者选择比率的64.40%；在烟酒商店购买白酒的消费者比率为14.80%；在商场购买白酒的消费者比率为13.80%；其他终端的选择比率很少。可见大中型超市是白酒销售的核心终端，烟酒商店和商场也是白酒产品的重要销售终端。具体分布情况如图8-2所示。

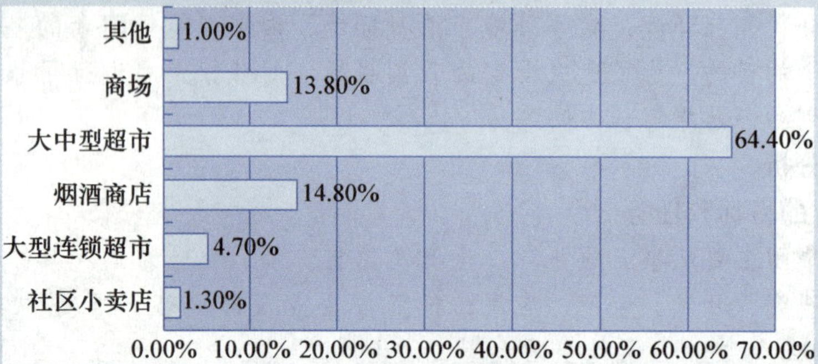

图8-2　销售渠道分布情况

2. 战略描述

汾酒集团拥有雄厚的资金。汾酒集团每年赞助山西中宇男篮600万元，这是山西中宇俱乐部成立以来接受的最大一笔款项，也是山西体育史上数额最大的赞助。阜新太平区正在进行新开发，汾酒可以借助这一机遇做好前期的广告宣传，也可以做类似的赞助，提高品牌知名度。

汾酒有悠久的历史，获得过国际大奖，1915年在巴拿马名酒博览会获得金奖，其相较三沟酒具有深远的文化底蕴。百年屹立不倒的品牌是传播酒文化的强大媒介，也是打入白酒市场的有效招牌。做好品牌宣传是汾酒扩大市场份额最有效的手段。

汾酒作为外来酒想要与三沟酒一较高下，其产品要符合阜新消费者的需求。如果能够获得政府政策支持，相信汾酒在阜新能够有一个很好的市场。汾酒有历史、有品牌、有技术、有资金，相信汾酒能够有一个好的发展。

(三) 主要竞争者

目前市场上存在多个白酒品牌，如三沟酒等。它们都对汾酒市场形成巨大威胁。

1. 三沟酒

三沟酒作为地方酒以其独特的优势占领了阜新的大份额市场。

优势：

(1) 有文化优势，亲和力强，消费者容易接受。

(2) 三沟酒的产品系列充分满足了广大消费者的不同需求。

(3) 三沟酒既符合阜新人的口味，又有当地政府的政策支持，其市场份额不易动摇。

劣势：

(1) 技术力量欠缺，与市场流行趋势不接轨。

(2) 品牌知名度有限。

2. 榆树钱

榆树钱产自长春，2009年被华泽收购，但并不影响它在阜新的销售。

优势：

(1) 榆树钱销售渠道网覆盖了阜新的大部分地区。

(2) 榆树钱的中高档产品价格适宜，符合阜新消费者的需求。

(3) 榆树钱口味符合当地普遍的消费者需求。

劣势：

(1) 榆树钱作为外来酒，虽然在阜新市场占有一定份额，但和地产酒三沟酒相比，不占优势。

(2) 榆树钱包装没有创新性，品牌知名度有待提高。

(四) 外部环境分析

1. 经济

2001年阜新被确定为资源枯竭型城市经济转型试点市。阜新紧抓这一历史机遇，转型振兴，赢得生机，几年来取得了重大阶段性成果：经济结束了“九五”时期低速徘徊局面，地区生产总值增幅连续3年居辽宁首位；接续替代主导产业框架基本形成；地区可持续发展能力增强；社会、环境等一系列问题得到有效解决。

阜新现阶段的人均收入已经达到400美元，以后阜新的投资会有一个逐步提高的过程，并且经济会有一个飞跃性的增长。该市将按照依城扩城、产业托城、资源建城、文化兴城的方略，全力打造玉龙新城、沈彰新城、现代皮革新城、温泉新城和蒙古贞新城，推进城市增容扩容，以五座新城托起新阜新，加速形成新的经济增长点。

汾酒可以抓住阜新经济转型这一机遇，打开阜新的白酒市场。

2. 法律法规

目前，国家已通过一系列的政策措施对行业的发展进行调整引导。

首先，行业标准、规范的颁布实行，提升了行业的进入门槛。《纯粮固态发酵白酒行业规范》的实施，在一定程度上减少了市场上纯粮固态发酵白酒和新工艺白酒混杂的现象，推广纯粮酿造白酒，对白酒企业的规范经营和消费者的理性消费有助推作用。《酒类流通管理办法》的出台，标志着包括批发、零售、储运等经营活动在内的酒类流通活动向法制化迈进，促进酒类市场健康发展。

其次，白酒税收政策出现转向。一直以来，白酒行业承担税负过重，造成产品结构和经济效益增长比例失调。后来税收政策出现重大利好，薯类白酒15%和粮食白酒25%的从价税率合并为20%，税收政策开始向优质白酒倾斜。新的企业所得税规定开始实施，内外资税率合并为25%，对白酒企业特别是名优酒企业也是利好之一。

最后，白酒质量认证体系的形成符合人们对食品安全问题关注升温的大趋势，对规范白酒市场，引导白酒市场有序、公平竞争，提高酒类产品的安全水平，促进白酒产品扩大出口等有积极影响。

以上的一系列政策明确地传达了国家对白酒行业政策的调整方向：一是规范行业秩序，二是鼓励大中型名优酒企业的发展。政策导向的转变为白酒行业未来的健康快速发展奠定了良好的基础。

3. 成本

粮食价格上涨、新品换包装，这些都会增加企业成本。由于粮食、大麦等，造酒原料的价格上涨必然会带来造酒成本的增加。茅台、五粮液最近都推出新包装，由于档次提高，防伪性能增强，成本上升，反映到市场零售终端的白酒价格，自然上涨。

4. 竞争

在阜新的大型商超，泸州系列仍表现强势，这跟当年泸州老窖的“名酒平民化”战略是分不开的。而在餐饮渠道，则是三沟酒业独步天下。

阜新70%的餐饮市场在三沟酒的控制之下，这样的绝对空间在东北地级白酒市场实属罕见。要改变地产名酒三沟在本地培养多年的口感习惯，就意味着不仅要更多持续的投入，还需要时间来与消费者磨合。

5. 技术

酿酒要用曲来发酵，制曲是汾酒酿造的第一个环节。汾酒酿造是将酒曲与高粱原料固态形式配合，采取“地缸分离”发酵，这是山西汾酒特有的发酵方式，汾酒一直沿承着传统的“地缸型”发酵，并坚持酒土分离，因为土壤中的一些杂质的发酵气味会影响到酒自身的原质清香，运用地缸发酵则避免了有害元素的侵入，保证了酒自身的原质清香，使酿造过程更加环保。在接下来的蒸馏阶段，特点是采用“清蒸二次清”。汾酒酿造要进行两次蒸馏，分别酿出“大茬汾酒”和“二茬汾酒”。科技创新是汾酒的不竭动力。汾酒的发展史就是技术不断创新的历史。加快自主创新、增强企业核心竞争力，是汾酒做优、做强、做大的必由之路。站在历史长河和时代激流的契合处，汾酒人从容不迫地面对机遇和风险。在计划经济与市场经济的转折点上，在改革与守旧的分水岭处，汾酒人群策群力、集思广益，运用精湛的科技创新成就一个又一个卓越的奇迹。汾酒人将继续在改革的浪潮里依托和发挥自身优势，以文化扬品牌，拓市场，求发展，谋创新，增效益。

6. 社会因素

由于竞争对手三沟酒主打浓香型，这样就为清香型酒提供了机会和市场。随之各地之间交往的频繁，阜新人也开始接受外地酒，所以清香型的汾酒在阜新市场也是有很大前景的。

(五) 内部环境分析

优势：

(1) 中央电视台强势的汾酒文化展播，品牌价值不断攀升的名酒效应，为杏花春系列产品市场的发展和品牌的塑造提供了坚强的后盾和深厚的文化背景。

(2) 原产地、原工艺，汾酒集团进行异地灌装产品的质量有充分的保证。

(3) 近30款产品，产品线丰满，能满足各类客户和消费者的需求。

(4) 独立的个性化产品，没有副品牌的市场干扰，市场容易控制和管理，完全可把杏花春作为一个长线品牌来操作。

(5) 公司诚信的合作态度，灵活的合作模式，双赢的合作理念，高效的办事效率，急客户之所急，想客户之所想的服务意识，为合作的深入和市场的发展提供了坚实的基础。

(6) 在山西市场上市短短两年杏花春销售已突破亿元大关，这充分证明了杏花春产品旺盛的生命力和极具发展潜力的品牌张力。

劣势：

(1) 杏花春系列产品知名度有待提高。

(2) 没有低档次的大流通产品，会给县镇级市场招商及销售带来一定的难度，杏花春系列产品多定位在省级、地级市场及消费水平相对较高的县级市场。

(3) 个别产品的包装还有待创新，有待突出个性化产品的独特个性文化。

二、营销策略

(一) 营销目标/预期收益

发展高档酒策略，配合系列促销策略和手段，汾酒2018年在阜新的销售规模争取突破900万元，具体目标如表8-1所示。

表8-1 营销目标

类别	目标
销售规模	900万元

续表

类别	目标
利润率	8%
品牌市场占有率	50%
促销场次	20
物流绩效评价	良好
……	……

（二）目标市场描述

1. 可识别特征

目标市场：阜新白酒市场。

阜新城市发展很快，且近年来，城市化进程加快，连锁商业模式发展迅速。人们的消费观还没定型。很多潜在的需要没有完全转化为现实的需求，增长的潜力巨大。

2. 独特的需求、态度、行为

(1) 老百姓的消费需求已不再拘泥于购买低价产品，在可以承受的价格范围内，他们也在尝试使用高档产品。

(2)“电视广告”占绝对优势，“商店广告”与真实消费更加贴近。

(3) 促销活动发展不够成熟，人们对此表现出更大热情。

（三）营销组合描述

1. 产品

汾酒系列产品在山西形成了高中低档“一锅烩”的垄断局面，在20元以上价位尤其强势，产品情况如表8-2所示。

表8-2　产品情况

价位区间	主要产品	价格及说明
200元以上	大小蓝花	商超价：大蓝花最高628元/瓶，小蓝花为248～258元/瓶
100～200元	老白汾15、20年	20年商超价：170～180元/瓶；15年商超价：128～148元/瓶
50～100元	老白汾10年	主要有55～60元/瓶的黑瓷、彩坛等，90～95元/瓶的水晶瓶等
20～30元	53度玻汾	零售价25～28元/瓶，是主要的婚宴用酒
	出口汾	有玻瓶和瓷瓶两种，瓷瓶售价在23元/瓶
10～20元	39度玻汾	零售价为18～19元/瓶，据当地经销商介绍其市场出现下滑
10元左右	杏花村酒、杏花村清酒	走量大是42度产品，零售价为8～9元/瓶

2. 渠道

(1) 酒店：阜新市内的规模酒店有几十家，进店费在5 000～10 000元，顶级酒店会更高一些。酒店销酒量是比较大的。

(2) 商超：阜新兴隆百货和大商千盛是阜新最大的商超，人们的日常购物和送礼购物一般都在这两大商超。汾酒应跻身其货架，提高自己的知名度。

(3) 流通：市区设置了集中的规模批发市场。

(4) 团购：团购渠道有三类：第一类是省市两级政府招待和会务用酒；第二类是企事业单位的年节福利用酒；第三类是一些公私单位的集体公关礼品酒。在中间人的佣金上，按零售价供货，提成要比按厂家供货高得多。税务机关、银行等是传统的团购大户，也是酒水公关的主要对象。

3. 价格

根据数据显示：81～100 元和 151～200 元的消费者比率非常接近，为消费者购买白酒的两个主要价格区间。

4. 促销

汾酒之所以流传千年也正是因为其有很久远的文化底蕴。今天的我们要让它永葆青春，就必须发扬汾酒的文化，推广汾酒的文化，并要开创新的汾酒文化。

首先是要多样化、多角度地展示汾酒文化，并要结合社会热点进行有针对性的宣传。针对人们的需求和社会的热点抓住时机去做重点宣传。比如，宫廷剧热播我们就重点宣传汾酒是最早的宫廷御酒；如人们关注健康、绿色饮品，我们就宣传竹叶青的药用功效和纯天然的酿造工艺。

其次是要依托山西文化、晋商文化，抓住阜新发展旅游业这一契机不失时机地进行宣传。汾酒文化与晋商文化，与古老厚重的黄河文明一脉相承，加强了它们之间的相互联系，进行汾酒文化、山西文化与营销的互动，更能弘扬了文化品牌，推进名牌战略的实施。在白酒文化营销内容日益同质化的今天，文化的独特性在市场中无疑具有创新的意义。可以在阜新海棠山、大清沟等景点设点进行山西酒文化宣传，并可配合一些大型的旅游节日搞一些活动。

再次是要善于开发汾酒的新文化，从新的角度去挖掘汾酒的内涵，树立汾酒新潮时尚的形象。目前我们在把握时尚文化方面做得还很少，而竹叶青有很好的定位：健康、绿色、环保、高档，适合多种饮法，有很大的潜力。

最后是树立长期宣传，让汾酒永葆青春的理念。宣传不是一两次的广告活动就可以一劳永逸解决的问题。中国品牌习惯于在产品导入期给予一次性强势广告，进入成熟期后，便不再热心品牌价值的培育，而静静等待产品衰退期的到来。

(四) 定位分析

汾酒集团必须顺势而动，调整自身的发展战略，踩着汾酒战略调整的步伐向中高端迈进，打造自己在 80 元/瓶以下的声誉产品，并研发 200～400 元/瓶的高端形象产品，同时以中低端产品完成对市场的完全占领在销售模式上汾酒集团要改变以往粗放经营的模式，针对不同价位的产品采取不同的销售模式以精准营销的方式来启动市场，从而真正实现战略布局并在更大的范围内实现突破。

现在白酒的竞争日趋激烈，我们只有以系统营销的思维来对品牌的现状、战略、区域市场布局以及组织架构和资源配置等内部环境和需求的变化、渠道的变化等外部环境进行分析制定精准的产品定位、价格定位、渠道策略以及传播、促销策略，才有可能在市场竞争中居于有利的位置。

三、活动计划

（一）活动日程安排

1. 职能

业务部经理：负责销售工作各项事宜的统筹规划，完成销售目标、策略的制定，对销售计划的进程和效果进行监督和评估。

业务人员：协助代理商进行销售规划，完成销售目标，监督公司销售政策的执行；落实促销活动的实施和过程控制，并将结果反馈给业务经理和代理商。

零促人员：负责促销活动现场的产品促销和宣传。

2. 日程安排（如表 8－3 所示）

表 8－3　日程安排

日程安排	周期	形式	地点	人员	预算
周年店庆	15 天	“100” 大行动	指定五家超市	5 名	6.3 万元
“五一” 促销活动	15 天	赠小礼品	超市	5 名	1 万
父亲节	5 天	试尝	大型广场	120 名	8 万元
某季度	7 天	开盖有奖	各卖场、商铺	—	0.7 万元
旅游旺季促销活动	1 月	促销	旅游景点	120	25 万

3. 预算

综上，将各项活动花销汇总，年度预算为 42 万元。

（二）评估程序

1. 绩效评价指标（如表 8－4 所示）

表 8－4　绩效评价指标

类别	目标	责任人	完成率
销售规模	50 万吨	王总	
利润率	8%	张三	
城郊销售网点上架率	60%	李实	
品牌市场占有率	9.8%	王总	
促销场次	20	吴王	
物流绩效评价	良好	张三	
……	……		

2. 收集数据的方法

通过走访客户、终端实际调查、问卷调查等手段收集市场数据，同时根据企业销售商品数据、现金流、利润率和销售成本等数据来分析评估。

注：根据网络资料整理。

读后思考：针对该策划方案整个的组织与控制思路，你有何感想？

市场营销方案的实施策划是一项艰巨而复杂的过程，影响营销方案实施的因素很多，策划者如何策划，必须针对企业实际情况，根据自己的营销方案和实际条件选择运用合适的策划模式。市场营销方案控制策划是市场营销管理过程中的重要步骤，营销方案控制的根本目的是保证组织活动的过程和实际绩效与计划目标及方案内容相一致，保证组织目标的实现。市场营销控制的方法主要有年度计划控制、盈利能力控制、绩效控制和战略控制四种。市场营销审计是对企业市场营销环境、目标、战略、组织和活动的一种综合、系统、独立和周期进行的检查评价。

任务一　实施市场营销策划方案

市场营销方案实施是指将营销策划方案转化为行动和任务的部署过程，并保证这种过程顺利完成，以实现营销策划所制定的目标。一个好的营销策划方案，如果不付诸实施，则成为一纸空谈；如果实施不当，也难以达到预定目标，甚至以失败而告终。

市场营销策划方案的实施是一项艰巨而复杂的过程，策划者如何实施方案，必须面对企业实际状况，精心研究方案实施中的不足，把握营销活动的动态，力争使方案圆满成功。美国的一项调查资料表明，90%被调查的计划人员认为，他们制定策划的战略和战术方案之所以没有成功，是因为没有得到有效的实施。

一、影响营销策划方案实施的因素

正确的营销策划方案为什么不能带来出色的业绩？导致市场营销策划方案实施不力的原因有很多，但主要有以下几个方面：

（一）营销策划方案脱离实际

企业的市场营销策划方案通常由企业的营销策划人员或由企业聘请策划专家制定，而策划方案实施则要依赖于市场营销管理人员。但这两类人员之间往往缺少必要的协调与沟通，往往导致下列问题的产生：

（1）企业的营销策划人员只考虑总体战略而忽视实施中的细节，结果使计划方案过于笼统和流于形式。

（2）营销策划人员往往不熟悉策划方案实施过程中的具体情况，所制定的策划方案超越实际。

（3）营销策划人员与市场营销管理人员之间没有就策划事项充分地进行交流和沟通，致使市场管理部门人员在营销策划方案实施中经常困难重重，因为他们并不十分清楚实施策划方案的内容和意图。

（4）超越实际的营销策划方案会导致营销策划人员和市场营销管理人员之间关系对立，互不理解和信任。

现在，西方国家许多企业已经认识到，企业的营销策划方案制定不能仅依靠专业计划人员，需要市场一线的营销人员参与，这样做有利于市场营销策划方案的实施。因为他们了解市场实际状况，掌握市场信息。因此，许多西方国家的企业削减了本企业计划部门的庞大人员。例如，美国通用电气公司曾为了消除过分集中的计划体制弊病，将公司总的计划人员从58人锐减到33人。

（二）长期目标任务与短期目标任务相矛盾

长、短期目标的设定是营销策划的基础。市场营销战略通常着眼于企业的长期目标，涉及企业今后三年至五年的经营活动。为实现营销总目标，必须把目标分解成若干个具体目标，但具体实施这些总目标的市场营销人员通常根据他们的短期工作绩效，如销售量指标、市场占有率指标和利润率指标等来对他们进行评估和奖罚。所以，市场营销人员常选择短期行为。在对美国大公司的一项调查资料表明，这种情况非常普遍。例如，某公司由于市场营销人员注重眼前效益和个人奖金而置新产品开发战略于不顾，将公司的主要资源全部投入到现有的成熟产品中，结果导致公司的长期产品开发战略半途夭折。目前，许多公司正在寻求和采取适当措施，努力克服这种长、短期目标之间的矛盾，以求两者的最佳协调。

（三）思想观念的惰性

企业当前的营销策划活动往往是为了实现既定的计划方案目标，而新的计划方案如果与企业的传统和习惯相悖就会遭到抵制。新、旧战略的差异越大，实施新战略可能遇到的阻力和困难也就越大。要想实施与旧战略截然不同的新战略，必须要打破企业传统的组织机构和固有的供销关系，进行系列机制和组织改革，为新战略实施扫清障碍。比如，为了实施给老产品开辟新销路的市场拓展战略，就必须创建一个新的营销机构。

（四）实施方案不具体明确，缺乏系统性

大量事实证明，许多战略计划之所以以失败告终，是因为营销策划人员没有制定明确而具体的实施方案。相当多的企业面临的共同困境是缺乏一个能调动企业内部各部门协调一致、共同作战的系统。

企业的高层决策和管理人员对企业营销活动进行策划和管理时，不应有丝毫“想当然”的心理，必须制定系统的实施方案，规定和协调各部门的行为活动，编制详细周密的项目实施时间表，明确各部门经理应承担的责任。只有这样，企业营销战略的实施才有保障。

❖案例链接

宝威品牌中国市场策划方案实施的问题及提升建议

一、傲慢与偏见注定没落命运

1. 缺乏市场进入战略

与宝洁、麦当劳、可口可乐等以营销见长的国际大企业不同，宝威进入中国市场缺乏系统的战略思考和规划。中国油漆市场规模和前景如何？中国消费者对油漆的购买行为和消费习惯是什么？谁是自己的目标客户群？谁是自己的竞争对手？选择什么时机进入？进入哪些市场？以哪些产品进入？这些对宝威来说都是未知数。宝威进入中国市场缺乏清晰、科学的扩张战略，因此埋下了失败的“种子”。

2. 缺乏对中国市场和消费者的深入洞察

对于在欧洲占据重要位置的宝威来说，中国市场与欧洲和西方国家有着各自独特的区域文化，中国消费者在购买能力、购买行为、消费习惯、价值取向等方面也与欧洲消费者有着非常大的差异。在不进行系统、科学的市场调查研究的前提下，仅凭对中国市场所知不多的外籍高管对一个中国中等城市的偶然一次走访，就做出了中国市场缺乏购买能力、市场规模和潜力小、市场培育需要较长时间等的结论，犯下了典型的“见树不见林”和经验主义的错误。这就直接导致宝威丧失了进入中国市场的绝好时机，给包括立邦在内的先行进入中国市场的世界级竞争者“先入为主”、抢占消费者心智的难得机遇。

3. 品牌传播与消费者沟通策略失误

经营品牌就是经营企业与消费者、产品与消费者的关系，这种关系的建立和巩固需要策略上的精准、沟通上的多渠道、传播上的多角度。宝威缺乏对中国消费者内心世界的深刻洞察，完全站在自身角度考虑，以“全世界领先的技术”傲慢地对待消费者，是完全的技术导向而非以消费者需求为导向，以冷冰冰的技术而缺乏感情的沟通来传播品牌。实际上，中国消费者对家庭装饰除了功能上的需要外，更需要从个性、情感和个人表现上得到满足。

4. 营销体系管理的失误

中国是地理面积、区域跨度都很大的市场，不同区域市场的分销渠道体系差距也大，而近年来以超市、大卖场为主的新型零售业态迅速崛起，竞争对手在中国市场的分销策略也在不断地进行创新。宝威在中国区域市场的产品销售和分销体系缺乏科学的规划，不顾品牌基础、竞争现状和营销队伍水平和实力，完全以模仿的方法推出“百城千商万店”的经销商发展计划，结果使当地营销人员迫于压力不惜请专业的调研公司以假数字来蒙骗总部。

二、宝威中国市场品牌快速提升的策略建议

1. 放下贵族身份挺入中国市场纵深处

在中国这样一个新的国度和市场，宝威需要抛弃过去的经验和偏见，认真倾听中国市场的“脉搏”。除聘请专业的市场研究公司对中国各个区域市场进行深入、科学、透彻的研究外，更需要营销人员深入一线市场，与经销商、消费者进行深度沟通，准确把握中国市场环境和特点，透彻了解中国消费者的消费行为与习惯，全面掌握竞争者的状况和营销策略。

2. 科学规划中国市场营销战略

基于对市场、消费者、竞争对手等的深度了解，挖掘企业自身优势资源，找准区别于竞争对手的核心竞争优势，科学规划宝威中国市场营销战略，包括未来3～5年的战略目标、区域市场战略、战略实施计划和保证措施等。

3. 重新规划品牌战略

在中国市场，宝威已远远落在竞争对手的后面，消费者不知道宝威在欧洲的“贵

族”身份，消费者在自己的心目中对乳胶漆品牌已经有了排序。为此，宝威需要对品牌进行再定位，以显著差异化的品牌核心价值、鲜明的品牌个性与竞争品牌形成大的区别。

4. 准确制定营销策略

在中国市场上，乳胶漆已由当初的纯粹墙面保护材料演变成一种文化，一种时尚，一种个性的张扬。在价格战、性能战、品质战、绿色环保战一波高似一波的竞争中，宝威要针对不同区域市场，在产品结构、定价、分销渠道、广告促销上形成自己独特的、有竞争力的策略。

5. 找准需求“按钮”，加强品牌传播

中国市场是一个不完全成熟的市场，品牌知名度仍然是影响消费者的最重要因素之一。在立邦、多乐士等品牌的电视广告、平面广告、报纸广告铺天盖地之时，而宝威却鲜有动作显得寂寂无声。为此，宝威近阶段的重要任务，是找准消费者的需求“按钮”，以能够引起目标群体强烈共鸣、显著差异的品牌利益诉求，全面加强品牌传播的广度、深度和频度，快速提升品牌知名度。

6. 完善营销管理体系、分销体系

针对中国市场环境和特点，建立功能完善、反应迅速、扁平高效的营销管理体系，全面提升营销人员的策略思维、综合素质和业务技能。同时，根据产品特点、品牌个性、目标群体和竞争者分销策略，规划宝威中国市场分销策略，快速构建分销网络和渠道，与各级经销商形成战略伙伴关系，全面抢占终端资源。

宝威迅速扭转其在中国市场的品牌地位和形象的关键，是自己要有超强的策略思考能力，以及国际化的视角、本土化的市场策略和手段。我们期待着宝威这个欧洲贵族能够快速在中国市场树立自己真正的贵族地位和身份。

注：根据网络资料整理。

评析：此案例说明，策划人员必须全面掌握与熟悉市场环境因素，把握市场实际状况来统筹安排和考虑问题，任何凭借经验或照搬以往策划模式是行不通的，否则，脱离市场实际的策划方案在实施过程中必定要失败。

二、企业市场营销方案实施的基本模式

企业市场营销方案实施的模式基本上有五种：指令性模式、转化性模式、合作性模式、文化性模式和增长性模式。

（一）指令性模式

这种模式的特点是突出领导者在市场营销方案实施中的重要作用，领导者凭借权威发布各项指令以推动市场营销方案的实施，这是极为正式的集中指导的倾向。此种模式实施的前提条件是：企业在方案实施行动之前，就已对市场营销状况进行了大量分析，领导者拥有相当大的权力和相当可靠的信息。

（二）转化性模式

企业领导者
十大素质

这种模式的特点是重点考虑怎样运用组织结构、激励手段和控制系统来促进方案的实施。在该种模式中，领导者起着设计者的作用，协调方案实施，用行为科学方法把企业的组织纳入方案实施的轨道。转化性模式是指令性模式的补充与完善，使方案实施更加科学有效。但该模式的不足在于并没有解决指令性模式存在的诸如难以取得可靠信息和方案实施缺少动力等问题，而且还可能会产生出新的问题。因此，对环境因素并不确定的企业，应尽量少使用这种模式。

（三）合作性模式

这种模式的特点是将方案决策范围扩大到企业的高层管理阶层，充分调动高层管理人员的积极性，而领导者仅扮演协调者角色，这样方案实施将会更加完善。从总体上看，这种模式的优点是：领导者接近一线管理人员，获得的信息准确性高，而且营销方案的制定和实施是集体共同参与的结晶，大大提高了方案实施的成功性。因此，这种模式更适合于处理复杂而又缺乏稳定性环境的企业。值得注意的是，合作性模式并不是企业全体员工参与决策活动，而是不同观念、不同目的的参与者协商的产物。所以，其结果有可能以牺牲经济合理性为代价。

（四）文化性模式

这种模式的特点是在整个企业中宣传一种适当的文化，使营销方案得以实施。此模式是将合作性模式中的参与成分深入组织中较低的层次，把营销方案的制定者与执行者之间的隔阂消除。领导者在这一模式中起着组织指导作用，主要任务是通过宣传企业文化来指导企业组织成员，鼓励企业中所有员工根据企业使命参与制定自己的工作程序。文化性模式参与者涉及各类层次员工，可使企业组织与参与者同舟共济，可减少方案实施风险，且执行速度迅速，企业平稳发展。文化性模式也存在局限性，第一，该模式是以假设企业的员工都具有相当文化程度为前提的，但这在实际中较难办到。第二，过分强调企业文化，有可能会掩盖企业中存在的某些问题，从而妨碍对问题的解决。第三，采用这种模式耗费人力、物力和财力，若企业高层领导不愿放弃控制权，容易使模式形式化。

（五）增长性模式

这种模式的特点是强调营销方案从基层经营单位到最高决策层自下而上产生，而不自上而下推行。领导者在这一模式中要求有能力用所设置的组织制度来刺激革新，正确选择可行性的营销计划方案。增长性模式比较注重领导负责和集体决策相结合，使营销方案实施成功性得以保障。当然，为减少集体决策风险，应制定相应策略措施，以避免方案实施的失败。例如，建立规划参谋小组，确保方案制定和实施的正确性；强调某一特定主题或重点来规划营销方案策划思路，规定一些营销方案评价的标准，使营销方案制定方法科学合理等。

以上五种营销方案实施模式的侧重点各不相同，企业应根据自己的营销方案和实际条件选择运用合适的模式。

三、市场营销策划方案实施的技能

为了贯彻实施营销策划方案，企业必须掌握一套能有效实施营销策划方案或政策的技能，这些技能主要包括诊断技能、分配技能、监控技能、组织技能和相互配合技能等。

（一）诊断技能

诊断技能是指能发现和揭示企业营销策划方案实施活动中存在的问题和难点，并提出相应对策的能力。营销策划经理应在企业营销策划方案实施中，与营销策划人员紧密配合，善于发现营销策划活动中存在的主要问题，弄清产生问题的原因，并针对性地提出改进措施，修正营销策划方案。诊断对于了解企业内部情况，进行有效的市场营销策划方案实施活动具有重要价值。

❖案例链接

2018年，我们重新定义了三只松鼠

2018年11月7日，一向低调的三只松鼠创始人章燎原居然面向媒体发表了半个小时的演讲，演讲内容更是让人大吃一惊，他全面回顾了自己做电商的六年，同时告诉大家，2018年是三只松鼠最不平凡的一年，上半年犯了一些错误，但还好很快就纠正了，并且，通过各种调整重新定义了三只松鼠：以前，三只松鼠是一个电商品牌，现在不是了，它有五大渠道，明年会有150家线下店；以前，三只松鼠是一个坚果品牌，后来是一个休闲零食品牌，以后也会调整，它将成为一个社交型的休闲零食品牌；以前，它不到100亿元，以后，要成为百亿级的企业；以前它是一家非上市公司，以后，或许……你懂得……

章燎原这个演讲信息量不少，除了阐述自己未来的转型思路，还提到上半年的弯路。

在扩张到休闲零食的时候，年初他们提出了要上500款新产品，但是后来才发现，把别人的产品换个包装，不叫创新，是糊弄消费者，所以他们砍了一大批新品，重新和厂家联合开发产品……转型的弯路都要走，只不过，章燎原能快速回到正确的路上。

下面我们看看章燎原都说了什么，下面的内容是他原汁原味的演讲。

很多人认识三只松鼠是从2012年的“双11”开始的，今年是三只松鼠的第七个“双11”，我们要举行一个造零食的发布会，是想告诉大家，我们正切换到一个新的时代，我们内部把2018年定位为松鼠新时代的创始元年。

在2012年我创业的时候，我在网上发了一篇帖子，说一个新时代来了，电商有五年的机会，在五年之内，你可以成就一个互联网的电商品牌，五年之后肯定也是消亡的开始。其实到去年“双11”的时候，三只松鼠恰好是刚刚五年过去。去年“双11”，我们整个渠道的销售成绩是5.22亿元，往前看每年的“双11”都是翻番，高速增长，从去年“双11”的节点上开始，我们已经认识到这个时代发生变化了。所以过去一年我们一直在变革。今天我们召开的新品发布会，想表达的就是，三只松鼠正在转变，转变为线上造货、立体卖货。这句话怎么理解？过去电商实际上依托于人口红利，依托于电商天然的技术的便捷性和基于数字的用户体验的提升，把线下的货变了一个样子放到线上去卖。那么今天我们为什么这样定位自己？我们一直在思考，六年来我们应该做什么，我们能做什么，我们不能做什么。我们总结下来，六年我们沉淀了巨大的品牌势能，我们在线有8 000万的购买会员，我们旗舰店每年访问客人数达到6亿人次以上，这是任何一家休闲零食企业所不具备的优势。我们在规划未来时考虑，怎样把我们过去沉淀下来的东西重新塑造，或者创造我们的新核心竞争力。

过去的一年，我们进一步确定了三只松鼠的方向、定位、模式。那么，我们的核心是什么？整体上也是围绕刚才这六个字的。其实方向就是一个字，就是造，包括我们造零食，我们用了“造”这个词，具体就是指造产品和造体验。我们公司要变成完全以创新为导向的一家公司。围绕这个“造”，我们的年度规划、企业文化都产生了变化，我们提出了四不工作观：不难的事不做，不创新的事不做，没有结果的事不做，没做事的人不用。

我们将这个造拆分成两个部分：造产品和造体验。今天的新零售绝对不只是说我改变了销售流通环节的成本和效率这么简单。这只是一个基础，具体就是你线上卖什么价格，到线下就应该卖什么价格。这个延伸下来是什么？就是新的研发、新的体验和新的制造。这是我们能够做得到的。比如说我们为什么要开这个造零食的发布会？我们想表达的是从产品的研发到产品触达消费者，以及得到消费者认可，传统的链路发生变化了。当我们体察到消费者对产品的需求，我们迅速地把这个产品在营销的指导下研发出来，快速地通过线上的方式触达每个消费者。这就是我们的优势。

我们围绕造货和造体验的定位是什么，回归到最核心，我们叫松鼠味。第一，是风味。中国人对于休闲零食在风味上的需求是高于其他国家和地区的。同时，风味也建立在对食品健康要求的基础之上。第二，是鲜味，比如我们刚上线的每日坚果，产品升级之后，上线一个星期之后就产生极大的断货，内部叫断货王。因为消费者对产品质量有了真正的感知，我们把鲜做极致了。明年也会做一个围绕坚果和休闲零食的极鲜战略，把出厂日期距离收货日期控制在20天之内。第三，是趣味，今天发布的每一款产品都非常好玩，是带给你愉悦的东西。比如说菇的肉、辣条女生大礼包，也比如我们过去一段时间推出的巨型零食。我们把这种好玩、有趣纳入我们的产品定位上，给“主人”更好更有趣的体验。

我们新的模式是什么？简单一句话，就是过去我们把线下的货搬到线上卖，未来是要把线上的货搬到线下卖。线上应该是更快更有效率地让消费者理解这个商品，当这个商品一当成熟就迅速推向全国。我们称之为这个模式叫“五位一体”，其实由二十个字构成：深耕产品、玩转全网、立足线上、赢在全国、沉淀能力。当我们成为一家百亿级企业的时候，我们的对标可能是达利园，也可能是其他的企业，甚至是全球其他的产业，我们的优势是什么？恰恰是刚才提到的二十字方针。

第一个是深耕产品，有一句话就是研发平台化。要用营销的思想去指导产品研发。通过在线数据洞察到消费者的需求，并且通过我们的食品研究院去整合全国乃至全球范围之内的研发资源，共同打造商品。我们在南京成立了松鼠食品产业研究院，这个研究院只是一个平台，我们还连接了拥有通用技术的一些全球化的企业，比如说在我们这个行业做营养物质的杜邦，比如说奇花顿、AAK这样的优质企业，与其签订了战略合作协议。我们跟全国15所高校，包括中国农业大学建立了合作关系，跟200多个合作伙伴建立了造货模式下的平台资源共享机制。

第二个叫玩转全网。这个里面的核心关键词是通过有趣和创意去传播商品。比如我们前一段时间推出的巨型包装，推出之后只花了两个星期的时间，成为我们的单品销售第二，客单价150元。社交传播依靠整个社交平台的三位一体以及和达人之间的合作，并且产品本身要具有话题性。比如今天发布的产品抖唇汤面，我们借助抖音、微博等可以迅速地推出，直接触达消费者。传播的效果取决于能不能带给人愉悦和是否具有网络传播的话题性和社交属性。

第三个叫立足线上。我们一直是以自有的旗舰店为主的方式来立足线上的。立足线上最大的一个功能作用是测试商品。我们非常快速地推出一款产品，通过线上的平台直接触达消费者，把线上已经变成一个造新品的环节。过去所有的淘品牌并不是在完全地造货，一般是比线下迟一点。但是我们今天在零食上面想倒过来。

第四个叫赢在全国。三只松鼠今天平台的布局已经是立体化了，我们已经把公司业务布局分成五类渠道，第一类叫电商渠道，以京东、阿里为代表。第二类渠道是基于微信生态圈的社交电商。第三类是我们线下的直营连锁——三只松鼠投食店。第四类渠道是我们今年六月份才进入的以零售通为代表的2B分销渠道，我们现在零售通的业绩表现是整个零食里的第一，动销店铺70万家，我们复购的店铺超过65%。第五类渠道是我们现在正在尝试的松鼠小店，看着像加盟店，但实际上不是加盟店，而是年轻人创业的平台，是三只松鼠跟这个开店个人IP之间的联盟，它能够赋能给创业者。目前开业四家，年底前能开出十五家。

第五个叫沉淀能力。我们希望在这个时代形成我们特有的模式，形成一个闭环。我们沉淀的能力指的其实就是一切都要数字化。为此，我们在南京成立了研创中心，构建我们IT技术研发中心。比如说松鼠小店的App都是我们自主研发的，比如我们现在研发的供应链管理系统，完全形成之后，从产品的研发到最后消费者数据的回流全部要数字化。也就是讲我们要变为一家真正的供应链企业，真正具有强大造货能力的创新型企业。

我们发现，第一，休闲零食这个行业正在从休闲的定位走向必需品的定位。很多的年轻人每天必须要有零食，它已经变成一个必需品了，在这种大环境的变化下提供的零食也要变化。第二，对于发展模式的变化，当造货和卖货实现线上线下融合之后，我们企业要从过去一个区域化的人才组织的企业转变为一个全国化人才组织的变化。所以，我们在南京成立了研创中心。

在企业内部，我们有两个新的定位。一是让销售显得不那么重要。我们用这句话是想告诉自己，只要把体验和产品做好，所有的渠道都会畅通。二是无论企业规模有多大，要保持企业增长。因为我们认为，只有增长才能解决一切问题。

注：根据网络资料整理。

评析：此案例说明，在市场营销方案实施过程中，策划者要善于发现营销活动中存在的主要问题，弄清产生问题的原因，并针对性地提出改进措施，修正营销方案。三只松鼠在经营活动中发现了自己存在的问题，及时通过各种调整，重新定义了的方向、定位、模式，使得企业蒸蒸日上。

（二）分配技能

分配技能是指营销经理在各种功能、政策和规划间安排时间、经费和人力的能力。例如，营销策划经理决定在贸易展销上究竟花多少费用，或者对边际产品给予何种程度的质量担保等。

（三）监控技能

监控技能是指建立和管理一个将营销活动结果进行反馈的控制系统的能力。营销策划经理应该利用营销情报系统，经常不断地收集企业内外部环境信息，及时有效地处理各种因环境变化而产生的问题，使得企业营销策划活动顺利开展。

（四）组织技能

组织技能是指涉及如何规定营销策划人员之间为实现企业目标而应具有的关系结构的能力。营销策划经理必须将集中化程度和正规化程度掌握在与控制系统相适应的限度内，并充分认识非正式营销策划机构的地位和作用，合理利用非正式营销策划机构与正式营销策划机构的相互配合，这些对企业营销策划方案实施活动的效果都会产生影响。

（五）相互配合技能

相互配合技能是指经理人员借助于其他力量来完成工作的能力。营销策划经理不仅要动员企业的员工有效地实施营销计划方案，而且还要有较强的组织、社交能力，充分利用外部的力量（例如市场调研公司、广告代理公司、经销商、批发商、代理商等，尽管这些外部组织与本企业的目标并不一致）来达到营销目标。例如，处理在同一个渠道内出现的矛盾和冲突，就需要较高水平相互配合的技能。

四、市场营销策划方案实施的程序

市场营销策划方案的实施包括以下程序：

（一）拟订行动方案

企业为了有效实施市场营销方案，必须制定详细而具体的行动方案。在方案中明确市场营销方案实施的关键性决策和任务，并将实施这些决策和任务的责任落实到执行小组或个人。另外，方案中还应列示具体的时间表，制定出行动的确切时间。

（二）组建有效的组织机构

企业有效的组织机构在营销策划方案实施过程中起决定性作用。组织将方案实施的任务分配给具体的部门和人员，并规定明确的职权界限和信息交流渠道和方式，协调企业

有效组织
机构的特点

内部的各项决策和行动。企业组织机构要因市场营销策划方案不同而有差异，也就是说，组织机构必须与企业营销策划方案相一致，必须与企业自身特点和营销策划环境相适应。

组织机构具有两大职能：一是在实施营销方案过程中提供明确的分工，将全部工作任务分解成便于管理的若干部分，再将它们分配给各有关部门和人员；二是充分发挥组织协调作用，并通过企业正式的组织联系和信息沟通网络，以协调各部门和人员的行为活动。

（三）设计决策和报酬制度

为了实施营销策划方案，企业还必须设计相应的决策制度和报酬制度，这些制度直接关系到计划方案实施的成败。就企业对管理人员工作业绩评估和报酬而言，假如以短期的经营利润为衡量标准的话，那么管理人员的行为活动必定趋于短期目标，对实现长期目标就不会有努力的积极性和生动性。

（四）开发人力资源

企业市场营销策划战略目标最终是由企业内部的工作人员来实施的，所以一切人力资源至关重要。人力资源开发涉及企业员工的考核、选拔、安置、培训和奖罚等问题。在考核和录用管理人员时，要注意量才而用，做到人尽其才。为调动员工的积极性和生动性，必须建立较完善的奖惩制度和工资、福利分配制度。此外，企业还应根据本身的特点和性质，合理分配不同层次和岗位上的员工人数，使企业行政管理人员、业务管理人员和一线职工之间比例恰当，以减少管理费用和提高工作绩效。

应当指出的是，不同的战略目标应由不同性格和能力的管理者来实施。例如“拓展型”战略目标需要具有冒险和创业精神，有一定组织和社交能力的管理人员去实现；“维持型”战略目标要求管理人员必须具备组织和管理等方面的能力，力争保持企业在市场中的销售指标；而“紧缩型”战略目标则需要寻找精打细算的管理者来实施。

（五）建设企业文化和管理风格

企业文化是指处于一定经济社会文化背景下的企业，在长期的发展过程中逐步形成和发展起来的日趋稳定的、独特的价值观，以及以此为核心而形成的行为规范、道德准则、群体意识、风俗习惯等。企业文化对管理者的行为有重大的影响，当企业文化形成并得到加强时，它会到处蔓延并影响管理者所做的一切，通过左右管理者的知觉、思想和感觉影响管理者的决策。企业文化要素包括企业环境、价值观念、模范人物、仪式、文化网五个方面。塑造和强化企业文化是实施企业长期目标不可忽视的重要环节。

管理风格与企业文化紧密关联，有些管理者的管理风格属于“专权型”，有的属于“参与型”等。不同的战略要求不同的管理风格，管理风格取决于企业的战略目标、组织结构、人员和环境。

企业文化和管理风格一旦形成，在一定时期内就具有相对的稳定性和延续性。因此，企业营销方案通常是根据企业文化和管理风格的要求来制定的，企业原有的文化和风格不宜轻易改变。

总之，市场营销方案实施是一个整体过程，每个环节就是一个营销战略的要素。所以，为了有效地实施企业市场营销策划战略目标，企业的行为方案、组织结构、决策和报酬制度、人力资源、企业文化和管理风格这五大要素必须协调一致、相互配合，只有这样，才能保证市场营销战略的顺利实现。

❖小思考

市场营销策划方案实施过程为何要讲究步骤？

只有按设计的步骤实施，才能保障市场营销策划方案实施有条不紊地进行，降低成本，节约开支，并达到目的。

任务二　控制市场营销策划方案

实施和控制市场营销方案是市场营销管理过程的重要步骤。在市场营销方案实施过程中，时常会发生许多意外或不可抗力因素，而且营销方案本身也会发生一些偏差，所以必须连续不断地对各项市场营销方案进行信息反馈和调控，纠正可能出现的差错，以确保营销方案顺利实施，以实现企业营销活动预期目标。

一、市场营销策划方案控制的意义

市场营销策划方案控制是指市场营销策划者为了监督与考核企业营销策划活动过程的每一环节，确保其按照企业预期目标运行而实施的一整套规范化约束行为的工作程序或工作制度。

营销策划方案控制既不同于营销策划方案本身，也不同于企业营销，它既不是对营销策划活动未来目标的设计，也不是对营销策划活动结果的考评，而是对营销策划活动现状的把握，即控制对象是现实的营销策划活动过程本身。其特点是营销策划方案控制与营销策划活动的开展同时、同步进行。从一定意义上讲，营销策划方案控制，实际上就是对企业营销策划活动过程所实施的同步管理，是由系列调控行为组成的动态过程。

营销策划方案控制是使企业营销策划得以顺利执行、有效达到企业目标的必要保证。实行营销策划方案控制有助于企业面对不确定的未来环境不断地调整营销行动方案；有利于企业及时发现方案实施中的问题，寻求最佳管理方法，充分挖掘企业潜力；有利于监控和激励营销人员努力工作。因此，市场营销策划方案控制是整个企业市场营销策划过程中一个关键性的环节。

❖小思考

市场营销策划方案控制应该遵循哪些基本原则？

控制是经济管理中的一项基本职能，为保证对营销策划活动进行有效控制，必须遵循重点原则、及时原则、灵活原则和经济性原则等。

二、市场营销策划方案有效控制的要求

要使营销策划方案控制工作真正发挥作用，取得预期的成效，企业设计系列调控措施时要特别注意满足下列几个要求：

（一）营销策划控制系统应切合市场营销策划主管人员的个别情况

控制系统和营销信息是为了协助每个市场策划主管人员行使其控制职能的。假如所设计的营销策划控制系统，不为市场营销策划主管人员所理解、信任和使用，就失去设计的意义。因此，建立营销策划控制系统必须符合每个市场策划主管人员的情况及其个性，使他们能够理解、信任、自觉运用。

（二）营销策划控制应确立客观标准

市场营销策划活动难免存在众多主观因素，但市场营销策划主管对于下层工作的评价不应仅凭主观来决定。如能定期地检查过去所拟定的计量规范和标准，并使之符合现实的要求，那么客观地去控制实际施行的策划方案也就不会很难。所以，有效的营销策划控制工作要求有客观的、准确的和适当的标准。

（三）营销策划控制应具有灵活性

营销策划控制的灵活性要求制定多种应付变化的方案和留有一定后备力量，并采取用多种灵活的控制方式和方法来达到控制目的。因为人们虽然努力探索未来、预测未来，但未来的不可预测性始终是客观存在的。尽管营销策划人员努力追求预测的准确性及对实际业绩评价和差异分析的准确性，但不准确性总会存在。如果控制不具有弹性，则在营销策划方案实施时容易被动。为了提高营销策划控制系统的有效性，就必须将营销策划控制系统设计得有灵活性。

（四）营销策划控制应讲究经济效益

营销策划控制是一项需要投入大量的人力、物力和财力的活动。营销策划方案是否进行控制，控制到何种程度都涉及费用问题。因此，企业必须考虑营销控制的经济效益，要把营销策划控制所需要的费用与营销策划控制所产生的效果进行比较。

营销策划控制的经济效益是相对而言的，它随着经营业务的重要性及规模而不同，也随着缺乏控制时的耗费情况与一个控制系统能够做出的贡献时的情况而不同。在实际工作中，营销策划控制的经济效益在很大程度上取决于营销策划管理者是否将营销策划控制应用于他们所认为的重要工作上。

（五）营销策划控制应有纠正措施

一个完善、有效的营销策划控制系统，除了应能揭示哪些环节出了差错，由谁承担责任外，还应具备适当的纠偏措施和策略。因此，企业应当通过适当的计划工作、组织工作、人员编配、指导与领导工作等方法，来纠正那些营销策划方案中已显示的或所发生的偏离方案的事项。

三只松鼠如何突破流量瓶颈

（六）营销策划控制要具有全局观点

在企业营销策划组织结构中，各个部门及其成员都在为实现其个别的或局部的目标而努力。许多营销策划主管人员在进行营销策划控制时，往往仅考虑本部门的利益，不能从企业大局出发，不重视企业的

总目标。企业的营销策划应依靠各部门及其成员协调一致，共同努力才能实现。因此，对于一位称职的营销策划主管来说，进行营销策划控制时，必须从企业整体利益出发，注重企业团队精神，努力将各个局部的目标协调一致，以实现企业总目标。

（七）营销策划控制应面向未来

一个真正有效的营销策划控制系统应该能预测未来，及时发现营销策划方案与实际营销策划活动可能出现的偏差，并能快速调整方案，以保证营销策划活动正常开展，千万不可等待营销策划方案实施中出现问题再去解决。

三、市场营销策划方案控制的步骤

企业市场营销总目标一旦确定，其成功与否关键取决于企业营销策划活动的运行状况。为了对营销策划活动过程进行有效的监控，需要建立和确定科学的市场营销策划控制制度。有效的营销策划控制制度讲求科学、严格的工作步骤和程序，如图 8-3 所示。

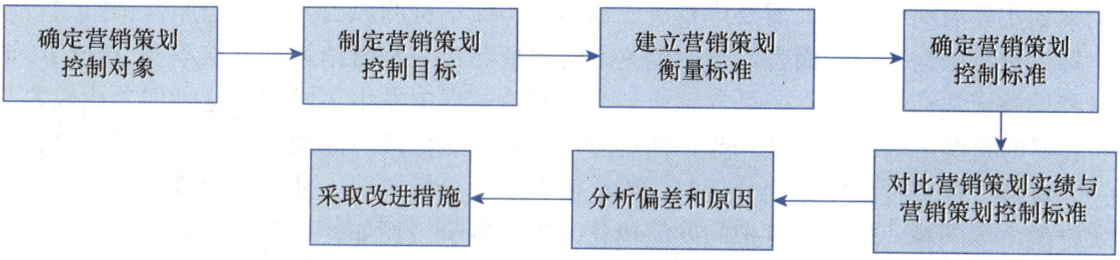

图 8-3　市场营销策划控制的步骤

（一）确定营销策划控制对象

一般来说，营销策划控制的范围广，内容多，信息的获得也多，但任何策划控制活动本身都将支付费用，因此，营销策划管理者在确定策划控制内容、范围、额度时，应确保策划控制成本小于策划控制活动所带来的营销策划效益。

最常见的营销策划控制内容是营销策划收入、营销策划成本和营销策划利润，但开展市场调查、消费者服务、新产品开发和营销广告等活动时应加强控制和评价的力度。

（二）制定营销策划控制目标

制定营销策划控制目标就是确定所要达到的营销策划预期目标。这是将营销策划控制与计划实施方案联结起来的重要环节。许多企业的营销策划控制目标就是营销策划方案中设定的目标，如利润、市场营销量、市场占有率、营销费用额、新产品增长率等，以及为达到营销总目标而规定的战术目标等。

（三）建立营销策划衡量标准

建立营销策划衡量标准就是对第二步所采用的衡量标准具体项目加以定量化。在很多情况下，企业的营销策划目标就决定了它的控制衡量尺度，如利润、市场占有率等，但也有一些问题则比较复杂，如营销策划人员的工作效率可用一年内新增加的客户数及平均访问频率来衡量，广告的效果则用广告内容被消费者熟悉和了解人数占全部消费者的比例来衡量等，由此可见，企业有若干管理目的，营销策划控制的衡量尺度也应有多种。

（四）确定营销策划控制标准

确定营销策划控制标准指以某种衡量尺度来反映策划控制对象的预期活动范围或可接受的活动范围，也就是对营销策划衡量标准加以定量化。如规定每个推销人员全年应增加30个新客户，某项新产品在投放市场6个月后应达到3%的市场占有率等。营销控制标准一般应允许有一个浮动幅度，如上述新产品市场占有率在2.8%左右也是可以接受的，但企业在设立标准时可参照市场同类行业的标准，并尽可能吸收企业内部各方面的意见，综合归纳而制定，以使营销策划控制标准更切合实际，具有激励作用。

（五）对比营销策划实绩与营销策划控制标准

对比营销策划实绩与营销策划控制标准指通过检查取得营销策划实际工作绩效资料后与原制定的营销策划控制标准进行对比，以掌握实际情况和对比中出现的差距。多长时间对比一次，可定期也可不定期，这取决于营销策划控制对象的具体变动状况。

（六）分析偏差和原因

工作实绩与策划控制标准的对比可能产生偏差。若产生偏差，则说明策划控制标准与营销策划实际活动不相符，需要寻找造成标准与实绩不符的原因，为修正原营销策划行动方案提供资料依据。一般而言，产生偏差有两类情况：一是营销策划方案本身有缺陷，确认这种偏差通常易出差错；二是营销策划方案实施过程中发生了问题，这种偏差比较容易分析。有时这两类情况交叉在一起，使得分析偏差的工作很可能成为营销策划控制过程中的一大难点。在进行偏差原因分析时，要全面仔细地分析资料，从多种角度研究问题，抓住关键的主要问题，千万不可把问题简单化、以一概全。例如，某推销员对客户访问次数未达到控制标准，可能是由于旅途中花费时间太多，这就要求改进访问路线图或访问方法，但也有可能是由于定额过高，这就要求降低定额以保证每次访问的质量。具体分析时还要进行调查了解，以确保分析正确。

（七）采取改进措施

根据分析结果，企业应及时做出不同类别状态下的改进措施：

（1）分析结果表明营销策划控制标准脱离实际的，应认真对策划控制标准加以修订，以真实性反映市场营销策划活动。

（2）分析结果表明营销策划控制标准是合理、正确的，而营销策划活动方案实施中出现问题，那就有必要在具体营销策划活动过程中寻找原因，迅速制定相应补救措施，以提高工作实效。

在市场营销策划控制中，由于营销策划目标和营销策划环境等多种因素不同，企业采用的营销策划控制方式方法也不一定相同，所以，以上营销策划控制的步骤不是唯一的，企业应根据本企业实际情况进行正确选择。

四、营销策划方案控制的方法

营销策划方案控制是一个复杂的过程，策划者在设计这一过程时，可以采取各种各样的方法。一般来说，因控制者、目的和方法上的差异，营销策划方案控制方法分年度计划控制、盈利能力控制、效率控制和战略控制四种基本方法，它们各有侧重，且相互补充，构成企业营销控制系统。四种营销策划控制方法的区别如表8-5所示。

表 8-5　四种营销控制方法的区别

控制方法	主要负责人	控制目的	方法
年度计划控制	中高层策划主管人员	检查计划目标是否达成	销售额分析、市场占有率分析、销售-费用比分析、财务分析、细分市场、分销
盈利能力控制	营销策划主管人员	检查企业的盈利点和亏损点	各地区、产品、细分市场、分销、渠道的获利力分析
效率控制	职能管理部门营销策划主管人员	评价和提高营销费用支出的效率	销售人员、广告、促销等的效率分析
战略控制	最高层策划主管人员 营销策划审计人员	检查企业是否最大限度地利用了市场机会	市场营销策划审计

(一) 年度计划控制

年度计划控制是指企业在本年度内采取控制步骤，检查实际绩效与计划的偏差，并做出必要的修正措施，以确保市场营销策划方案的顺利实施。年度计划控制的目的是保证企业实现它在年度方案中所制定的销售、利润以及其他目标，控制的中心是目标管理。一般情况下，年度计划控制的程序如图 8-4 所示。

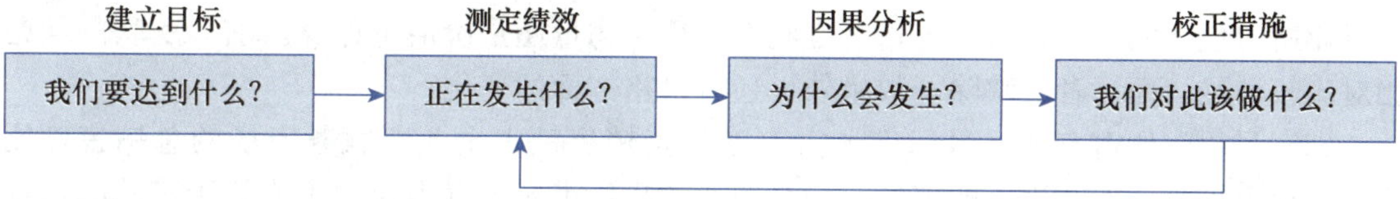

图 8-4　年度计划控制的程序

年度计划控制模式适用于企业的每一个层次。企业高级策划管理部门控制的是整个企业年度销售和利润目标，这些目标又能被分解成各个基层管理部门或各个地区的子目标，形成各部门或各地区具体控制各个局部的目标，层层分解，职责分明。

综观国内外企业市场营销策划控制的基本方法，年度计划控制通常从以下几个方面检查执行情况。

1. 销售分析法

销售分析法是指测量和评价经理人员所制定的销售目标与实际销售之间的差距，找出产生问题的原因。这种方法具体又分为以下两种方法：

（1）销售差异分析。此方法用于决定各种营销因素对销售额的不同影响程度。例如，某企业年度计划要求销售 50 000 件产品，单价为 20 元，即销售额为 1 000 000 元，到了年终，实际以每件 18 元销售了 40 000 件，即销售额为 720 000 元。实际销售额比计划销售额减少 280 000 元，比计划降低了 28%。那么，销售额减少 280 000 元里有多少是因销售量减少造成的？有多少是由于价格下降引起的？分析计算方法如下：

销售量减少影响金额＝(50 000－40 000)×20＝200 000（元），占 280 000 元的 71.43%；

价格下降影响金额＝(20－18)×40 000＝80 000（元），占 280 000 元的 28.57%。

由此可以得出结论：销售额减少主要是销售量减少引起的，占 71.43%，对企业来说，销售量控制比价格控制容易，因此应仔细分析销售量为什么达不到预期目标，是营销人员努力程度不够，还是有较强竞争对手进入同一市场，或是消费者需求发生转移等。

（2）微观销售分析。此方法用于对未能达到预期销售额的个别产品或地区进行考评。例如，假定某企业分别在甲、乙、丙三个不同地区出售某种产品，年度计划销售额分别为100万元、150万元、200万元，而实际完成销售额分别为120万元、145万元、150万元。这样甲地区较期望销售高出20%，乙地区较期望销售额少3.33%，丙地区较期望销售额少25%，显然，丙地区是造成问题的主要原因。丙地区市场营销经理应检查该地情况，查明原因，加强对该地区营销工作的管理。

2. *市场占有率分析法*

只有通过市场占有率分析才能揭示企业同其竞争者在市场竞争中的相互关系，因为市场占有率剔除了一般的环境影响来考核企业本身的经营状况。如果企业市场占有率上升，表明企业的营销策划绩效提高，在市场竞争中处于优势；反之，如果下降了，则说明企业营销策划绩效下降，在竞争中失利，损失了一部分市场占有份额。

首先要确定使用何种市场占有率方法，一般而言，有三种不同的度量方法。

（1）总市场占有率。总市场占有率是指企业的销售量（额）占本行业全部销售量（额）的比重。使用这种测定方法必须做出两个决策：一是正确界定行业的范围，即明确本行业所应包括的产品、市场等；二是确定使用实物量还是价值量计算。前者反映的问题相对比较单纯，而后者反映除了数量外，还有价格方面的变化。

（2）目标市场占有率。目标市场占有率是指销售额占企业所服务市场的总销售额比值。目标市场是企业欲进入的市场，一个企业的目标市场占有率应大于或等于其总的市场份额。企业对目标市场占有率一般很重视，通常用增加新产品线和强化销售手段来提高目标市场的占有率。

（3）相对市场占有率（相对于市场领先竞争者）。相对市场占有率是以本企业销售额相对于市场领先竞争者的销售额的百分比来计算的。例如，某企业有30%的市场占有率，其中最大的三个竞争者市场占有率分别为25%、15%、10%，形成30%对50%的局面，则该企业的相对市场占有率为60%。一般而言，企业相对市场占有率高于33%，则被认为是实力较强的企业，相对市场占有率为100%时，表明该企业与竞争对手在行业中平分秋色；相对市场占有率高于100%，则意味着该企业在行业中居领先地位；相对市场占有率的上升，意味着该企业的市场成长速度快于竞争对手速度。

了解企业市场占有率之后，还需正确解释市场占有率变动的原因。企业决策者可以通过产品线、顾客类型、地区及其他方面来认真考察和分析市场占有率的变动。一种有效的分析方法是通过四个因素组成的公式来分析市场占有率的变化，即：

$$Tms=C_P\times C_L\times C_S\times P_S$$

式中：Tms——总市场占有率；C_P——顾客渗透率；C_L——顾客忠诚度；C_S——顾客选择性；P_S——价格选择性。

经过长期考核这些因素，企业可判断市场占有率变化的潜在原因。

市场占有率的分析首先要确定采用何种衡量方法，然后分析市场占有率变动的原因，找出导致实际占有率变化的主要因素，最后采取适当的策略措施。

3. 市场营销策划费用与销售额比值分析法

年度计划控制要确保企业为达到其销售额指标时的营销费用支付不得过多，就要求市场营销管理者密切关注市场营销策划费用和销售额的比值，并进行分析，以发现是否存在比例失调。在我国，商贸企业营销费用被称为商品流通费用，营销费用率被称为商品流通费用率。

营销策划费用一般包括五个方面：销售人员费用、广告费用、促销费用、调研费用和销售管理费用，它们各自与销售额形成不同的比率，例如，在某一企业中，营销策划费用与销售额的比率为30%，实际它包括五种费用与销售额的比率：销售人员费用与销售额之比（15%）；广告费用与销售额之比（5%）；促销费用与销售额之比（6%）；调研费用与销售额之比（1%）；销售管理费用与销售额之比（3%）。企业需要对以上各项费用与销售额比率限定一个控制幅度，一旦失去控制时，必须认真查找问题的原因。

还可借助营销策划费用/销售额偏差图来分析不同地区或不同产品，从而找出偏差较大的地区或产品，并进一步调查造成偏差的原因，具体操作如图 8-5 所示。横坐标是销售额目标实现情况（用百分比表示）；纵坐标是费用目标实施情况，也用百分比表示，斜线是一条等比例线。如图 8-5 所示，地区 B 超额完成了销售指标，费用水平未达同等比例；地区 C 销售额目标与费用目标几乎等比；最差的是 F 地区，销售目标仅完成 80%，而费用却扩大到目标额值的 130%，必须查找原因。

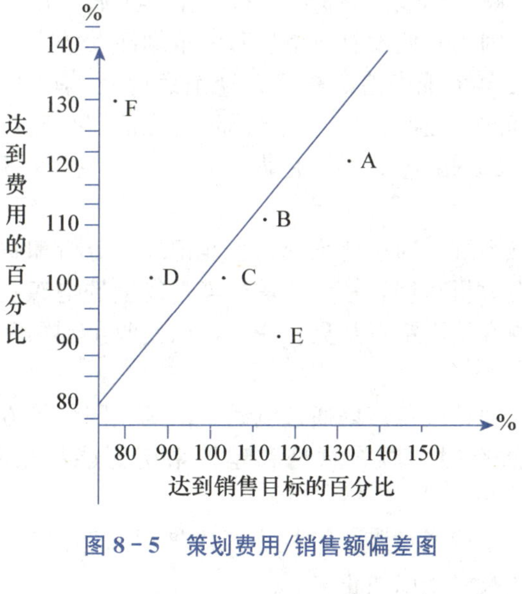

图 8-5 策划费用/销售额偏差图

4. 财务分析法

财务分析法是指对影响企业净报酬中的各主要要素进行分析，以决定企业如何或在何处开展业务活动，以谋取最大利润。这种财务分析法突出企业盈利性，打破了原来企业惯用的促销策略做法，越来越被营销策划者所接受。图 8-6 显示了某企业的资本净值报酬率财务分析模式。

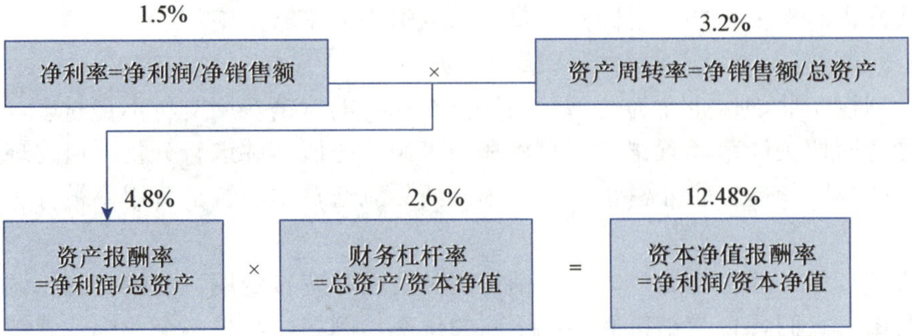

图 8－6　某企业的资本净值报酬率财务分析模式

如图 8－6 所示，该企业的资本净值报酬率为 12.48%。资本净值报酬率主要是两种比率的结果，即企业资产报酬率和财务杠杆率的乘积。为了提高资本净值报酬率，企业必须增加净利润与总资产之比，或者提高其总资产与资本净值之比率。企业应该分析资产构成（如现金、应收账款、存货和设备等），并且设法提高资产管理水平。

资产报酬率是净利率与资产周转率的乘积。对企业来说，图 8－6 中的净利率显得偏低，而资产周转率较正常。营销经理可用两种方式改进工作：一是通过增加销售额或减少费用来提高利润率；二是通过增加销售额或减少承担一定销售水平的资产（如存货、应收账款等）来提高资产周转率。

5．顾客态度分析法

前述四种方法主要以财务和数量分析为特征，基本上属于定量分析范畴。定量分析固然重要，但还不够充分，因为它们没有对市场营销策划活动的发展变化进行定性分析。所以，策划人员需要建立一套系统来追踪顾客、经销商以及其他市场营销组织参与者的态度。在因顾客满意和偏好的变化而影响企业产品销售之前实行监控，及时将有关信息传递给企业决策管理部门，采取措施，争取主动。企业一般主要利用以下系统来跟踪顾客态度：

（1）顾客意见和建议系统。通过此系统，企业记录、分析和解答来自顾客信函和口头的抱怨陈述，并做出归类分析存档，较为严重或经常发生的抱怨及早予以重视。企业应积极采取激励措施来鼓励顾客提出宝贵意见和建议，以便收集到顾客对企业产品和服务的全面资料。

（2）固定顾客样本。即将同意定期通过电话、信函、网络等方式反映他们意见的顾客组成固定样本。这种做法有时比顾客意见和建议系统更能代表顾客态度的变化及分布范围。

（3）顾客调查系统。企业通过随机抽样方式定期对顾客的态度进行调研，通过分析，企业可及时发现问题，并及时予以纠正。

通过上述分析，企业策划者发现实际营销与年度计划方案指标发生较大偏差时，则必须采取调整措施、调整市场营销策划方案指标，使之更符合实际，并调整市场营销策划策略，以利于实现原方案指标。

（二）盈利能力控制

盈利能力控制主要是测算不同产品、不同销售地区、不同市场、不同渠道以及不同订货规模的实际盈利能力。这一分析结果能帮助企业管理部门决策哪些产品或哪些市场予以扩大，哪些应削减乃至放弃。获利能力大小对营销组合决策有直接关系。

1. 盈利能力分析

盈利能力分析是将各种分析对象的实际指标值与预期指标值加以比较，对其中低于预期指标值的项目或行为进行绩效改进的一种分析方法。盈利能力分析是企业用来测定市场营销活动各方面及要素的获利情况的重要手段。下面列举某企业所经营的三种产品的盈利能力分析，如表 8-6 所示。

企业盈利能力分析的指标

表 8-6　某企业营销损益表　　单位：元

	A 产品	B 产品	C 产品	合计
销售收入	15 000	5 000	10 000	30 000
销售成本	9 750	3 250	6 500	19 500
毛利	5 250	1 750	3 500	10 500
各项费用				
推销	2 000	650	100	2 750
广告	775	310	465	1 550
包装运输	1 500	630	270	2 400
提货开单	750	315	135	1 200
总费用	5 025	1 905	970	7 900
净利润（净亏损）	225	(155)	2 530	2 600
销售利润率	1.5%	(3.1%)	25.30%	8.67%

从表 8-6 可以看出，该企业销售 B 产品出现亏损 155 元，而销售 C 产品获得了绝大部分利润，占企业总净利润的 97.31%（2 530/2 600）。如果企业确定销售净利润率不得低于 2%，则只有 C 产品完成任务。又假如销售净利润率规定不低于 1.5%，那么 A、C 两种产品均完成任务要求。

2. 最佳调控措施的选择

分析企业各种产品的盈利能力，其目的是得知哪种产品盈利，哪种产品亏损，盈利的积极因素和亏损的影响因素有哪些，了解这些后，企业可采取相应的措施克服这些不利因素。企业在全面考评之后可以决策出最佳调控政策，以适应市场营销活动发展变化，确保企业销售总利润稳步提高。

仍以上例加以说明：若企业仅依据损益分析而裁减 B 产品生产，有些太主观简单化了。营销管理者应进一步深入研究 B 产品亏损原因，从企业市场营销活动实际出发，全面分析 A、B、C 产品各自的特点及三种产品对消费者和企业生产总成本的相关性，再制定出相应的调控措施，千万不可轻举妄动。有时企业还可专门设置营销控制人员的岗位来担负复杂的财务指标分析，制定科学的营销费用预算，协助市场营销经理人员评估和控制营销活动。

（三）效率控制

盈利能力分析虽然揭示了企业不同产品、不同地区、不同市场、不同渠道以及不同订货规模对企业的获利差别，但企业还必须寻找高效率的方式来管理控制销售人员、广告、促销和分销活动，效率控制是一种常用方法。效率控制主要分四个对象：

1. 销售人员效率

企业各级营销经理应掌握自己管理辖区内的销售人员效率的几项主要指标：(1) 每位销售人员每天平均进行访问客户的次数；(2) 销售人员每次访问平均的时间；(3) 销售人员每次访问所带来的平均收入；(4) 销售人员每次访问所花费的平均成本；(5) 销售人员每次访问的招待成本；(6) 每百次销售访问订货的百分比；(7) 每次销售访问期间新增顾客数；(8) 每次销售访问期间所丧失的顾客数；(9) 销售成本对总销售额的百分比。

企业通过对以上指标的分析，常常会发现一系列可改进的地方。例如，销售人员平均每天的销售访问次数是否太少，访问平均所需时间是否太多，每次访问招待费是否过多，每次访问中订单签订是否足够，是否增加了足够的新顾客，原有的顾客是否保留住了等。当企业开始重视销售人员效率的改进后，通常会取得很多实质性的进展。

2. 广告效率

许多企业市场经理认为，要准确衡量企业从广告支出中获得多少利益几乎是不可能的，但是企业应该至少做好如下统计资料：(1) 每一种媒体类型、每一种媒体工具接触每千人消费者所花费的广告成本；(2) 消费者对每一种媒体工具的兴趣比率；(3) 消费者对广告内容和效果的意见；(4) 广告前后对产品态度的测量；(5) 消费者受广告刺激而引起的询问次数；(6) 每次询问的成本。

企业管理部门可以采取一系列的措施来改进广告效率，例如进行有效的产品定位、确定广告目标、预测广告信息、利用计算机来制作广告、寻找最佳媒体和互联网、进行广告事后测验等工作。

3. 促销效率

为了提高促销效率，企业市场管理人员应当坚持记录每一次促销活动及其所耗成本对销售的影响，并做好下述统计资料：(1) 优惠销售所占的百分比；(2) 每一单位销售额的陈列成本；(3) 赠券收回的百分比；(4) 因示范表演而引起的访问次数。

企业市场营销策划经理应观察不同促销活动的效果，然后选择最有效的促销手段来提高营销效益。

4. 分销效率

分销效率是指对企业存货水准、仓库位置及运输方式进行分析研究，以达到企业资源最佳组合，并寻找最佳运输方式和途径。分销效率研究能帮助企业寻找比较经济的经营方式。

效率控制的目的是提高人员推销、广告、促销和分销等市场营销活动的绩效，市场营销管理者必须注重若干关键比率指标研究，因为这些关键比率指标反映了企业市场营销组合因素功能执行的有效性以及应该如何引进某些资料来改善营销执行情况。

（四）战略控制

企业的市场营销战略策划是指企业根据既定的市场营销目标，在特定的环境中，按照总体的策划过程所拟订的可能采用的系列行动方案。但是，在复杂多变的市场营销环境中，往往会使企业原制定的目标、战略、方案失去作用。因此，策划者必须要求企业在市场营销战略实施的过程中定期进行战略控制，根据市场营销环境的新变化重新评价计划和进展，从全局的角度对营销战略进行必要的修正。

由于营销战略控制的是控制未来，是还没有发生的事件，而且注重企业战略的成功是全局性和总体性，所以市场营销策划战略控制非常重要但又难以准确。国际上很多企业运用市场营销策划审计这一重要工具来进行营销战略控制。

营销战略策划控制的基本原则

1. 市场营销策划审计的特征和程序

市场营销策划审计是对企业市场营销策划环境、目标、战略和活动所做的系统、公正、全面的考核和审查。营销策划审计的目的是检查企业的营销策划活动是否与企业的战略目标保持一致，企业的营销策划活动及战略目标是否与市场营销策划环境相匹配等，从而揭示企业营销策划活动中存在的问题，发现营销策划活动的机会，提出行动计划，改进和提高整个营销策划系统的效率。

营销策划审计具有以下四个特征：

（1）全面性。全面并不是无所不包，而是就一个企业的主要营销策划活动进行全面审计，而功能审计只检查营销策划的某一方面，这是营销策划审计与功能性审计的最大区别。只有进行全面性的营销策划审计，才能有效地发现企业营销策划好坏的真实原因。

（2）系统性。营销策划的不足并非一望而知，必须做一系列有秩序的检查，完成一套完整的诊断步骤，包括诊断组织的营销策划环境、内部营销策划制度和各种具体营销策划活动。在诊断基础上再制定调整行动方案，包括长期、短期计划方案，以提高企业的整体营销策划效益。

（3）独立性和客观性。营销策划审计有自我审计、内部交叉审计、上级审计、企业审计处审计，一般企业通过成立专门小组或聘请外来专家等多种途径来完成。但营销策划审计最好聘请企业以外经验丰富的专家担任，因为专家通常具备客观性和独立性，有广泛的行业经验，对本行业颇为熟悉，还可以集中时间和精力从事审计活动。

（4）周期性和持久性。企业不能等经营活动出现了困境才求助于专家和顾问来开展审计活动，这样为时已晚，因为企业许多问题是处于营销策划活动顺境情况下，缺乏周期和持续的检查而造成的。因此，无论企业是处在顺境还是逆境，开展周期持久的营销策划审计是必不可少的活动。它既有利于业务发展正常的企业，也有利于处境不利的企业，它是寻求最佳经济效益的一种有效方法和工具。

营销策划审计工作的一般程序可以分为四个阶段：

（1）准备阶段。其主要工作是了解企业审计的目标、确定审计范围、深度、数据来源途径以及审计所需时间，把握主要方向，从而制定审计工作的计划方案。

（2）实施阶段。其主要工作是依据计划方案内容逐步收集和检查指标数据，制定评估标准，查阅相关资料，进行实地专访，掌握企业实际情况。

（3）成果阶段。其主要工作是营销策划审计人员对审计工作过程中所发现的问题提出纠正偏差措施，并作出书面总结报告，向企业主管领导汇报审计工作成果信息。

（4）追踪阶段。其主要工作是检查对审计工作结论中所提出的建议和意见的执行情况，并在营销客观环境发生变化时再修正方案。

2. 营销策划审计的内容

营销策划审计的内容由以下检查评价企业营销策划工作的六个主要方面组成：

（1）营销环境审计。主要是分析影响企业目标的各种环境因素，包括宏观环境和微观环境，对关键目标和因素着重加强审计。

（2）营销战略审计。要求考察企业营销目标、战略是否与当前及预期的营销环境相适应。

（3）营销组织审计。检查营销组织在预期环境中实施企业战略任务的功能发挥程度。

（4）营销系统审计。检查企业的营销信息系统、组织系统以及新产品开发系统的有效程度。

（5）营销效率审计。检查各营销小组的盈利能力和各项营销活动的成本效率。

（6）营销职能审计。对市场营销组合因素进行评价，如对产品、定价、渠道、促销等策略的检查考评。

以上市场营销策划控制的内容都是营销策划人员必须要详细了解与掌握的，只有在此基础上，才能制定出一个符合企业实际状况的营销策划控制系统。

最后要强调说明的是：市场营销策划控制内容仅仅是企业整个营销策划内容的一小部分，通常情况下其篇幅不宜太长，更不得超过营销行动方案篇章。营销策划者只要设计出营销控制的组织机构、控制时间分解表，控制的制度与方法就足够了。

项目小结

本项目主要介绍了影响营销策划方案实施的四个因素，企业市场营销策划方案实施的五种基本模式，企业市场营销策划方案实施的五种技能及其特点，企业市场营销策划方案实施过程的主要步骤，企业市场营销策划方案的有效控制要求和步骤，市场营销策划控制的四种方法。

经典案例赏析

斯美特物流成本的控制

复习思考题

1. 影响营销策划方案实施的因素有哪些？
2. 市场营销策划方案实施的程序有哪些？
3. 为什么要进行市场营销策划方案控制策划？

4. 市场营销策划方案有效控制的要求有哪些？
5. 市场营销策划控制包括哪些步骤？
6. 为什么盈利性控制成为企业普遍和经常采用的重要工具？
7. 企业营销策划方案中中长期目标与短期目标为何有矛盾？
8. 企业为了保证营销策划目标的实现是否需要控制？
9. 如果市场管理者未能控制企业整个营销策划活动，会产生什么后果？
10. 简述营销策划审计的内容。

模拟演练

实施控制方法策划

资料：一家生产空调的企业发现它的一些主要竞争对手在和它进行一场价格大战。为了保持一定的市场占有率，企业决定大幅度地降低产品销售价格。为了弥补降低了的销售利润，企业领导安排了一项成本削减计划控制方案，其主要内容是要减少8%的原材料成本、12%的生产成本及3%的营销成本。

请问：企业可采取哪些控制方法来达到这些目标？

[实训目的]

根据背景资料，让学生进行控制方法策划，验证学生理论知识的掌握程度，强化学生的动手操作能力，提高学生策划能力。

[实训内容]

要求学生对背景资料认真学习，领会其要点，掌握策划目的，利用本项目所学习的市场营销方案实施与控制策划的理论知识进行控制方法的实际操作。

[实训组织]

班级干部进行组织，将班级分成5～8人一组，每组选一名负责人，组织该小组进行实践活动。

[实训考核]

每位学生写一篇实训总结，每个小组织交一份实训报告，供全班交流。

[实训指导]

由实训专业指导教师或授课教师负责指导工作，并负责批改学生实训作业和评析优秀作业。

参考文献

1. 彭澎，约翰强尼. H5 创意与广告设计. 北京：人民邮电出版社，2019.

2. 徐汉文，袁玉玲. 市场营销策划. 3 版. 北京：清华大学出版社，2019.

3. 魏明，闫春荣. 市场营销策划实务. 2 版. 北京：科学出版社，2019.

4. 马尔科姆·麦克唐纳，彼得·莫里斯. 图解营销策划. 高杰，译. 北京：电子工业出版社，2019.

5. 郑龙伟，刘境奇. 数字广告——新媒体广告创意、策划、执行与数字整合营销. 北京：人民邮电出版社，2019.

6. 格雷厄姆·胡利，奈杰尔·皮尔西，等. 营销战略与竞争定位. 6 版. 楼尊，译. 北京：中国人民大学出版社，2019.

7. 冯志强. 市场营销策划. 2 版. 北京：北京大学出版社，2019.

8. 刘刚田，田园. 广告策划与创意. 2 版. 北京：北京大学出版社，2019.

9. 毕克贵. 市场营销策划. 北京：中国人民大学出版社，2019.

10. 安妮特·西蒙斯. 故事思维. 俞沈成，等译. 南昌：江西人民出版社，2017.

11. 骆芳，秦云霞. 新媒体文案策划与写作——从入门到精通. 北京：人民邮电出版社，2019.

12. 张贵泉. 文案策划：撰写技巧与经典案例. 北京：化学工业出版社，2019.

13. 黄升民，段晶晶. 广告策划. 3 版. 北京：中国传媒大学出版社，2018.

14. 托马斯·迦得. 品牌化思维. 王晓敏，胡远航，译. 北京：中国友谊出版公司，2020.

15. 王志刚. 陈寰. 市场营销策划. 北京：中国轻工业出版社，2018.

16. 李艳娥，钟平，余彦蓉. 营销策划：方法、技巧与实战. 广州：中山大学出版社，2018.

17. 黑马程序员. 网络营销文案策划. 北京：人民邮电出版社，2018.

18. 郝晓冬. 房地产项目全程策划实战全案. 北京：化学工业出版社，2018.

19. 李胜，黄尧，黄华，等. 营销策划——路径、方法与文案设计. 北京：北京大学出版社，2018.

20. 余洁. 房地产营销策划与执行. 2版. 北京：化学工业出版社，2018.

21. 伍剑琴. 酒店营销与策划. 2版. 北京：中国轻工业出版社，2018.

22. 陈玲，闵海波. 市场营销策划. 北京：清华大学出版社，2018.

23. 菲利普·科特勒. 营销革命4.0：从传统到数字. 王赛，译. 北京：机械工业出版社，2018.

24. 杨毅玲. 市场营销策划实务. 2版. 北京：电子工业出版社，2017.

25. 黄聚河. 营销策划——理论与实务. 2版. 北京：清华大学出版社，2017.

26. 洪长青，张凤英，李学昆. 市场营销策划. 南京：南京大学出版社，2017.

27. 朱迪·艾伦. 活动策划实战全书. 卢涤非，译. 北京：旅游教育出版社，2017.

28. 谭俊华. 营销策划. 2版. 北京：清华大学出版社，2017.

29. 程宇宁. 品牌策划与推广. 北京：中国人民大学出版社，2016.

30. 徐荣华. 爆品思维. 北京：化学工业出版社，2016.

31. 孟韬，毕克贵. 营销策划：方法、技巧与文案. 3版. 北京：机械工业出版社，2016.

32. 苏静. 知中·孙子兵法指南书. 北京：中信出版社，2016.

33. 任锡源. 营销策划. 北京：中国人民大学出版社，2016.

34. 吕一林，王俊杰，彭雷清. 营销渠道决策与管理. 3版. 北京：中国人民大学出版社，2015.

35. 黄尧. 营销策划创意训练教程. 3版. 北京：电子工业出版社，2015.

36. 秦宗槐. 营销策划基础. 北京：中国人民大学出版社，2011.

图书在版编目（CIP）数据

营销策划：理论、案例与操作技巧/秦宗槐编著. --北京：中国人民大学出版社，2020.11
21世纪高职高专规划教材·市场营销系列
ISBN 978-7-300-28522-1

Ⅰ.①营… Ⅱ.①秦… Ⅲ.①营销策划-高等职业教育-教材 Ⅳ.①F713.50

中国版本图书馆CIP数据核字（2020）第167065号

安徽省高等学校“十三五”省级规划教材
21世纪高职高专规划教材·市场营销系列
营销策划：理论、案例与操作技巧
秦宗槐　编著
Yingxiao Cehua：Lilun、Anli yu Caozuo Jiqiao

出版发行	中国人民大学出版社		
社　　址	北京中关村大街31号	**邮政编码**	100080
电　　话	010－62511242（总编室）		010－62511770（质管部）
	010－82501766（邮购部）		010－62514148（门市部）
	010－62515195（发行公司）		010－62515275（盗版举报）
网　　址	http://www.crup.com.cn		
经　　销	新华书店		
印　　刷	北京密兴印刷有限公司		
开　　本	787 mm×1092 mm　1/16	**版　　次**	2020年11月第1版
印　　张	12.75	**印　　次**	2023年6月第2次印刷
字　　数	298 000	**定　　价**	38.00元